Inhaltsverzeichnis

Vorwort 4

1 Grundlagen 7

2 «Alternative Golfspiele» 43

3 Auf der Übungsanlage 103

4 Auf dem Golfplatz 141

5 Wettspiele 159

6 Wissenswertes über Golf 199

7 Anhang 215

Vorwort

In vielen Ländern hat sich Golf zum eigentlichen Volkssport entwickelt. So spielt in Kanada bereits jeder siebte, in Japan jeder achte, in den USA jeder zehnte und in England jeder zwanzigste Einwohner Golf.

Auch in der Schweiz entwickelt sich Golf langsam zu einer Breitensportart. Ich weiß, dass viele Leute gerne Golf spielen möchten. Zur Zeit bestehen aber noch zu wenig Spielmöglichkeiten, und die Eintrittsgebühren der Clubs sind oft sehr hoch.

Es ist allerdings erfreulich, dass an verschiedenen Orten in unserem Land neue Golfplätze erstellt werden. Insbesondere freut es mich, wenn sogenannte «Public courses» entstehen. Diese Anlagen ermöglichen es immer mehr Kindern, Jugendlichen, Erwachsenen, aber auch ganzen Familien, diesen herrlichen Sport auszuüben.

Neben der Möglichkeit, sich im Freien bewegen zu können, spielen in dieser Sportart Fairness und gegenseitige Achtung eine große Rolle. Sport, und vor allem auch der Golfsport, geht über die körperliche Betätigung hinaus. Die psychische und pädagogische, aber auch die soziale Komponente sind ebenso wichtig: Golf ist eine sportliche Lebensschule in freier Natur.

Durch die geografischen Gegebenheiten sind in der Schweiz die Möglichkeiten zum Bau neuer Golf-Anlagen eingeschränkt. Deshalb werden nun «alternative» Formen aufgezeigt, damit mindestens die Grundbegriffe des Golfsportes gelernt werden können.

Ein Projekt-Team aus Deutschland, Frankreich, dem Fürstentum Liechtenstein und der Schweiz hat Spiel- und Übungsformen gesammelt, welche auch bei einfachsten Verhältnissen und ohne großen materiellen Aufwand im Schul- und Freizeitsport gespielt werden können. Darüber hinaus werden in diesem Buch Möglichkeiten von «alternativen Golfspielen», «alternativen Golfanlagen» und viel allgemein Wissenswertes zum Golfsport beschrieben.

Ich freue mich über die Initiative des Autoren-Teams und bin überzeugt, dass in dieser Form auf der Schwelle zum nächsten Jahrhundert dem Golfsport in der Schweiz wichtige Impulse verliehen werden können.

Sommer 1999

Adolf Ogi
Bundesrat

484

Spiel- und Übungsformen im Golf

Redaktions-Team:

Walter Bucher – CH
Edi Bachmann – CH
Martin Bachmann – CH

Projekt-Team:

Altorfer Rolf – CH
Banzer Bruno – CH
Bär Serge – CH
Baumann Max – CH
Brechbühler Silvio – CH
Brun Olivier – F
Conus Pierre – CH
Egger Martin – CH
Ernst Karl – CH
Greder Pascal – CH und F
Griss Bruno – CH
Handte Urs – CH
Kessler Peter – CH und F
Kistler Peter – CH
Lagger Bruno – CH
Lammerer Curd – D
Lang Heinz – D
Repond Rose-Marie – CH
Schärer Erich – CH
Stadler Roger – CH
Stadler Roland – CH
Stauffer Rolf – CH
Vannini Carlotta – CH
Wachter Peter – FL

Die Deutsche Biblothek – CIP-Einheitsaufnahme

484 Spiel- und Übungsformen im Golf / Red.-Team: Walter Bucher
… Projekt-Team: Altdorfer, Rolf … – Schorndorf: Hofmann, 1999
   ISBN 3-7780-2481-7

Bestellnummer 2481

© 1999 by Verlag Karl Hofmann, Schorndorf

Illustrationen:	Edi Bachmann, Sursee LU	
Fotos:	adidas:	1. Umschlagseite, S. 7, 8, 34, 35, 42, 43, 103, 116, 120, 127, 134, 141, 144, 148, 152, 155,157, 159, 164, 166, 170, 174, 180, 185, 193, 199, 210, 215
	Martin Bachmann:	S. 44, 51, 65, 96, 104, 216, 224
	Walter Bucher:	S. 221, 222
	DiscGolf-Verband:	S. 46, 47
	Peter Kistler:	S. 72
	Kriener GmbH	S. 220
	Roger Stadler:	S. 30
	Hans-Peter Wagner:	S. 200
Grafische Gestaltung:	Walter Bucher, Berg SG	
Redaktion:	Walter Bucher	

Gedruckt auf Ikonosilk 135 g/m^2 von Zanders

Gesamtherstellung in der Hausdruckerei des Verlags
Printed in Germany · ISBN 3-7780-2481-7

Einleitung

Noch vor ca. 20 Jahren war Tennis ein Sport für Privilegierte. Es war kaum möglich, Tennis zu spielen, ohne einem Tennis-Club beizutreten. Hohe Eintrittsgebühren, Tennistraditionen (z.B. nur in Weiss spielen, Zugehörigkeit zu einer bestimmten Gesellschaftsschicht) erschwerten vielen den Zugang zu dieser faszinierenden Sportart.

Als Sportlehrer und begeisterter Tennisspieler habe ich damals mit einigen Kolleginnen und Kollegen versucht, das Tennisspiel auch in den Sportunterricht der Schule zu bringen. In vielen Schultennis-Kursen und durch geeignete Lehrmittel konnten wir – anfänglich gegen massiven Widerstand – dieses Ziel erreichen.

Eines der Hauptanliegen war es, möglichst vielen Schülerinnen und Schülern zu ermöglichen, auf kleinem Raum gleichzeitig Tennis zu spielen. Es wurden deshalb Spiel- und Übungsformen für große Gruppen entwickelt und in Übungssammlungen weitergegeben. So entstanden u.a. die Veröffentlichungen «Tennis in der Schule» und «1002 Spiel- und Übungsformen im Tennis».

In der Schweizerischen Lehrmittelserie für den Schulsport «Sporterziehung» ist Tennis mittlerweile in allen Stufenbändern von der Vorschule bis zur Sekundarstufe II integriert.

Ich hatte das Glück, als «Quereinsteiger» den Golfsport kennen zu lernen, nicht mit einem Golflehrer, sondern bei einem guten Freund. Er erklärte mir auf seiner Terrasse (!) die Grundbegriffe des Golfsportes. Kurz darauf stand ich neben ihm auf einer Driving-Range ... und etwas später auf einer 9-Loch-Anlage in Portugal. Ich spielte Golf, erzielte mein erstes PAR auf der 18-Loch-Anlage ALTOGOLF, einige Wochen später das erste Birdie ... und der «Golf-Virus» hatte mich gepackt!

Nach diesen Erfahrungen erinnerte ich mich an meine damaligen Aktivitäten im Tennis. Da kam mir die Idee, vielen Kindern, Jugendlichen und Freizeitsportlern einen Zugang zum Golf zu ermöglichen.

Es geht mir nicht darum, möglichst viele zum Golfsport mit allem Drum und Dran zu animieren, sondern möglichst vielen die Faszination, einen Ball mit einem Schläger in ein Loch zu spielen, zu vermitteln. Wie sagt doch die Regel 1.1 des Golfsportes: Es geht darum,

«...einen Ball durch einen Schlag oder aufeinanderfolgende Schläge in Übereinstimmung mit den Regeln vom Abschlag in das Loch zu spielen».

Genau wie damals im Tennis suchte ich das Gespräch und die Zusammenarbeit mit Spezialistinnen und Spezialisten im Golf, mit Lehrpersonen aus verschiedensten Sport-Fachbereichen und mit Freunden. Viele haben spontan für die Mitarbeit zugesagt. Ihnen allen, insbesondere aber meinen beiden Freunden Edi und Martin Bachmann, möchte ich an dieser Stelle herzlich danken.

Es stellte sich somit wiederum die Aufgabe – wie damals im Tennis – viele Spiel- und Übungsmöglichkeiten zusammenzutragen, welche sich ohne großen materiellen und finanziellen Aufwand, gefahrlos sowohl im Sportunterricht in der Schule als auch im Freizeitsport verwenden lassen. So entstand die Idee dieses Buches und bzw. das vorliegende Inhaltskonzept.

Wir hoffen mit dieser Sammlung von Spiel- und Übungsformen vielen Lehrpersonen im Schul- und Freizeitsport Mut machen zu können, ab und zu auch Golf in ihren Sportunterricht zu integrieren. Vielleicht können wir auch einige Golfpros animieren, ihren Unterricht mit Ideen aus diesem Buch zu ergänzen.

Wer einmal die wichtigsten Grundbegriffe der Golftechnik kennen gelernt und vielfältige Erfahrungen im Umgang mit (Golf-) Schlägern und Bällen gesammelt hat, wird mit Sicherheit beim «richtigen Golfspiel» schnell zum Erfolg kommen.

«Es ist nicht alles Golf, was glänzt», aber die Idee des Golfsportes fasziniert jung und alt!

Sommer 1999   Walter Bucher

Zum Gebrauch dieses Buches

Ziel
Die vorliegende Übungssammlung soll Bewegungserfahrungen ermöglichen, Grundfertigkeiten für den Einstieg mit (Golf-) Ball und (Golf-) Schläger vermitteln und Freude am Golfsport wecken.

Zielpublikum
Lehrpersonen im Golfsport sowie Übungsleiter im Schul- und Vereinssport, welche einen Bezug zum Golfspiel haben, aber auch Einsteiger(innen) und Fortgeschrittene, welche Anregungen für ihr individuelles Training und Spiel suchen.

Idee
Dieses Buch ist in erster Linie eine *Übungssammlung*. Die Übungsanweisungen sind verständlich beschrieben und lassen den Anwendern großen Spielraum. Auf detaillierte Technikbeschreibungen wurde bewusst verzichtet. Lehrpersonen werden im Golfunterricht ohnehin ihr Wissen mit dem hier vorliegenden Angebot an Spiel- und Übungsformen vernetzen. Anfängerinnen und Anfängern, welche auf irgendeinem Weg Freude am Golfsport erhalten haben, wird der Besuch eines Golfkurses bei Spezialisten (Golfpro) empfohlen.

Struktur der Praxisseiten

1. Spalte	2. Spalte	3. Spalte
In dieser Spalte wird die Spiel- oder Übungsform kurz und klar beschrieben («Rohdiamant»). Sie kann individuell ergänzt, abgeändert und situationsangepasst variiert werden. Jede Form hat einen Namen (Titel), welcher die Idee der Übungsform «zusammenfasst».	Jede Spiel- oder Übungsform wird mit einer Skizze ergänzt. Sie dient zum besseren Verständnis, zum schnellen «Suchen–Finden», als Animation und als Gedächtnisstütze.	Hinweise bezüglich Organisation, Sicherheit, Technik, Methodik-Didaktik, Besonderes … Nummer als Orientierungs und Suchhilfe. XY

Beispiel einer Übungbeschreibung (aus dem Kapitel 4.2 Annähern – in Hanglage):

Richtig gestanden ist halb geschlagen: Jede Hanglage hat ihre Tücken. Stelle dich deshalb bezüglich Hanglage richtig hin und führe vor dem Schlag 1–2 Übungsschwünge aus.. • Hanglage «talwärts»: Leichte Vorlage, Gewicht auf Fußballen. • Hanglage «bergwärts»: Leichte Rücklage, Gewicht auf Fersen. • Hanglage «seitwärts»: Gewicht in Richtung der Neigung.		⚠ In verschiedenen Hanglagen diese «ungewohnten» Körperpositionen, in Verbindung mit Übungsschwüngen, bewusst üben. 405

Symbole

➔ Querverweise innerhalb des Buches
➔ Andere Hinweise (Technik, Material, mentale Aspekte …)
⚫ Durchführung im Freien empfohlen

✺ Sicherheitsaspekt; Vorsicht
⚠ Achtung; wichtig …

Kapitel 1

Grundlagen

Inhaltsverzeichnis

1.1 «Beweg»-Gründe zum Golfspielen 10

1.2 (Golf-)Bewegungen lernen und lehren 12

1.3 Fehler und Feklerkorrektur 15

1.4 Koordinative und konditionelle Fähigkeiten 21

1.5 Der Golf-Grundschlag 29

1.6 Erfolg mit beiden Seiten 30

1.7 Mentales Training – «Golf in Mind» 34

1.1 «Beweg»-Gründe zum Golfspielen

Wer sich bewegt oder Sport treibt, hat dafür seine «Beweg»-Gründe, gibt seinem Tun einen Sinn. Diese Beweg-Gründe lassen sich folgenden sechs *Sinnrichtungen* zuordnen (KURZ, 1977 in ERNST / BUCHER, 1998):

• *sich wohl und gesund fühlen*
• *erfahren und entdecken*
• *gestalten und darstellen*
• *üben und leisten*
• *herausfordern und wetteifern*
• *dabei sein und dazugehören*

Diese *Sinnrichtungen* können nicht scharf voneinander getrennt werden; die Übergänge zwischen ihnen sind fließend. Eine Tätigkeit, z.B. das Üben auf der Driving-Range, kann verschiedene Motive ansprechen. Durch Variationen der Handlungen können beim Lernen und Lehren immer wieder Akzente gesetzt werden. Im Folgenden werden diese Aussagen kurz umschrieben und durch Tipps für die Praxis im Unterricht und im eigenen Spiel ergänzt.

Sich wohl und gesund fühlen
Wie kaum eine andere Tätigkeit werden Bewegung, Spiel und Sport in freier Natur als etwas Sinn- und Lustvolles erfahren. Auch das Golfspielen ermöglicht Abwechslung, Entspannung und Wohlbefinden, fordert aber auch höchste Konzentration.

Jeder gelungene Schlag, das Wandern durch herrliche Landschaften, die Begegnung mit anderen Menschen, Bewegung in der Natur usw. wecken ein Gefühl von Freude und Zufriedenheit und ermöglichen ein besseres Körpergefühl.

Tipps für die Praxis:
• Fröhliche Grundstimmung pflegen
• Abwechslungsreich und vielseitig üben
• Blick für «anderes» wie Natur, Wohlbefinden, Spaß usw. öffnen
• Das eigene Körpergefühl bewusst erleben; «mental» trainieren

Erfahren und entdecken
Beobachtet man einen guten Golfspieler z.B. bei einem (gelungenen) Abschlag, so erscheint das Golfspiel einfach. Wer jedoch selber Golf spielt, erinnert sich bestimmt noch an die ersten Versuche, den Golfball gut zu treffen bzw. möglichst weit und präzise zu schlagen.

Bis ein Golfschlag sicher beherrscht wird, sind viele Erfahrungen mit Ball und Schläger nötig. Anfänger und gute Spieler erweitern durch stetiges Erproben individuelle Feinheiten für ihr Spiel.

• Vielseitige und beidseitige Bewegungserfahrungen sammeln
• Gegensatzbewegungen ausprobieren und -erfahrungen sammeln
• Entdeckend lernen; erproben und eigene Schlüsse ziehen
• Kontakt mit dem Boden erleben und spüren

Gestalten und darstellen

Im Golfspiel ist letztlich entscheidend, wo der Ball nach einem Schlag liegen bleibt oder anders gesagt: Das Ziel ist es, in möglichst wenigen Schlägen einzulochen bzw. einen Golfparcours zu spielen. Die richtige Ausführung und das bei einem geglückten Schlag erlebte Körpergefühl wie z.B. der gute Rhythmus, das richtige Timing, der dosierte Krafteinsatz usw. lassen jeden Schlag zu einem besonderen Erlebnis werden. Selbst nach einem Schlag, der das Ziel verfehlt, kann – mindestens bei Anfängern – das gute Bewegungs- und Körpergefühl nachhaltig positiv wirken.

Es lohnt sich in jeder Phase des Bewegungslernens der guten Bewegungsqualität und der bewussten Schulung des eigenen Bewegungs- und Körpergefühls genügend Beachtung zu schenken.

Tipps für die Praxis:
• Ästhetik und Harmonie der Bewegungen pflegen
• Die individuellen Voraussetzungen berücksichtigen
• Den Lernprozess bewusst mitgestalten
• Individuelle Ausführungen tolerieren und akzeptieren

Üben und leisten

Wer übt und etwas leistet, erfährt die Grenzen des eigenen Könnens und der eigenen Leistungsfähigkeit. Dadurch können Menschen lernen, sich selber einzuschätzen und individuelle Ziele zu setzen. Wer sich im Golf zu hohe Ziele setzt, wird sehr schnell von der Realität eingeholt.

Im Golf-Training ist deshalb besonders darauf zu achten, dass man sich richtig einschätzt, sich realistische Ziele setzt und den eigenen Voraussetzungen angepasste Übungen auswählt.

Tipps für die Praxis:
• Individuelle, realistische Ziele setzen
• Ziele durch Lernkontrollen überprüfen
• Üben, Üben, Üben

Herausfordern und wetteifern

Jeder Golfschlag ist ein Art Wettkampf: Treffe ich in die Richtung der Fahne, treffe ich sogar das Green? Fliegt der Ball so, wie ich beabsichtige? Ist mein Ball näher oder weiter entfernt vom Loch als jener des Spielpartners? Kann ich ruhig schlagen und den Ball sauber treffen, obwohl ich beim Abschlag von anderen beobachtet werde? Dieses Spannungsfeld zwischen Gelingen und Nichtgelingen ist im Golfspiel sehr bedeutsam.

Tipps für die Praxis:
• Mit kleinen (Team-)Wettkämpfen das Training auflockern
• Auch unter dosiertem Stress üben
• Sich gegenseitig herausfordern
• Eigene Wettspiele kreieren und ausprobieren

Dabei sein und dazugehören

Umfragen bestätigen, dass für viele Menschen Gemeinschaft und Geselligkeit die Hauptmotive sind, eine bestimmte Sportart auszuüben. Auch im Golfsport ist dieser Aspekt wichtig. Man trifft sich mit gleichgesinnten Menschen und will Spaß haben (➔ vgl. dazu Kap. 5.7 «Fun-Spielformen», S. 185 ff.).

Um möglichst vielen Jugendlichen und Erwachsenen den Zugang zum Golfsport zu erleichtern, sollten die Spielmöglichkeiten erweitert bzw. alternative Angebote wie z.B. golffähnliche Spielformen im Schul- und Vereinssport gepflegt werden (➔ vgl. Kap. 2 «Alternative Golfspiele», S. 43 ff.).

Tipps für die Praxis:
• Teamspiele spielen
• Durch gemeinsames Tun das Lernen und Üben auflockern
• Miteinander lernen (Beobachten – Beurteilen – Beraten)
• Sich gegenseitig coachen

1.2 (Golf)-Bewegungen lernen und lehren

Von Fähigkeiten zu Fertigkeiten
Damit das Lernen von Bewegungen überhaupt möglich ist, sind konditionelle, koordinative, emotionale und kognitive *Fähigkeiten* nötig. Je schwieriger die gestellten Bewegungsaufgaben (z. B. das Erlernen eines Spezialschlages im Golf) sind, desto besser müssen die dazu notwendigen Fähigkeiten (Repertoire von Grundschlägen) ausgebildet sein. Auf der Basis dieser Fähigkeiten werden neue *Fertigkeiten* erworben.

Erwerben – Anwenden – Gestalten
Beim Lernen von Bewegungen können drei Stufen unterschieden werden: Erwerben – Anwenden – Gestalten. Dieses Lernmodell (HOTZ, 1996 in: ERNST/BUCHER, 1998) kann beim Lernen und Lehren hilfreich sein.

Erwerben: In der ersten Phase werden die wichtigsten «Kernelemente» erworben. Das Augenmerk wird auf das funktional Wesentliche gerichtet; auf Technikdetails wird vorerst noch nicht eingegangen. Die Bewegung wird möglichst ganzheitlich und, wenn möglich, unter lernerleichternden Bedingungen, ausgeführt. Eine entsprechend herausfordernde Lernsituation unterstützt die Lernmotivation. *Beispiel:* Spiele mit dem Eisen 7 den Ball mit wenig Kraftaufwand möglichst weit.

Anwenden: Durch das *Üben* und Variieren der erworbenen Grundmuster in verschiedenen Situationen wird die Bewegung *stabilisiert.* Wenn möglich wird der Lernprozess begleitet und unterstützt (z. B. durch einen Golflehrer, Lernpartner). *Beispiel:* A und B üben gemeinsam. Beide einigen sich auf ein bestimmtes Ziel, eine bestimmte Länge … , konzentrieren sich auf ein bestimmtes Bewegungsmerkmal (Kernelement) und beobachten bzw. beraten sich gegenseitig.

Gestalten: In der dritten Lernphase wird eine situationsgerechte, individuell optimale Bewegung angestrebt. Der individuelle Handlungsspielraum wird wieder größer. *Beispiel:* Der Bewegungsablauf (Pitching) wird unter erschwerten Bedingungen ausgeführt (z. B. in Hanglage, auf verschiedene Distanzen usw.). A und B fordern einander heraus.

Wahrnehmen – Verarbeiten – Ausführen
Beim Lernen von Bewegungshandlungen werden Informationen (z. B. durch Erklärungen, Demonstrationen …) bewusst *wahrgenommen,* mit bereits gespeicherten Informationen (ähnliche Bewegungserfahrungen, vergleichbare Bewegungsabläufe) verglichen, *verarbeitet* und schließlich *ausgeführt.*

Beim Verlauf des «Regelkreises» Wahrnehmen – Verarbeiten – Ausführen geht es um einen «Ist-Soll-Vergleich». Bei einer neuen Aufgabenstellung (z. B. Golfschlag mit dem Putter) werden gespeicherte, bewegungsverwandte Erfahrungen oder Vorstellungen ins Bewusstsein gerufen (in diesem Fall z. B. ein Vergleich mit einer großen Penduhr). Darauf basierend wird ein motorisches Programm entwickelt. Die Bewegungsausführung (Ist-Wert) wird mit dem Ziel der Bewegungsaufgabe (Sollwert) mittels verschiedener Formen von Rückmeldungen (Innen- und Außensicht) verglichen. Dieser Regelkreis wird so oft wiederholt, bis das Lernresultat sowohl Lernende wie auch Lehrende befriedigt (Soll-Wert).

Handlungsorientiert lernen und lehren

Handeln ist denkendes Verhalten. Das Ziel eines guten und effizienten Lern- bzw. Handlungsprozesses ist das bewusste Mitgestalten und Mitdenken der Lernenden. Dadurch werden Lernende befähigt, sowohl eigene Bewegungen (Innensicht) wie auch Bewegungen und Handlungen von anderen (Außensicht) zu analysieren. Auf diese Art werden Lernende zusehends selbständiger und von Lehrpersonen unabhängiger.

Das untenstehende Modell (REIMANN/BUCHER, 1998) veranschaulicht diesen handlungsorientierten Lehr-Lerndialog, welcher darauf zielt, Lernende in den Lehr-Lernprozess zu integrieren.

Tipps für die Praxis:
- Lernende zum Mit-Denken, Fühlen, Spüren, Beobachten ... anleiten (Innensicht)
- Zum gegenseitigen Beobachten – Beurteilen – Beraten anregen
- Handlungsorientiert beraten, nicht nur Bewegungen korrigieren
- Zwingende Lernhilfen bereitstellen
- Sinnvolle, motivierende Aufgabenstellungen inszenieren
- Mit Metaphern (= bildliche Vorstellungen) korrigieren
- Lernende partnerschaftlich beraten
- Zum selbständigen Tun hinführen
- Individuelle Voraussetzungen berücksichtigen

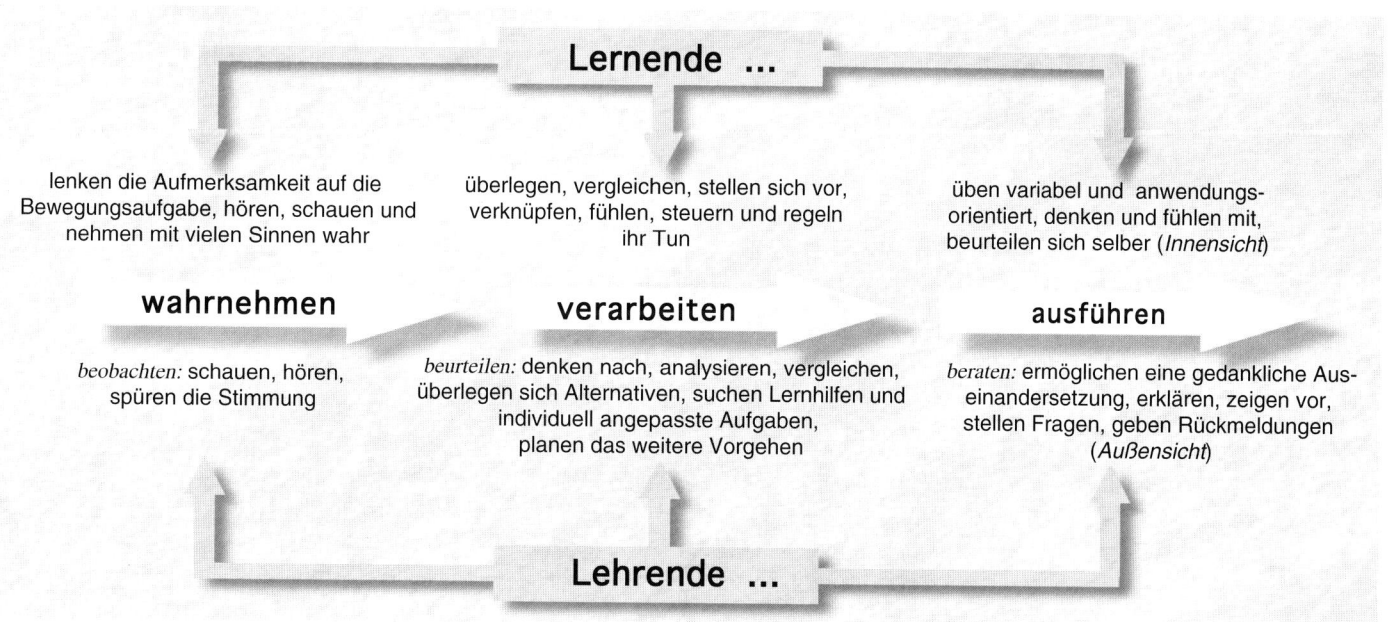

Lernende ...

lenken die Aufmerksamkeit auf die Bewegungsaufgabe, hören, schauen und nehmen mit vielen Sinnen wahr

überlegen, vergleichen, stellen sich vor, verknüpfen, fühlen, steuern und regeln ihr Tun

üben variabel und anwendungsorientiert, denken und fühlen mit, beurteilen sich selber (*Innensicht*)

wahrnehmen   **verarbeiten**   **ausführen**

beobachten: schauen, hören, spüren die Stimmung

beurteilen: denken nach, analysieren, vergleichen, überlegen sich Alternativen, suchen Lernhilfen und individuell angepasste Aufgaben, planen das weitere Vorgehen

beraten: ermöglichen eine gedankliche Auseinandersetzung, erklären, zeigen vor, stellen Fragen, geben Rückmeldungen (*Außensicht*)

Lehrende ...

Vom fremd- über das mit- zum selbstbestimmten Handeln
In jeder Phase des Lernens bzw. Unterrichtens stellt sich die Frage der geeigneten Handlungsform: *fremd-, mit- oder selbstbestimmt?*

Fremdbestimmt erleben die Lernenden das Lernen dann, wenn der Unterricht weitgehend von einer Lehrperson (z.B. Golf-Pro) vorgegeben wird. Wenn Lernende ihr Tun teilweise gestalten, dann erfolgt dies *mitbestimmt*, wenn sie vollständig alleine lernen oder üben, dann ist dies *selbstbestimmt* (vgl. ERNST / BUCHER 1998; Band 1 / Broschüre 1, S. 54).

Wann ist welche Handlungsform geeignet?

Diese drei Formen treten im Unterricht in der Regel vermischt auf. Der Entscheid, ob ein Lerninhalt ausschließlich durch den Pro oder eine andere Lehrperson strukturiert wird (fremdbestimmt), ob sich die Lernenden am Lernprozess aktiv mitbeteiligen (mitbestimmt) oder diesen sogar ganz allein gestalten (selbstbestimmt), ist vom Lernziel, vom Lerninhalt, von den Voraussetzungen und von den beteiligten Personen abhängig.

Auch BLANCHARD (1997) empfiehlt in seinem Buch «Der Minuten-Golfer» den Weg vom lehrerbetonten zum schülerbetonten Lernprozess:

- In der ersten Phase ist die Lehrperson dominant. Sie beschreibt die Aufgaben, die zu bewältigen sind, entwickelt geeignete Pläne für die Lernenden, gibt golfspezifische Anleitungen, überwacht und bewertet die Leistungen der Lernenden.
- Bereits in der zweiten Unterrichtsphase erfolgt eine Mitwirkung der Lernenden. Die Lehrperson entwickelt Pläne unter Einbezug der Lernenden, erklärt, nimmt Ideen der Lernenden auf, fährt mit der Überwachung und Bewertung der Lernleistungen fort. Immer mehr werden aber beim Stecken von neuen Zielen und beim Erkennen von Problemen die Lernenden miteinbezogen. Sie machen zusehends mehr Vorschläge, wie sie ihre Probleme in den Griff bekommen könnten. Die Zusammenarbeit Lernende-Lehrende wird verstärkt.
- In der dritten Phase sind die Lernenden dominant. Ziele werden gemeinsam oder sogar selbständig gesetzt. Die Lehrperson korrigiert nur noch gelegentlich oder auf ausdrücklichen Wunsch der Lernenden. Die Lernenden sind zusehends in der Lage, ihre eigenen Bewegungsabläufe und Handlungen selbständig zu bewerten.

Das Ziel eines guten Golfunterrichtes ist es, dass die Lernenden immer mehr in der Lage sind, sich selbst und andere genau zu beobachten, zu beurteilen und zu beraten. «Entscheidend ist nicht, was während des Unterrichts an wichtigen Dingen passiert, sondern das, was mit den Schülern passiert, wenn sie anschließend allein spielen und auch allein üben» (BLANCHARD, 1997, S. 88).

Aus all diesen Gründen ist es wichtig, die Lernenden schon am Anfang aktiv in den Lehr-Lernprozess zu integrieren, damit sie lernen, kritisch zu beobachten und mitzudenken (Außensicht). Sie lernen, das Körpergefühl zu aktivieren, die Bewegungen bewusst zu steuern und zu vergleichen (Innensicht). Diese Fähigkeiten sind für ein effizientes selbständiges Üben nicht nur hilfreich, sondern eine zwingende Voraussetzung.

1.3 Fehler und Fehlerkorrektur

Kein Lernen ohne Fehler

«Es ist unmöglich zu lernen, ohne gewisse Risiken einzugehen, ohne sich zu täuschen, ohne Entscheidungen treffen zu wollen, die ab und zu auch falsch sein können. Kurz gesagt, es ist unmöglich zu lernen ohne Fehler zu machen» (BRECHBÜHL 1999).

Diese Aussage des bekannten Schweizer Tennispädagogen Jean Brechbühl gilt für jegliches Lernen. Fehler und somit Fehlerkorrekturen sind Bestandteil jedes Lernprozesses. Erkannte Fehler sind nützliche Informationsquellen für weitere Lernschritte.

Fehlerursachen

Jeder Mensch lernt auf Grund seiner Biografie und somit seiner unterschiedlichen Bewegungserfahrungen individuell. Dieselbe Information kann bei Lernenden unterschiedlich interpretiert und somit auch verschieden umgesetzt werden.

Wenn die Bewegungsausführung eines Lernenden von der Bewegungsvorstellung der Lehrperson oder eines Lehrprogrammes abweicht, sprechen wir von einem Fehler. Solches Fehlverhalten kann jedoch verschiedene Gründe haben. Das Geheimnis des erfolgversprechenden Korrigierens liegt darin zu entdecken, wo die Fehlerursache steckt.

Bewusstes Lernen ermöglicht bewusstes Korrigieren

Je früher im Verlauf eines Unterrichtsprozesses auf das bewusste Mitdenken und Fühlen hingearbeitet wird, desto eher können die Lernenden in den Korrekturprozess mit einbezogen werden. Oder umgekehrt: Wer nie gelernt hat, seine Bewegungen bewusst zu steuern, Bewegungsabläufe zu fühlen, Informationen mit verschiedenen Sinnen aufzunehmen und zu verarbeiten (➔ Vgl. Mentales Training – «Golf in Mind»; Kap. 1.7), wird mehr Mühe haben, Informationen im Zusammenhang mit Fehlerkorrekturen gezielt und in kurzer Zeit umzusetzen.

Individuelle Fehler fordern individuelle Korrekturen

Jeder Mensch lernt anders; somit muss auch das Korrigieren jedem Lernenden individuell angepasst werden. Herauszufinden, welches im Einzelfall die beste Korrektur-Möglichkeit ist, erfordert eine hohe Fachkompetenz und eine große Erfahrung der Lehrperson.

Einige Tipps zur Fehlerkorrektur

• *Miteinander reden – Fehler bewusst machen:* Auch wenn ein Fehlerbild bei einem Schlag deutlich in Erscheinung tritt, sollen nicht zu schnell Schlüsse auf die Fehlerursache gezogen werden. Gezielte Fragen an die Lernenden können wichtige Informationen geben. Beispiele: «Spürst du beim Ausholen …? Auf welchem Fuß stehst du beim …? In welche Richtung zeigt der Schläger nach…?» usw. In einem klärenden Gespräch kann die Fehlerursache und evtl. sogar eine geeignete Korrekturübung gefunden werden.

• *Gegensatzerfahrungen nutzen:* Häufig sind sich Lernende ihrer Fehler gar nicht bewusst. Erst wenn ein Bewegungsablauf extrem anders oder in die entgegengesetzte Richtung ausgeführt wird, werden Probleme bewusst wahrgenommen. Beispiele: Zu viel Rotation – gar keine Rotation; zu viel Krafteinsatz – gar kein Krafteinsatz; Ball fliegt nach links – versuchen, nach rechts zu spielen usw.

• *Verschiedene Sinne ansprechen:* Einige Menschen lernen «auf Anhieb» durch genaues Beobachten; sie spüren sofort, worum es geht. Andere brauchen viele Zusatzinformationen, wieder andere wollen einfach ausprobieren. Korrigieren heisst, Zugänge zu den Lernenden zu finden; eine (Sinnes-)«Sprache» zu sprechen, die sie verstehen. Beispiele: Zu einem Schlag summen; eine Demonstration im Detail kommentieren; den Bewegungsablauf in Zeitlupe vorzeigen und beschreiben usw. (Ÿ vgl. «Golf in Mind», Kap. 1.7).

• *Zwingende Lernhilfen einsetzen:* Oft helfen einfache Hilfsmittel (Leinen, Stuhl, Spiegel, Hindernisse …), wenn sie so eingesetzt werden, dass eine «falsche Bewegung» gar nicht mehr möglich ist.

Im Folgenden werden einige häufige Fehler und deren mögliche Ursachen beschrieben und Korrekturübungen vorgestellt, die sich in der Praxis des erfahrenen Golf-Pros Bruno Lagger bewährt haben.

Fehlerbeschreibung und Fehlerursache	Korrekturanweisung und Ziel	Illustration
Beschreibung: Der Slice ist ein Schlag, bei dem der Ball zuerst korrekt in Richtung Ziel startet, dann aber nach *rechts* abdreht *Der Slice ist der häufigste Fehlschlag.*	**Übung 1:** Mit einem Besen schwingen. **Ziel:** Die Zentrifugalkraft und der Wisch-Widerstand führen dazu, dass die Hände automatisch überrollen (rechte Hand über linke Hand). Versuche bewusst, dieses Überrollen zu spüren.	
	Übung 2: Abschlag ab Tee mit dem Eisen 7. Nur halbe Schwünge mit dem rechten Arm ausführen und dabei versuchen, einmal nach rechts, einmal nach links und dann wieder geradeaus zu spielen. Spürst du den Unterschied beim Überrollen? **Ziel:** Ursache des Fehlers selber erkennen.	
Mögliche Ursachen: Die Schwungbahn ist korrekt, aber das Schlägerblatt zeigt im Treffmoment nach rechts (ist «offen»). Die Hände überrollen nicht genug oder erst nach dem Treffmoment. *Der Slice verursacht zudem einen großen Distanzverlust.*	**Übung 3:** Abschlag ab Tee mit dem Eisen 7. Halbe Schläge ausführen, bei denen die Hände am Griff 5–10 cm auseinader gehalten werden. Die rechte Hand ist stärker und wird deshalb überrollen. **Ziel:** Das Überrollen bewusst erleben.	

1.3 Fehler und Fehlerkorrektur

Fehlerbeschreibung und Fehlerursache	Korrekturanweisung und Ziel	Illustration
Beschreibung: Bei einem Top wird der Ball am oder über dem Äquator getroffen. Der Ball fliegt kaum oder höchstens sehr flach, rollt aber dafür lange. **Mögliche Ursachen:** Im Treffmoment werden entweder die Arme angezogen oder der Oberkörper angehoben. Häufig liegt es jedoch daran, dass die Spielenden zu nahe am Ball stehen. Deshalb: Bevor du irgend etwas korrigierst sollst du kontrollieren, ob du nicht doch zu nahe am Ball stehst. Eine weitere Ursache ist das Anheben des Kopfes, bevor der Ball geschlagen wird.	**Übung 1:** Abschlag ab Tee mit dem Eisen 7. Halbe Schwünge mit gestreckten Armen ausführen (Distanz zum Ball bleibt konstant). **Ziel:** Ball und Tee wegschlagen. **Übung 2:** Abschlag ab Tee mit dem Eisen 7. Halbe Schwünge ausführen und versuchen, die Sitzposition und die Spannung in den Beinen so gut wie möglich aufrecht zu erhalten. *Lernhilfe:* Auf einen Stuhl sitzen oder einen Schlägerschaft in den Boden stecken. **Ziel:** «Sitzposition» während des Schlages beibehalten. **Übung 3:** Kurze Schläge ausführen (Chippen / Pitchen) und dabei versuchen, den Moment des Treffens zu beobachten. Dadurch wirst du deinen Kopf viel ruhiger halten und nicht mehr zu früh anheben. **Ziel:** Den Kopf im Augenblick des Treffens ruhig halten. Versuche, den Impakt (= Treffmoment) zu sehen.	 4 5 6

Fehlerbeschreibung und Fehlerursache	Korrekturanweisung und Ziel	Illustration
Beschreibung: Der Hook ist ein Schlag, bei dem der Ball zuerst korrekt zum Ziel startet, dann aber nach *links* abdreht.	**Übung 1:** Abschlag ab Tee mit dem Eisen 7. Ausholen, Durchschwingen und im Treffmoment die rechte Hand loslassen. **Ziel:** Spüren, wie die linke Hand durch die Zentrifugalkraft richtig überrollt.	7
	Übung 2: Abschlag ab Tee mit dem Eisen 7. Den Schläger mit der linken Hand greifen und die rechte über die linke setzen. **Ziel:** Der linke Arm und die linke Hand führen den Schwung. Mit der rechten Hand das natürliche Überrollen spüren.	8
Mögliche Ursachen: Die Schwungbahn ist korrekt, aber das Schlägerblatt zeigt im Treffmoment nach links (ist «geschlossen»). Ein Hook entsteht, wenn kurz vor oder im Treffpunkt die rechte Hand zu stark «überrollt» (rechte Hand über linke Hand).	**Übung 3:** Abschlag ab Tee mit dem Eisen 7. Während des Schwingens den rechten Absatz abheben. **Ziel:** Diese Übung fördert den Durchschwung und automatisiert das richtige Überrollen.	9

Fehlerbeschreibung und Fehlerursache	Korrekturanweisung und Ziel	Illustration
Beschreibung: Beim Fat wird vor dem Ballkontakt zuerst der Boden getroffen; ein mehr oder weniger gro-ßes Rasenstück (Divot) fliegt weg...	**Übung 1:** Halbe Schläge mit dem Eisen 7 aus-führen. Dabei versuchen, die Spannung im Körper aufrecht zu erhalten. *Lernhilfe:* «Stolze» Haltung beibehalten. **Ziel:** Spüren, dass nur die Arme arbeiten.	 10
	Übung 2: Halbe Schläge mit dem Eisen 7 aus-führen. Dabei versuchen, den rechten Absatz in der Luft zu halten. Dadurch wird sich das Gewicht automatisch auf den linken Fuß verla-gern. **Ziel:** Versuchen, *hinter* dem Ball ein Divot oder einen Gegenstand (z.B ein zusätzlich ein-gestecktes Tee, ein Ballt o.Ä.) wegzuschlagen.	 11
Mögliche Ursachen: Entweder senkt sich im Treffmoment der Kör-per oder das Gewicht wird zu sehr auf den rechten Fuß verlegt.	**Übung 3:** Das Eisen (oder Holz) mit kürzerem Griff fassen (wie beim kurzen Spiel) und mit weniger Kraftaufwand schlagen. **Ziel:** Größere Treffsicherheit und dadurch wie-der größeres Vertrauen.	 12

Fehlerbeschreibung und Fehlerursache	Korrekturanweisung und Ziel	Illustration
Beschreibung: Beim Pull-Slice startet der Ball links vom Ziel und dreht dann stark nach rechts ab. 	**Übung 1:** Abschlag ab Tee mit dem Eisen 7. Mit geschlossenen Füßen abschlagen. **Ziel:** Bessere Balance spüren und weniger Körperbewegungen ausführen.	 13
	Übung 2: Abschlag ab Tee mit dem Eisen 7. In der Ansprechposition den linken Fuß nach rechts Richtung Ball drehen. **Ziel:** Den Körper blockieren und nicht zu früh drehen.	 14
Mögliche Ursachen: Die Schwungbahn verläuft von außen (rechts vom Ziel) nach innen (links vom Ziel). das Schlägerblatt zeigt im Treffmoment nach rechts (von der Schwungbahn). Der Pull-Slice kommt von einer zu früh ausgelösten und übertriebenen Rotation des Oberkörpers und der Schultern. Extreme Korrektur («Gegensatzerfahrung»): Von innen nach außen schwingen.	**Übung 3:** Abschlag ab Tee mit dem Eisen 7. In der Ansprechposition den rechten Fuß ca. 30 cm nach hinten versetzen und dann versuchen, von innen nach aussen den Hüften entlang zu schwingen. **Ziel:** Weniger Körperrotation.	 15

1.4 Koordinative und konditionelle Fähigkeiten

Auch wenn ein gelungener Golfschlag einfach aussieht, steckt dahinter ein komplexes Zusammenspiel von z. T. bewusst gesteuerten Nerven und Muskeln. Grundlage dieses Zusammenspiels bilden gut ausgebildete koordinative und konditionelle Fähigkeiten.

Koordinative Fähigkeiten

Die Qualität der koordinativen Fähigkeiten hängt vom Zusammenwirken der Sinne, des Nervensystems und der Muskulatur ab. Vielseitig erworbene Bewegungserfahrungen bilden gute Voraussetzungen für das Bewältigen neuer Bewegungssituationen: Es kann auf Gelerntes, vielleicht sogar Strukturverwandtes, zurückgegriffen werden.

Die koordinativen Fähigkeiten lassen sich in *Teilbereiche* aufteilen, sind aber gegenseitig voneinander abhängig: Orientierungsfähigkeit, Differenzierungsfähigkeit, Gleichgewichtsfähigkeit, Rhythmisierungsfähigkeit und Reaktionsfähigkeit.

• Die *Orientierungsfähigkeit* ermöglicht, sich in der Vielfalt von Positionen zu orientieren und anzupassen.
Beispiel: Auf einem Parcours eine gute Schlagrichtung wählen, sich im Technik-Training in den verschiedensten Schwungebenen zurechtfinden bzw. die geeignete Schlagposition einnehmen.

• Die *Differenzierungsfähigkeit* ermöglicht, die eintreffenden Sinnesinformationen auf Wichtiges zu überprüfen und die Bewegungen (Kraft, Umfang etc.) darauf dosiert abzustimmen.
Beispiel: In gleichem Rhythmus verschieden weite Bälle spielen.

• Die *Gleichgewichtsfähigkeit* ermöglicht, das Gleichgewicht zu halten oder nach einer Positionsänderung möglichst rasch wiederzugewinnen.

Beispiel: Trotz schwieriger Hanglage während des Schlagens das Gleichgewicht wahren. «OB» steht im Golf für «Out of bounce» (= Ball im Aus) und hat die Ursache sehr oft in «Out of balance».

• Die *Rhythmisierungsfähigkeit* ermöglicht, einen Bewegungsablauf rhythmisch zu gestalten und zu akzentuieren.
Beispiel: Rückschwung- und Durchschwungrhythmus.

• Die *Reaktionsfähigkeit* ermöglicht, Informationen aufzunehmen und darauf schnell und zweckmäßig zu reagieren. Sie ist wohl jene Fähigkeit, die im Golf am wenigsten gefordert bzw. gebraucht wird.
Beispiel: Unvorhergesehenes Touchieren beim Ausholen in einem Hindernis.

Die koordinativen Fähigkeiten sind von großer Bedeutung für die Technik. Im Golf spielen die Gleichgewichts-, die *Differenzierungs-* und die *Rhythmisierungsfähigkeit* eine wichtige Rolle.

Bei Übungen zur Schulung der koordinativen Fähigkeiten sollten immer möglichst viele Sinne (Auge, Ohr, Haut, Gleichgewicht, Bewegungssinn in Muskeln und Gelenken) miteinbezogen werden. Das wohl wichtigste Trainingsprinzip für die koordinativen Fähigkeiten ist jenes der «Variation und Kombination».

Auf den nächsten Seiten werden einige «Home-Trainingsformen» vorgestellt, welche ohne großen Aufwand auch im Zimmer, im Büro, in der Garage oder unterwegs durchgeführt werden können.

Wer sich im koordinativen Bereich verbessern will, muss …

… üben, üben und nochmals üben!

Koordinative Fähigkeiten und Technik
Im Golf ist die Technik sehr stark von den *koordinativen* Fähigkeiten abhängig. Die *konditionellen* Faktoren wie Kraft, Schnelligkeit, Ausdauer und Beweglichkeit nehmen einen geringeren Stellenwert ein als in anderen Sportarten.

Wir beschränken uns hier auf einige Übungen und verweisen für weitere auf Kapitel 3 «Auf der Übungsanlage» (➔ vgl. Kap. 3, S. 103 ff.)

Was spür ich denn? Golfschwünge mit verschieden schweren oder langen Golfschlägern in verschiedenen Tempi ausführen. • Was passiert, wenn ich die Hände fest zudrücke oder den Schläger nur ganz locker halte? • Spür ich meine Bewegung besser, wenn ich daran denke, was ich machen will, oder wenn ich «es» einfach geschehen lasse?		➔ Differenzierungsfähigkeit 16
Ich spüre meine Muskeln: Während ich Schwünge ausführe, versuche ich zu spüren, welche Muskeln wann am aktivsten sind und welche Muskeln nötig sind, um den Körper zu drehen, den Schläger zu heben und ihn wieder nach unten/vorne zu schwingen. • In welchem Moment gebe ich den größten Impuls?		➔ Differenzierungsfähigkeit 17
Wie eine Wettertanne: Mit verschiedenen Bildern versuchen, den Golfstand, aber auch den Rückschwung- und die Impactpositionen noch sicherer, sprich solider, einzunehmen. Als Bilder können dienen: Wettertanne, im Boden verankert sein, Wurzeln haben. • Zeitlupenschwünge ausführen. • Auf einem Bein oder auf rutschiger Unterlage stehen etc.		➔ Gleichgewichtsfähigkeit 18
Schwung auf dem Hochseil: Auf einer schmalen Unterlage (8–12 cm breites Brett, umgekehrte Langbank) Golfschwünge mit einem normalen oder schweren Schläger ausführen. • Auf dieselbe Art auch Bälle (verschiedenen Gewichts) einem Partner – möglichst präzise – zuwerfen.		➔ Gleichgewichtsfähigkeit 19

Heut rollt's: Auf einem Rollbrett (oder auch auf einem Snakeboard) stehend versuchen, einen schönen, rhythmischen Schwung auszuführen. • Auf welche Seite habe ich die Tendenz, herunterzufallen? Warum wohl? Was kann ich dagegen tun?		→ Gleichgewichtsfähigkeit 20
Den Rhythmus im Blut: Bewusst versuchen, verschiedene Rhythmen in den eigenen Golfschwung zu bringen (langsam, schnell, verzögernd …). • Kann dies von meinem Partner richtig erkannt werden? • Gelingt es, andere Rhythmen zu kopieren?		→ Rhythmisierungsfähigkeit 21
Schlag mit «Pfiff»: Wenn ich Schwünge ausführe und dabei den Schläger umgekehrt halte, so dass der Schlägergriff weit weg von meinen Händen ist, kann ich gut hören, wo es am stärksten «pfeift». • Was muss ich tun, damit das Pfeifen (= hohe Schlägerkopfgeschwindigkeit) im Moment des Ball-Treffens ertönt?		◌ Rhythmisierungsfähigkeit 22
«Fore»: Obwohl die Reaktionsfähigkeit im Golf im Vergleich zu den anderen koordinativen Fähigkeiten nur eine sehr geringe Bedeutung hat, kann ein Training derselben nicht schaden. A führt Golfschwünge aus und der Partner B ruft in den verschiedensten Momenten "Fore" oder "Stopp". In welchen Situationen kann A seinen Schwung noch abbrechen? Warum nur dort?		→ Reaktionsfähigkeit 23
Wo ist mein Schläger? Ein Schläger (oder irgend ein Stock/Stab o. Ä.) wird in verschiedene Stellungen gebracht (Vertikal, horizontal etc.). In einem Fenster, vor einem Spiegel o.Ä. wird kontrolliert, ob das, was ich mir vorstelle, mit dem «Spiegelbild» übereinstimmt. • Auch mit geschlossenen Augen, langsam oder schnell, mit Partner, der Rückmeldungen gibt.		→ Orientierungsfähigkeit 24

Konditionelle Fähigkeiten

Kraft, Ausdauer, Schnelligkeit sowie Beweglichkeit sind die Eckpfeiler der konditionellen Fähigkeiten und haben im Golf unterschiedliche Bedeutungen.

- **Kraft:** Mit Kraft können Widerstände überwunden oder gehalten werden. Leistungsbestimmend sind die Muskelmasse und das Zusammenspiel der aktivierten Muskelfasern. Trainierte können mehr Muskelfasern gleichzeitig aktivieren und diese Fasern sind dicker.

Beispiel: Die Schnellkraft ist sicher mitbestimmend für die Weite der Schläge, die Maximalkraft für einen guten, soliden Stand.

- **Ausdauer:** Unter Ausdauer versteht man die Widerstandsfähigkeit gegen Ermüdung. Im allgemeinen Fitnesstraining geht es besonders um die Verbesserung der aeroben Leistungsfähigkeit, also um die Fähigkeit hohe Bewegungsleistungen ohne Sauerstoffschuld zu erbringen.

Beispiel: Im Golfsport ist die Ausdauer nur indirekt von Bedeutung: Sie ermöglicht das ständige schnelle Erholen, verhindert dabei evtl. Konzentrationsschwächen und ermöglicht längeres, qualitativ gutes Golfspiel. Die Schnelligkeitsausdauer ist im Golf unbedeutend.

- **Schnelligkeit** zeigt sich in Form von Aktions-, Reaktions- und Beschleunigungsleistungen. Entscheidend für das schnelle Ausführen einer Bewegung ist die Steuerung (Impulsverarbeitung) des Nerv-Muskel-Systems.

Beispiel: Die reine Schnelligkeit kommt im Golf nicht vor. Dafür ist Schnellkraft gefragt (vgl. «Kraft»).

- **Beweglichkeit** ist abhängig von der Dehnfähigkeit der Muskulatur und der Gelenkigkeit. Angestrebt wird die Fähigkeit, Bewegungen im vollen physiologischen Bewegungsumfang der Gelenke auszuführen. Die Beweglichkeit kann durch regelmäßiges Dehnen erhalten und verbessert werden.

Beispiel: Je nach persönlichem Schwung kommt der Beweglichkeit eine unterschiedliche Bedeutung zu. Mit zunehmendem Alter wird die Beweglichgkeit eingeschränkt.

Durch ein ergänzendes (v.a. ergänzend-spezifisches) Koordinations- bzw. Konditionstraining können die Voraussetzungen für ein erfolgreicheres Golfspiel geschaffen resp. verbessert werden.

Im Folgenden werden einige golfspezifische Home-Trainingsformen vorgestellt, welche mit wenig materiellem Aufwand und unter einfachsten Bedingungen durchgeführt werden können.

Mit einigen Beispielen wird gezeigt, wie der Gymball (auch Sitzball genannt), der AB-Trainer, das Theraband oder Kleinhanteln als Trainingsgeräte für Koordination und Kraft eingesetzt werden kann.

Golfspezifische Dehn-und Aufwärmübungen: ➔ Vgl. Kapitel 3.1, S. 106.

Für die Förderung der konditionellen Fähigkeiten gilt der Leitsatz:

Ohne Schweiß – kein Preis!

Spielen die konditionellen Fähigkeiten im Golf eine wichtige Rolle?
Einen Golfball immer wieder gut und genau zu treffen erfordert Kraft und Ausdauer («Kraftausdauer»). Somit erübrigt sich die Frage, ob die konditionellen Fähigkeiten im Golf eine Rolle spielen. Durch die Kräftigung der spezifischen «Golfmuskulatur» wird einerseits die Schlägerkopfgeschwindigkeit erhöht und damit mehr Weite erreicht. Andererseits werden mit gezielten Kräftigungs- und Dehnungsübungen auch die Haltung verbessert und durch die Stabilisation der Rumpfmuskulatur Rückenschmerzen verhindert oder gar kuriert.

Bauch weg 1: Aus der Rückenlage linkes Bein über das rechte schlagen; Hände ohne Druck seitlich am Kopf halten. Der rechte Ellbogen zieht langsam gegen das linke Knie, während der linke Ellbogen am Boden bleibt. • 20–30 Wiederholungen rechts, dann links. • 1–3 Serien.		→ Kraftausdauer der schrägen Bauchmuskulatur 25
Langsam hoch: Bauchlage, linke Hand auf der Lendenwirbelsäule, den Kopf nach rechts gedreht. Den Brustkorb langsam vom Boden abheben, Kopf nach links drehen und wieder langsam senken in die Ausgangslage. • 5–10 Wiederholungen rechts, dann links. • 1–3 Serien.		→ Kraftausdauer der seitlichen Rückenmuskulatur 26
Liegestütz-Wandern: Liegestützposition, auf den Ellbogen aufgestützt: Ca. 7 Sekunden gespannt wie ein Brett bleiben, dann 1/4 Drehung zur seitlichen Liegestützposition, 7 Sek. spannen; 1/4 Drehung zur Liegestützposition rücklings usw. bis wieder in die Ausgangslage. • 1–3 Serien.		→ Kraftausdauer der Rumpfmuskulatur (!) Für gut Trainierte: Jeweils Abspreizen des oberen Beines. 27
Gestrecktes Bein: Seitenlage, unteres Bein angezogen: Langsames Abspreizen des oberen, gestreckten Beines im 2-Sekunden-Rhythmus. • 20–40 Wiederholungen; dann gegengleich. • 1–3 Serien.		→ Kraftausdauer der Oberschenkellabduktoren 28

Katzenbuckel: Aus dem Knieliegestütz langsam eine Katzenbuckelstellung einnehmen und in dieser Position ca. 10–15 Sek. bleiben (= Dehnung der Rückenmuskulatur). Dann den Rücken langsam senken, Holhlkreuzstellung einnehmen und in dieser Position ca. 10–15 Sek. bleiben (= Dehnung der Bauchmuskulatur). • 1–5 Serien.		→ Dehnung der Rücken- und Bauchmuskulatur 29
Schultern hoch: Bauchlage, Ellbogen leicht angezogen: Den Oberkörper anheben durch langsames Strecken der Arme. Diese Position 10–15 Sek. entspannt halten (= Dehnung der Brust- und Bauchmuskulatur). • 1–5 Serien.		→ Dehnung der Bauch-, Brust- und Schultermuskulatur (!) Es darf auf keinen Fall ein Schmerz verspürt werden! 30
Knie zur Brust: Rückenlage, Hände unter dem rechten Knie verschränkt: Knie langsam zur Brust ziehen. In dieser Position 10–20 Sek. bleiben und langsam wieder in die Ausgangslage zurückgehen. Gegengleich. • 1–5 Serien.		→ Dehnung der Rücken- und Lendenmuskulatur 31
Rückwärts schauen: Langsitz, Stütz mit der rechten Hand, das rechte Knie über das gestreckte linke Bein legen und mit dem linken Arm zum Körper drücken. Den Kopf so weit wie möglich über die rechte Schulter drehen. In dieser Position 10–20 Sek. bleiben, dann diese Spannung langsam lösen und gegengleich ausführen. • 1–3 Serien.		→ Dehnung der Gesäß-, Rumpf- und Halsmuskulatur 32
Schultergymnastik: Stand: Hinter dem Rücken ein Handtuch (evtl. Golfschläger) halten. Die rechte Hand zieht nach oben und die linke gegen den Widerstand nach unten; Spannung 10–20 Sek. halten. Dann gegengleich. • Ohne Gerät: Rechte Hand auf linke Schulter legen. Die linke Hand drückt 10–15 Sek. gegen den rechten Ellbogen. • Beide Formen 1–3 Serien.		→ Dehnung der Schultermuskulatur. 33

Wie im Wasserbett: Aus der Sitzposition langsam in die überdehnte Rückenlage «rollen»; in dieser Position ca. 30 Sek. bleiben (= Dehnung der Schulter-, Brust- und Bauchmuskulatur). Langsam seitlich drehen und übergehen in die Bauchlage. Entspannt während ca. 30 Sek. in Bauchlage auf dem Ball liegen (= Dehnung der Rückenmuskulatur).
• 3–5 Serien.

⊖ Dehnung der Bauch-, Brust-, Schulter- und Rückenmuskulatur.

→ Weitere Beispiele mit dem Gymball: Vgl. 1019 Spiel- und Übungsformen mit dem Gymball.

34

Bauch weg 2: Aus der Rückenlage bei stark angezogenen Knien die Arme am AB-Trainingsgerät langsam zu den Knien drücken und diese Position während 3–5 Sek. halten.

• 10–20 Wiederholungen.
• 1–3 Serien.

⊖ Kräftigung der geraden, tiefen Bauchmuskulatur

35

Bauch weg 3: Rückenlage, angezogene Knie auf die linke Seite legen: Der rechte Arm überkreuzt den linken am AB-Trainingsgerät. Die Arme langsam nach links gegen die Knie drücken und diese Position während 3–5 Sek. halten. Gegengleich.

• 10–20 Wiederholungen.
• 1–3 Serien.

⊖ Kräftigung der schragen Bauchmuskulatur

36

Thera-Golfschwung: Das Theraband (Weichgummiband) fixieren (Treppe, Geländer …). Korrekte «Golfschwung-Stellung» einnehmen. Das freie Ende des Bandes ergreifen und 20–30 langsame, möglichst korrekte (Golf-) Schwünge simulieren.

• Gegengleich (bilaterale, ganzheitliche Körperschulung).

→ Kraftausdauer der «Golfmuskulatur»

(!) Bilaterale Grundschulung: Vgl. «Erfolg mit beiden Seiten», Kap. 1.6, S. 30 ff.

37

Zitrone auspressen: Einen Tennisball in die eine Hand nehmen und diesen während 5–10 Sek. wie eine Zitrone auspressen. Dann mit der anderen Hand.

• Den Tennisball jeweils zwischen Daumen und einem einzelnen Finger zusammenpressen.

→ Kraftausdauer der Fingermuskulatur

38

Starke Hände: Eine an einer Schnur befestigte Hantel wird langsam auf- und abgerollt. • 5–10 Wiederholungen. • Gewicht evtl. variieren, je nach Trainingszustand.		→ Kräftigung der Armmuskulatur. ❗ Hantel «do it yourself»: mit Wasser gefüllte PET-Flasche 39
Starke Unterarme: Je eine Hantel in beiden Händen halten. Hände mit hängenden Armen langsam nach innen und nach außen drehen. • 15–30 Wiederholungen. • 1–3 Serien.		→ Kräftigung der Unterarmmuskulatur. 40
Starker Oberkörper 1: Sitz: Langsames, wechselseitiges Heben und Senken der Hanteln vor dem Körper. • 15–30 Wiederholungen. • 1–3 Serien. • Gewicht evtl. variieren, je nach Trainingszustand.		→ Kräftigung der Oberarm- und Schultermuskulatur. 41
Starker Oberkörper 2: Stand oder Sitz: Langsames, beidarmiges Heben der Hanteln seitwärts bis knapp über Schulterhöhe und zurück. Bei der langsamen Ausführung die Ellbogen leicht beugen. • Ausführung im Rhythmus des Ein- und Ausatmens. • 15–30 Wiederholungen.		→ Kräftigung der Oberarm- und Schultermuskulatur. 42
Starke Oberarme: Stand oder Sitz: Gewicht über die Schulterblätter hinter dem Kopf halten. Langsames Heben des Gewichtes bis in die volle Streckung, gleichzeitig ausatmen und wieder langsam zurück (einatmen). • 15–30 Wiederholungen. • Gewicht variieren (3–10 kg), je nach Trainingszustand.		→ Kräftigung der Schulter- und Oberarmmuskulatur ❗ Rücken gerade! 43

1.5 Der Golf-Grundschlag

Die erste Regel des Golfsportes heißt: «... einen Ball durch einen Schlag oder aufeinanderfolgende Schläge in Übereinstimmung mit den Regeln vom Abschlag in das Loch zu spielen.» Was so einfach tönt bzw. aussieht, ist jedoch ziemlich schwierig. Wenn die wichtigsten technischen Regeln des Golf-Grundschlages (Griff – Stand – Schwung) berücksichtigt werden, ist die Chance auf Erfolg viel größer.

Griff   Stand   Schwung

Griff

Beide Hände bilden eine Einheit. Der kleine Finger der rechten, dem Körper entfernteren Hand, wird in den Zwischenraum zwischen dem Zeige- und Mittelfinger der linken, dem Körper näheren Hand, gelegt. Der linke Daumen liegt in der Grube des Handballens der rechten Hand.

Das Tragen eines Handschuhs an der linken Hand wird empfohlen.

Stand

Etwa schulterbreite Stellung der Füße. Die gedachte Linie zwischen den beiden Fußspitzen zeigt zum Ziel. Die Arme werden nahe zusammengehalten. Der linke Arm ist ganz gestreckt und bildet mit dem Golfschläger *eine* Linie. Die Knie sind leicht gebeugt, der Oberkörper ist leicht nach vorne geneigt und der Rücken ist gerade.

Schwung

Beim *Rückschwung* beginnen Hände, Arme und Schultern gleichzeitig zu drehen, wobei der linke Arm möglichst lange gestreckt bleibt. Der Blick bleibt immer auf den Ball gerichtet.

Der *Durchschwung* wird durch die Hüftdrehung eingeleitet, gefolgt von Schultern, Armen und erst am Schluss von den Händen. Der Blick ist immer noch auf den Ball gerichtet. Das Gewicht wird vom rechten auf den linken Fuß verlagert. Am Schluss liegt das Gewicht auf dem linken Bein. Hüfte, Oberkörper und Gesicht schauen Richtung Ziel.

1.6 Erfolg mit beiden Seiten – auch im Golf!

Tennis «bilateral»

Seit vielen Jahren befassen sich die Autoren dieses Artikels, Roland und Roger Stadler, intensiv mit den Aspekten der allgemeinen «Beidseitigkeit», speziell mit den sich daraus ergebenden Möglichkeiten im Tennis. Mit ihrem beidseitigen (bilateralen) Unterricht versuchen sie, neue Wege aufzuzeigen und diesen Ideen zum Durchbruch zu verhelfen.

Die Verfechter der Beidseitigkeit dürfen mit Genugtuung feststellen, dass sich dieser Weg als vorteilhaft erweist. So wird beispielsweise die bilaterale (beidseitige) Körperschulung im Sport – insbesondere im Schulsport – heute wesentlich gezielter gefördert als in der Vergangenheit. Sogar im früher sehr «einseitigen» Tennissport wird diese Idee nicht mehr belächelt, sondern immer vielfältiger eingesetzt. Dies ist auch mit ein Grund, warum heute Spieler und Spielerinnen individuell erproben, ob ihr Spiel einhändig oder beidhändig, mit kürzeren oder längeren Schlägern erfolgreicher ist.

In diesem Sinne kann die Sportart Tennis durch die «Rechts- *und* Links-Idee» bezüglich Methodik, Technik und Material profitieren, wie dies verschiedene Weltklassespielerinnen und -spieler beweisen.

Sind Golf und Tennis bewegungsverwandt?

Wie wird die Chance der gezielten, bilateralen (beidseitigen) Körperschulung in dem Sport genutzt, wo Beidhandschläge von jeher üblich sind und wo Golfschläger – je nach Situation – in verschiedensten Längen eingesetzt werden?

Wird die Formel: «Rechte Hand + Linke Hand = Beidhand» methodisch umgesetzt? Sind Golf und Tennis in der Methodik vielleicht sogar vergleichbar?

Bewegungsverwandtschaft Tennis und Golf

Bild: Roland Stadler (zehnfacher Tennis-Schweizermeister, Gstaad-Finalist und erfolgreicher Daviscup-Captain), heute begeisterter Golfspieler, profitiert von seiner bilateralen Tennismethode auch im Golf.

Golfschläge und beidhändige Tennisschläge sind sehr ähnlich. Diese Erkenntnis könnte methodisch systematisch genutzt werden.

Diese Überzeugung beschäftigt die Autoren dieses Artikels, seitdem sie selber vom Golf-Virus gepackt wurden. Sie stellten erstaunt fest, dass der Einstieg ins Golf für sie als Tennisspieler relativ fließend und einfach gelang.

In der Golf-Technik und der Golf-Methodik erkannten sie zahlreiche Parallelen zu den Ideen des bilateralen Tennis. Etwas vereinfacht ausgedrückt: Golfschläge lassen sich ähnlich wie Tennisschläge spielen und erleben.

Nach verschiedensten Analysen als Tennis-Spezialisten und Golf-Schüler stellen sie folgende Hypothese auf: «Golf und (bilaterales) Tennis ergänzen sich ideal!» Einige dieser Gemeinsamkeiten sollen nachfolgend aufgezeigt und begründet werden.

Beidseitige Grundausbildung
«Man muss bei allen Verrichtungen den Gebrauch der einen wie der anderen Hand üben, denn beide sind gleich» (Hippokrates, griech. Arzt, 460-377 v. Chr.).

Auf dieser Aussage basiert die bilaterale Grundausbildung, nämlich: Nicht rechts *oder* links, sondern rechts *und* links. Schülerinnen und Schüler werden im Unterricht motiviert, im Alltag, bei Arbeit, Sport und Spiel bewusst beide Körperseiten einzusetzen und zu trainieren. Ziel ist es, Kraft, Geschicklichkeit und Koordinationsfähigkeit auf beiden Seiten zu verbessern. Aus dieser Grundidee folgt dann die logische Konsequenz, diese bilaterale Schulung des Körpers auch für Tennis und Golf optimal zu nutzen.

Im Gegensatz zum Tennis, wo einhändige und/oder beidhändige Schläge zum Erfolg führen können, spielt man Golf nur beidhändig. Ein Beidhandschlag ist aber immer eine Kombination der linken und rechten Körperseite.

Die Hypothese lautet demnach: Durch eine gezielte beidseitige (bilaterale) Körperschulung wird auch das Zusammenspiel von Links und Rechts beim Golfschlag gefördert.

Welche Handstellung wählen?
Tennisschülerinnen und Tennisschüler, die gelernt haben, beide Körperseiten einzusetzen, können im Tennis individuell zwischen Einhand- und / oder Beidhandschlägen wählen. Dazu müssen sie sich als erstes für eine individuell optimale Handstellung entscheiden.

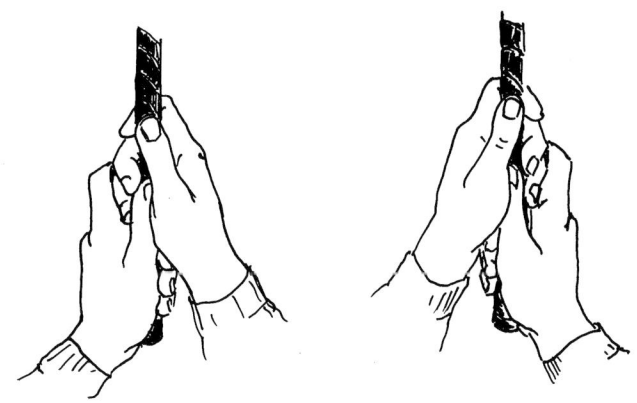

Rechte oder linke Hand vorne? Diese Frage sollten sich Lehrende und Lernende sowohl im Tennis wie auch im Golf stellen!

Weshalb spielen eigentlich die meisten Golfer rechts?
Auch in der Golf-Basis-Ausbildung sollten sowohl beide möglichen Handstellungen (linke oder rechte Hand vorne?) wie auch beide möglichen Ausgangsstellungen (linke oder rechte Schulter in Schlagrichtung?), insbesondere beim Putten und Chippen, am Anfang gezielt ausprobiert werden. Nur so können Golf-Anfänger wirklich herausfinden, welcher Beidhandschlag ihnen das beste Gefühl vermittelt. Ein gutes Körpergefühl ist im Golf besonders wichtig (➔ Vgl. dazu Kap. 1.7 «Golf in Mind»). Darum könnte schon diese Erfahrung bzw. Entscheidung für die spätere Entwicklung wegweisend sein.

In diesem Zusammenhang stellt sich die berechtigte Frage, warum nicht auch fortgeschrittene Golfspielerinnen und Golfspieler zwischendurch mit der «anderen» Handstellung und von der anderen Seite die Bälle schlagen, um damit ihre Koordination stetig zu verbessern.

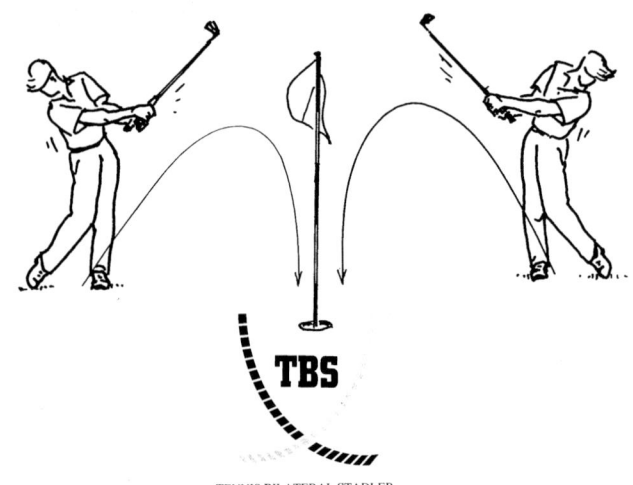

TENNIS BILATERAL STADLER

Warum nicht zwischendurch als Rechtshänder *und* als Linkshänder spielen?

• Beim Einspielen und Aufwärmen (ganzer Körper wird vorbereitet).
• Wenn die eine Körperseite Beschwerden bereitet (z.B. wegen Über- oder Fehlbelastungen).
• Als Gegensatzerfahrung (was mache ich links; was rechts?).
• Wenn ein Ball so liegt, dass er nur von der anderen Seite gespielt werden kann (auch das kann im Golf passieren; ➔ vgl. Nr. 314).
• Oder einfach so als Abwechslung oder zum Spaß?

Erfahrungen im Tennis – Möglichkeiten im Golf
Um die Wirkung eines Tennis-«Beidhandschlages» zu verbessern, wird die linke und/oder rechte Seite «einhändig» trainiert. Grundidee ist die Formel: Rechte Hand + Linke Hand = Beidhand. Die Erfahrungen im Tennis haben gezeigt, dass aus einem gezielten Training der einzelnen Komponenten rechts/links und dem anschließenden Koordinieren dieser beiden Seiten ein effektvollerer, besserer Beidhandschlag resultiert.

Diese Erkenntnis führt zu folgender Hypothese für das Golfspiel: Wer seinen (Beidhand-)Schlag verbessern möchte, sollte nicht nur beidhändig, sondern auch einhändig auf beiden Seiten trainieren. Durch gezielte Einhandübungen wird das wichtige Zusammenspiel der beiden Seiten entscheidend optimiert, und durch Schläge von der «anderen» Seite können auch wertvolle Gegensatzerfahrungen gesammelt werden.

Erfolg mit beiden Seiten – auch im Golf!
Der Grundsatz «Erfolg mit beiden Seiten» gilt also sowohl für Tennis *als auch* für Golf! Viele weitere Grundsätze gelten für beide Sportarten. Golf und (bilaterales) Tennis sind durchaus bewegungsverwandt. Dieser Bewegungstransfer sollte für die Schulung besser genutzt werden.

Zukunftsvision
Erste kombinierte Lernschritte im Tennis und im Golf könnten unter einfachsten Bedingungen z.B. auf dem Tennisplatz und/oder in der Tennishalle erfolgen (➔ vgl. Kap. 7.2: Home-Driving-Range). Durch das gleichzeitige Lernen beider Bewegungsabläufe wird die Einführung und Schulung der ersten Schritte im Tennis und im Golf einfacher, vielseitiger, effizienter und letztlich auch noch billiger!

Weiterführende Literatur/Medien/Informationen:
• STADLER, R. / BUCHER, W: Erfolg mit beiden Seiten. Eigenverlag. Dübendorf 1986.
• ESSM: Erfolg mit beiden Seiten. Video. Zürich/Magglingen 1986.
• Ausbildung, Kontaktstelle: ➔ Vgl. S. 226.

1.6 Erfolg mit beiden Seiten – auch im Golf!

Beidseitig Golf spielen

Beidseitiges Aufwärmen: Stand in der gewohnten Stellung vor dem (Gummi-)Tee. Leichte Ausholbewegung und beim Vorbeigehen das Tee leicht berühren. Nach einigen Schlägen dasselbe von der umgekehrten Seite und mit umgekehrtem Griff ausführen.

• Bewegungsumfang langsam steigern.
• Bewegungsempfindungen bewusst wahrnehmen.

❗ Kann mit demselben Schläger erfolgen. Im Idealfall auch den Schläger wechseln (linker, bzw. rechter Schläger).

44

Putten links – Putten rechts: Aus kurzer Distanz werden einige Bälle in der gewohnten Hand- und Körperstellung gespielt. Dann wird variiert:

• Gleiche Körperstellung, aber Handstellung ändern.
• Spiel nur mit der einen, dann nur mit der anderen Hand.
• Spiel von der anderen Seite her, Handstellung wechseln.

↪ Wenn möglich linke und rechte Putter verwenden.

❗ Welche Hand empfindest du als Führhand?

45

Chippen links – Chippen rechts: Abschlag vom Teppich (evtl. Rasen). Kleine Ausholbewegung und kurzes Spiel ins Netz oder zu einem Partner. Gegengleich.

• Gleiche Körperstellung, aber Handstellung ändern.
• Spiel nur mit der einen, dann nur mit der anderen Hand.
• Spiel von der anderen Seite her, Handstellung wechseln.

↪ Auch mit Tennisbällen möglich.

46

Abschlagen links – Abschlagen rechts: Abschlag vom Tee oder vom Teppich mit Golfball in ein Driving-Netz oder mit Tennisball ins Ballgitter (nur auf kurze Distanz und mit wenig Krafteinsatz).

• Den Ball nur mit einer Hand spielen.
• Gegengleich (auf der anderen Abschlagsseite).
• Spiel mit 2-Hand-Schlag: Welche Hand dominiert?

↪ Vergleiche: Was spüre ich auf der einen, was auf der anderen Körperseite? Wie fühle ich mich (nicht) wohl? Warum?

47

Bilateral-Tennis – Bilateral-Golf: Spiele von der Grundlinie aus einige Schläge Tennis mit Beidhandschlägen auf jener Körperseite, auf der du Golf spielst. Nimm danach den Golfschläger in die Hand und spiele von der Grundlinie aus einige Tennisbälle.

• Gibt es Parallelen?
• Was ist gleich; was ist anders?

↪ Viele Spielformen, welche in den verschiedenen Kapiteln vorgestellt werden, können auch bilateral ausgeführt werden.

48

1.7 Mentales Training – «Golf in Mind»

Mentale Fähigkeiten

Eine gute Technik, hervorragende konditionelle und koordinative Fähigkeiten können nur dann optimal genutzt werden, wenn die mentalen Fähigkeiten gefördert und geschult werden: motiviert und konzentriert sein, Selbstvertrauen haben, seine Gefühle kennen und kontrollieren können usw. Vielleicht ist diese mentale Dimension sogar die wichtigste?

Golf in Mind

Mentales Training wird oft verstanden als eine Vorbereitungsphase bevor das Spiel überhaupt angefangen hat. «Golf in Mind» geht viel weiter und befasst sich mit der unmittelbaren Vorbereitung eines Schwungs und mit den Gedanken während des Schwungs.

In «Golf in Mind» ist es nicht wichtig, wie man einen Schwung ausführt, sondern was man mit diesem Schwung erreichen will. Dies bezieht sich einerseits darauf, wohin und wie der Ball fliegen soll, und anderseits, was für ein Körpergefühl ein gelungener Schwung erzeugt.

Mit den folgenden mentalen Übungen werden die Grundprinzipien von «Golf in Mind» vorgestellt. Die Übungen sind so konzipiert, dass sie beliebig oft wiederholt werden können. Nur so können diese Lern-erfahrungen in den eigenen Schwung integriert werden.

«Golf in Mind» regt an, wie die Wahrnehmung für das Golfspiel verfeinert und dadurch die Konzentrationsfähigkeit und somit auch die Sicherheit des Spiels gesteigert werden kann.

Ein weiteres Ziel von «Golf in Mind» ist für den Autor dieses Kapitels, Rolf Stauffer, das Vertrauen ins eigene Spiel zu erhöhen.

Unsere Sinnessysteme

Die Sinne ermöglichen uns, die Umwelt und uns selber wahrzunehmen: Sehen (visuell), Hören (auditiv), Tasten, Spüren, Fühlen (kinästhetisch), Riechen (olfaktorisch) und Schmecken (gustatorischj). In den folgenden Übungen geht es darum, unsere Wahrnehmung der drei Haupt-Sinnessysteme (visuelles, auditives und kinästhetisches) zu verfeinern. Man lernt auf diese Weise seine Schwächen erkennen und kann dadurch seine Stärken verbessern.

Kinästhetisch – Entwickle das «Ballgefühl»

Wenn eine Person in einer Ballsportart erfolgreich ist, dann sagt man oft, sie habe ein gutes «Ballgefühl». Es geht hier insbesondere um das körperliche Empfinden beim Golfspielen.
• Wie ist das Körpergefühl bei einem Golfschwung?
• Wie lerne und trainiere ich dieses Gefühl?

Visuell / kinästhetisch – Verbessere das Ballgefühl

Im Normalfall schaust du vor jedem Schlag das Loch an und entscheidest, wo der Ball landen soll; erst dann führst du deinen Schwung aus. In diesen Übungen verfeinerst du deine Fähigkeit, dieses Bild (Ballflugbahn) in ein körperliches Empfinden (Ballgefühl) umzuwandeln. So entwickelst du dein Gefühl für Distanz und Richtung immer weiter.

Das Ritual

Ein Ritual ist ein bestimmter Ablauf, den man vor jedem Schwung ausführt. Ein einfaches Ritual ist z. B.: Schläger wählen, Visualisieren (sich die geplante Flugbahn vorstellen), einen oder mehrere Übungsschwünge ausführen, Ziel anschauen, Ball anschauen … und loslassen. Wenn du dein Ritual konsequent vor jedem Schwung durchführst, steigerst du deine Konzentrationsfähigkeit und die Sicherheit deines Spiels.

Locker sein

Je lockerer du bist, desto natürlicher spielst du! Wenn du entspannt bist, dann lässt du deinen Schwung einfach «geschehen», anstatt den Schläger krampfhaft führen zu wollen.

Wenn du locker bleibst, wirst du während des Schwungs viel mehr spüren und wahrnehmen. In diesen Übungen lernst du die optimale Anspannung und Entspannung für deinen Golfschwung.

Putten – das Wichtigste vom ganzen Spiel!

Putten ist ohne Zweifel das Wichtigste vom ganzen Spiel. Auf dem Putting Green gibt es fast keine Fehlertoleranz:
Mit einem schlechten Abschlag kannst du immer noch Par spielen, aber ein schlechter Putt bedeutet einen Schlag mehr auf der Score Karte. Also, verfeinere dein Putting-Gefühl.

VAK-Sinnes-Test: Welches Sinnessystem funktioniert bei dir am besten? Beispiele:

V Führe ein paar Übungsschwünge aus: Wie sieht ein guter Golf-schlag aus? Visualisiere deine Flugbahn bis ins letzte Detail. Konzentriere dich nur auf das erinnerte Bild und spiele deinen Schlag.

A Führe ein paar Übungsschwünge aus: Wie hört sich ein guter Golfschwung an (innerlich und äußerlich)? Spiele einen Schlag, indem du dich nur auf dieses Geräusch konzentrierst und es so genau wie möglich reproduzierst.

K Führe ein paar Übungsschwünge aus: Welches Körpergefühl entsteht bei einem guten Golfschwung? Spiele einen Schlag, indem du dich nur auf dieses Gefühl konzentrierst. Reproduziere dieses Gefühl.

⊖ Erkläre deinem Partner genau, was du *gesehen*, *gehört* oder *gefühlt* hast.

V = visuell (sehen)
A = auditiv (hören)
K = kinästhetisch (spüren)

49

Visualisieren: Bilde dir eine innere Vorstellung vom Handlungsab-lauf. Was für ein Körpergefühl empfindest du dabei? Wie würde dieser Golfschwung tönen? Wie würde der Ball fliegen?

Beschreibe die Einzelheiten deinem Partner und führe erst dann den Schlag aus.

⊖ Bewegungsvorstellung

50

Schläger raten: Schließe die Augen. Ein Partner gibt dir einen Schläger in die Hand. Vom Gewicht, von der Länge und vom Ge-fühl des Schlägers rätst du, welchen Schläger du in der Hand hälst.

• Mehrmals wiederholen mit verschiedenen Schlägern.
• Halte den Schläger nur am Griff.

51

Fünf Ziele: Wähle fünf verschiedene Ziele aus. Richtung und Dis-tanz soll bei jedem Ziel anders sein. Benütze Tees auf dem Put-ting- und Chipping-Green sowie Flagge, Distanzmarkierung und Bodenunebenheiten auf der Driving Range. Wechsle nach jedem Schlag das Ziel.

⊖ So baust du ein gutes Ball-gefühl auf.

52

Wie weit? Wie weit schlägst du mit deinem Lieblingsschläger? Sagen wir ca. 140 m mit dem Eisen 5.

• Mache ein paar Schläge mit diesem Schläger.
• Mit dem gleichen Schläger spielst du dann fünf Bälle auf ein Ziel das 20 m kürzer ist, dann fünf Bälle nochmals 20 m kürzer usw. Fahre so weiter, bis du den Ball ca. halb so weit schlägst wie du normalerweise mit diesem Schläger spielst.
• Dann variierst du wieder in 20-m-Etappen, das heisst in unserem Beispiel: 140 m, 120 m, 100 m, 80 m, 60 m, 80 m, 100 m, 120 m, 140 m.

→ Mit demselben Schläger verschiedene Distanzen spielen können.

53

Blind schlagen: Führe ein paar Schläge mit geschlossenen Augen aus. Achte auf dein kinästhetisches Empfinden (Bewegungs- und Körpergefühl).

Was für ein Körpergefühl erlebst du bei einem guten Golfschlag?

→ «Blindes Vertrauen»

54

Triffst du das Loch? Halte deinen Putter am Schlägerkopf. Schaue das Loch an, schließe die Augen, gehe auf das Loch zu und richte deinen Putter (Griff) Richtung Loch. Hättest du getroffen?

So lernst du ein Bild, wie z.B. die Entfernung zum Loch, zu verinnerlichen.

55

Wo ist das Loch? Stehe so, als ob du putten würdest und schaue das Loch an. Drehe deinen Kopf wieder zum Ball zurück und schließe die Augen. Mit der linken Hand zeigst du zum Loch. Öffne die Augen und schaue, ob deine Hand zum Loch zielt.

→ Schulung der Orientierungsfähigkeit

56

Fünf Tees: Stecke auf dem Putting-Green fünf Tees auf einer Linie, z.B. A = 5 m, B = 8 m, C = 11 m, D = 14 m und E = 17 m. Nimm neun Golfbälle und putte den ersten nach Tee A, aber nicht mehr als 50 cm dahinter. Den zweiten Ball nach Tee B, aber nicht mehr als 50 cm dahinter. Mache weiter nach C, D und E, und dann wieder zurück D, C, B und A. Wenn du einen Ball zu kurz oder zu lang spielst, dann fängst du wieder von vorne an.		➜ Diesen Prozess kannst du auch mit z.B. einem 7-Eisen oder SW von außerhalb des Chipping-Greens durchführen. 57
Loch anschauen: Stelle dir auf dem Putting-Green vor, wie der Ball ins Loch rollt. Putte, indem du das Loch anschaust. Danach siehst du, wie der Ball tatsächlich rollt. Verbinde dies mit dem Gefühl des Schlags.		58
Blind putten: Schaue das Loch an und stelle dir vor, wie der Ball ins Loch rollt. Bringe deinen Blick zum Ball zurück und schließe die Augen, bevor du puttest. Achte darauf, dass du deine gewünschte Puttlinie – nachdem du die Augen zugemacht hast – immer noch innerlich siehst. Putte blind und sage deinem Partner, wie der Ball gerollt ist und wo er zum Stillstand gekommen ist. Überprüfe das Resultat.		➜ Partnerkontrolle – Lernen zu zweit: Vgl. Kap. 1.2 «Golfbewegungen lernen und lehren». 59
Blind chippen: Stelle dir deinen Schwung vor. Schaue den Ball an und führe den Schwung aus. In dem Moment, in dem du den Ball triffst, schließt du deine Augen. Vom Gefühl her sagst du deinem Partner, wie der Ball geflogen und gerollt ist und wo er zum Stillstand gekommen ist. Vergleiche deine Aussagen mit dem tatsächlichen Resultat.		❗ Sich gegenseitig beobachten und beraten ist eine sehr gute Lehr-Lernform für beide! 60
Das Ritual: Pflege für jeden Schwung das ganze Ritual: Schläger wählen, Visualisieren (Flugbahn vorstellen), Übungsschwung ausführen, Ziel anschauen, Ball anschauen und … loslassen. Konzentriere dich nur auf den Ablauf deines Rituals.		❗ Rituale sind individuell! 61

Der Auslöser: Der letzte Teil des Rituals soll schnell gehen: Ziel anschauen, Ball anschauen, loslassen. Wenn du vom Ziel zum Ball schaust, fängst du mit dem Schwung an, sobald du den Ball (oder einen Teil des Balls) fokussiert hast. Dies soll einen Bruchteil einer Sekunde dauern – es bleibt also keine Zeit zum Denken.

→ Ein Ritual gibt Sicherheit!

62

Putt-Gefühl: Stecke drei Tees (A, B und C) ca. 3 m auseinander auf einer Linie. Putte von A aus. Der Ball soll bei B vorbeirollen, aber so kurz wie möglich danach anhalten. Putte einen zweiten Ball. Dieser Ball soll beim ersten Ball vorbeirollen, aber so kurz wie möglich danach anhalten. Wenn du einen Ball kürzer als den letzten Ball oder länger als Tee C puttest, dann ist das Spiel vorbei. Wie viele Bälle kannst du zwischen B und C rollen?

→ Die Herausforderung kann gesteigert werden, wenn die Distanz von A nach B schrittweise erhöht wird.

63

Bitte (nicht) **stören:** Konzentriere dich nur auf den Ablauf deines Rituals. Während du einen Schlag ausübst, soll dein Partner versuchen, dich abzulenken (Sprechen, Bewegen, Schläger fallenlassen usw.) Wiederhole dies mindestens 10-mal.

64

Wie ein Vogel in der Hand: Führe ein paar Chips aus, indem du den Schläger so locker wie möglich hältst, ohne dass er dir aus den Händen fällt. Und jetzt hältst du den Schläger noch lockerer und lockerer …, wie wenn du einen Vogel in der Hand halten würdest.

→ Je entspannter du bist, desto mehr nimmst du während des Schwungs wahr.

65

Anspannen – entspannen: Bevor du einen Schwung ausführst, spannst du alle Muskeln in deinem Körper an. Lasse sie los und spiele unmittelbar danach deinen Schwung.

→ Diesen Technik hilft dir, locker und entspannt zu spielen.

66

Summen: Während du einen Schwung ausführst, summe dazu. Der Ton soll während des ganzen Schwungs gleich bleiben.

Verschiedene Töne bedeutet verschiedene Anspannungen.

67

«Lag and Charge»: Putte von ca. 1 m in Richtung eines Tees. Führe 5 Putts (mit dem gleichen Ball) aus, so dass der Ball knapp zum Tee rollt («lag»). Dann machst du 5 Putts derart, dass der Ball ca. 40 cm beim Tee vorbeirollt («charge»). Welche Art von Putting liegt dir besser? Passt das zu deiner Persönlichkeit? Wie viel Risiko nimmst du auf dich?

→ Vergleich des eigenen Spiels mit der eigenen Persönlichkeit: «Spiele ich so, wie ich bin»?

68

Punkt oder Gefühl: Durch Konzentration auf ein Detail kann das Putten verbessert werden. Welche der beiden folgenden Arten von Putting liegt dir besser?

• Visualisiere deine Puttlinie. Wähle einen Punkt aus, der auf der Verlängerung der Anfangsrichtung deines Putts liegt und in einer Distanz, die der Puttstärke zum Loch entspricht. Du kannst auf diesen Punkt putten, wie wenn du einen geraden und flachen Putt hättest. Führe ca. 10 Putts auf diese Weise aus.
• Schaue das Loch an, studiere den Weg zum Loch, alle Unebenheiten usw. Stell dir die Puttlinie vor und spiele dann den Ball zum Loch. Führe ca. 10 Putts auf diese Weise aus.

→ Für dich wichtige Details erproben

69

15 Putts: Bei welcher Distanz zum Loch kannst du garantieren, dass du den Ball jedesmal ins Loch triffst? Gehe auf eine Distanz, die ca. 10 cm weiter vom Loch entfernt ist. Putte jetzt deinen Ball 15-mal hintereinander ins Loch. Benütze jedesmal dein Ritual. Es ist ganz wichtig, dass du den Ball jedesmal hinein bringst und dass die Distanz nicht zu kurz ist.

→ Mit solchen Übungen steigerst du deine Konzentrationsfähigkeit und dein Selbstvertrauen ins eigene Spiel.

70

Chipping-Technik: Erprobe mehrere Male folgende Chipp-Methode und wende künftig jene an, welche dir besser zusagt.

• Während du mehrere Bälle chippst, richtest du deine Aufmerksamkeit nur auf die Länge, d.h. auf den Ort, wo die Bälle stoppen.
• Wiederhole die gleiche Übung, aber richte deine Aufmerksamkeit nur auf den ersten Auftreffpunkt des Balles.

Auftreffpunkt oder Länge

⊖ Entscheide dich für **deine** persönliche Methode.

71

Am Tee vorbei ins Loch: Stecke ein Tee ca. 2 cm vor dem Loch ein. Putte den ersten Ball rechts vom Tee vorbei ins Loch, den zweiten links vorbei, den dritten wieder rechts vorbei usw. Wie viele Bälle kannst du links und rechts am Tee vorbei einlochen, ohne dass einer am Loch vorbeirollt oder vom Tee abgelenkt wird?

• Versuche dies auch bei verschiedenen Bodenneigungen.

links / rechts

⊖ Mit dieser Übung lernst du u.a., Unebenheiten des Greens besser einzuschätzen.

72

Schlagdistanz-Protokoll: Erstelle für dich eine individuelle Schläger-Distanztabelle. Finde für jeden Schlag heraus, wie weit du einen Ball mit einem bestimmten Eisen durchschnittlich schlägst und notiere den Mittelwert.

• Welche Faktoren beeinflussen diese Distanzen?
• In welchen Situationen spielst du welches Eisen und warum?

Ø Wert Eisen 5 = 155m

❗ Die wirkliche Distanz kannst du nur auf dem Golfplatz messen; Driving-Range-Bälle fliegen weniger weit!

73

Chip-Variationen: Spiele mit dem Eisen 7 fünf kurze Chips in deiner gewohnten Balldistanz bzw. Ballposition. Danach spielst du mit derselben Ausgangsposition 5 Bälle, die 5–10 cm weiter vorne und dann 5 Bälle, die 5–10 cm weiter hinten hingelegt werden. Achte dabei auf die verschiedenen Flugbahnen, Flughöhen, Roll- und Totaldistanzen. Gelingt es dir, dass deine Bälle aus verschiedenen Ballpositionen annähernd am gleichen Ort zur Ruhe kommen?

⊖ So verfeinerst du dein Ballgefühl.

74

Locker! Atme während des Rückschwunges ein und während des Vorschwunges aus. Im Treffmoment sagst du dir: «Locker!» Dabei ist das Timing besonders wichtig. Der Buchstabe «**L**» sollte so präzis wie möglich mit dem Treffmoment bzw. dem Treffgeräusch übereinstimmen.

Locker!

⊖ Nur ein lockerer Schwung ist ein guter Schwung!

75

Kapitel 2

«Alternative»
Golfspiele

Inhaltsverzeichnis

2.1 Disc-Golf   46

2.2 Mit (Uni-)Hockeystock und (Uni-)Hockeyball   51

2.3 Mit Golfschläger und Tennisball   54

2.4 Mit Golfschläger und «alternativen Bällen»   65

2.5 Mit Golfschläger und Hallen-Golfball   72

2.6 Swin-Golf   77

2.7 Golf-Parcours-Formen   85

2.8 «Alternative» Golfanlagen   92

2.9 Triple Golf   98

2.1 DiscGolf

Einleitung

200 Jahre nachdem 22 Herren im Jahre 1754 den Golf-Sport in St. Andrews begründeten, experimentierten Frisbee-Pioniere an der Westküste der USA mit ihrer Version von Disc-Golf. In den 60er und 70er Jahren setzt die Frisbee-Disc zu ihrem Höhenflug um den Globus an. Nachdem Ed Headrick den ersten Zielkorb mit Fangketten patentiert, wird 1978 der erste DiscGolf Parcours in Oak Grove, Kalifornien eröffnet. Diesem Beispiel folgen Hunderte anderer Städte, welche ihre Parks mit DiscGolf Installationen bereichern.

Der erste DiscGolf Platz der Schweiz wurde 1990 in Winterthur eröffnet. «Die Freizeit bewusst erleben», heißt es im Zeitalter des Wassermannes. Und so hat die Variante DiscGolf alle Chancen, in naher Zukunft neue Breiten- und Schulsportakzente zu setzen. Vielseitige Bewegung im Freien mit verschiedenen Schwierigkeitsstufen sind das ideale «Schulsport-Menü».

DiscGolf wird auch «the ageless game» genannt. Als ideales Einstiegsalter gilt acht bis 88 Jahre. Nur wenige Spiele und Sportarten können wie DiscGolf auf hohem Niveau bis ins hohe Alter ausgeübt werden.

Wie wird DiscGolf gespielt?

Ein Parcours zählt 9 bis 18 Spielbahnen – auch «Löcher» genannt. Das Ziel des Sports besteht darin, von einer markierten Abwurfstelle im Gelände mit möglichst wenig Versuchen die Golf-Disc in den Zielkorb zu werfen. Die geschätzte Wurfzahl (Par) ist bei Amateuren meistens drei. Benutzt werden drei bis acht verschiedene Disc-Typen, welche je nach Distanz und Schwierigkeit eingesetzt werden.

Diese fliegenden Golfscheiben haben einen Durchmesser von 20 cm bis 25 cm und wiegen ca. 125 g bis 180 g.

DiscGolf wird seit mehreren Jahren als Turniersport gespielt, es kann aber auch als Freizeitspiel betrieben werden.

Eine DiscGolf-Anlage neben eine Golfplatz oder einer Übungsanlage könnte Abwechslung bieten, lange Wartezeiten verkürzen oder zum Aufwärmen vor dem Spiel dienen.

DiscGolf-Wurftechnik

Jedermann entwickelt seine eigene Wurftechnik. Zwei Grundwurfarten (Rück- und Vorhand) ermöglichen einen Ausbau bis zu Spezialwürfen. Das Wichtigste bei allen Würfen ist der Impuls aus dem Handgelenk, welcher dem Disc den nötigen Drall verleiht.

Es empfiehlt sich, anfänglich die Bewegungsabläufe verlangsamt durchzuführen, denn dadurch kann die Wurfart schneller erlernt werden.

Die richtige Neigung beim Abwurf

Um ein Abkippen beim Flug zu verhindern, muss die Scheibe vor dem Abwurf je nach Wurfart nach links oder rechts geneigt werden.

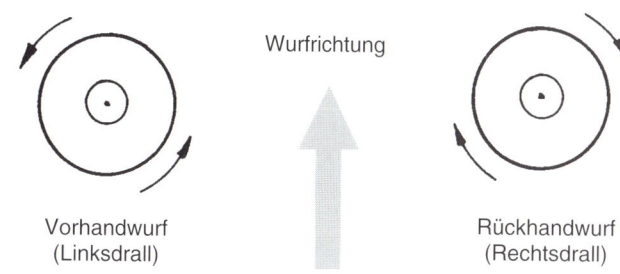

Wurfrichtung

Vorhandwurf (Linksdrall)

Rückhandwurf (Rechtsdrall)

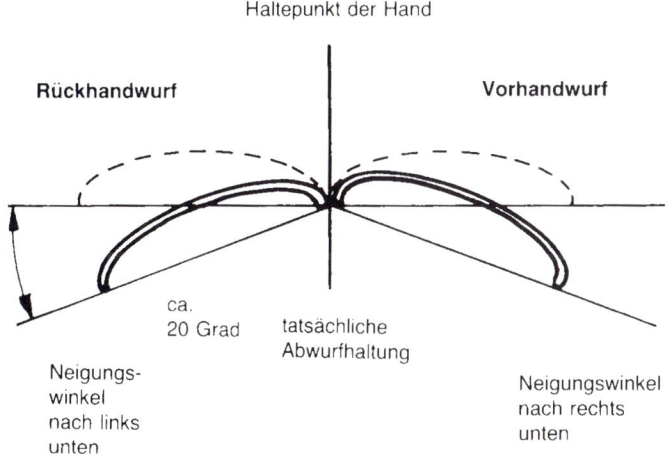

Haltepunkt der Hand

Rückhandwurf

Vorhandwurf

ca. 20 Grad

tatsächliche Abwurfhaltung

Neigungswinkel nach links unten

Neigungswinkel nach rechts unten

Drall- und Wurfrichtung

In der folgenden Darstellung wird die jeweilige Drallrichtung bei den zwei gebräuchlichsten Wurfarten eines Rechtshänders deutlich.

Spielformen

Bereits nachdem die Grundtechnik einigermassen beherrscht wird, sind verschiedene Spielformen möglich.

Spiel aus dem «Rough»

Rückhandwurf – Ansicht von unten

Rückhandwurf – Ansicht von oben

Vorhandwurf – Ansicht von hinten

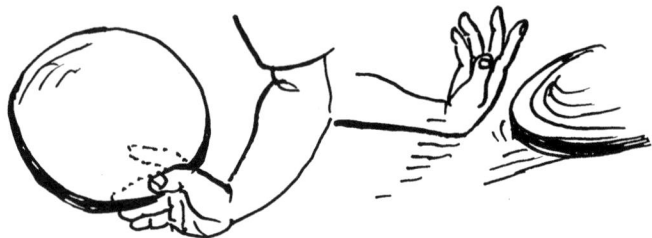

Vorhandwurf – Ansicht von oben

Driving-Contest (Weitwurf-Test): Von markierter Abwurflinie wird die Disc möglichst weit geworfen und gemessen (oder markiert).

• Auch mit der anderen Hand.
• Mit Laufspielen kombinieren.

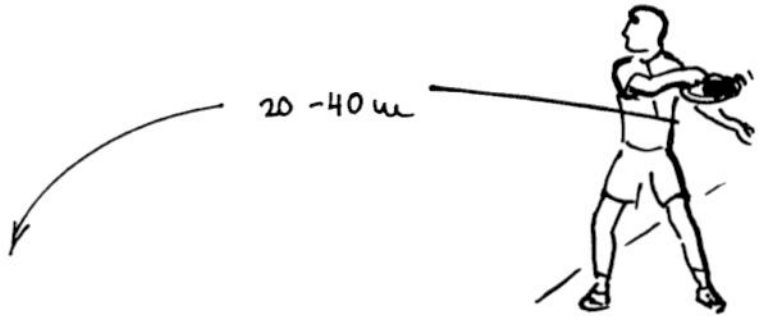

20 -40 m

☼ Wurf ankündigen; gegenseitig Rücksicht nehmen!

76

Putting-Contest (Zielwurf): Aus kurzer Distanz zählt man die Treffer aus 5–10 Wurfversuchen. Ziel ist ein Kettenkorb, Baumstamm, Lichtmast o.Ä.

• Ziel ist der Partner: Wenn er die Scheibe fangen kann, ohne einen Schritt ausführen zu müssen, zählt dies als Punkt.

● DiscGolf, eine ideale Bereicherung für den Sport im Freien.

77

Bullseye-DiscGolf: Aus ca. 10 m Distanz wirft man zielgenau in die Mitte dreier konzentrischer Kreise, welche mit Magnesium, Sägemehl oder Markierbändern in Meterabständen auf Rasen- oder Hartplätzen markiert sind.

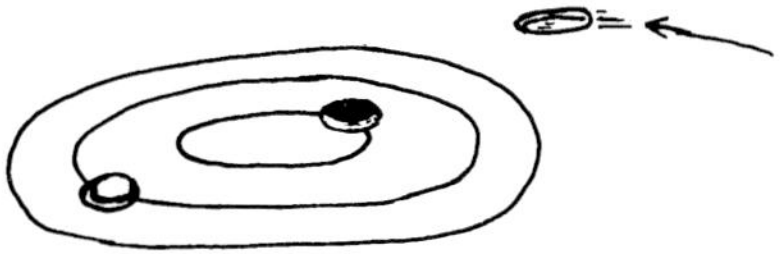

(!) Hauswart anfragen, ob Sägemehl gestreut werden darf!

78

DiscGolf-Boccia: Der Startspieler wirft eine Mini-Disc aus und die Mitspieler versuchen mit der Golf-Disc möglichst nahe an diese heran zu werfen.

• Auch zu zweit möglich: A wirft die Mini-Disc. A und B werfen ihre Golf-Disc. Wer näher liegt, setzt die nächste Mini-Disc.

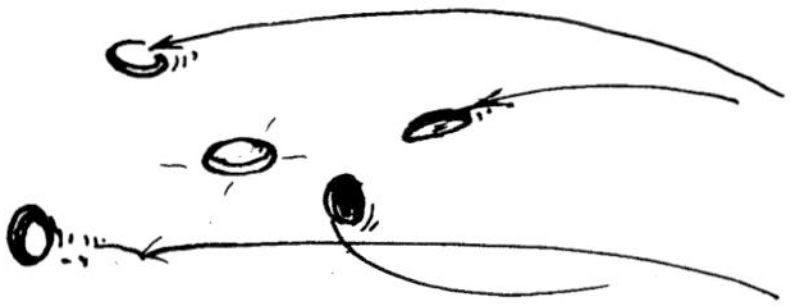

→ z.B. als Station in einem Circuittraining.

79

Speed-DiscGolf: Alle Mitspieler stellen sich auf einer Startlinie (wie Le-Mans-Start) auf und werfen auf ein Startkommando in Richtung des vorgegebenen Ziels (Zielkorb, Baumstamm, Sandgrube usw.). Sieger ist, wer das Ziel zuerst erreicht hat (Zeit).

(!) Genügend seitlichen Abstand und ausreichend langen Auslauf gewährleisten.

80

Team-DiscGolf: Paarweise oder zu viert versucht man in möglichst wenig Versuchen, den Parcours zu bewältigen.

Am meisten Spaß macht die «best shot»-Variante, bei welcher jedes Team nach dem ersten Wurf von der ausgewählten besten Position weiterspielen darf.

➔ Vgl. Wettspiele im Golf!

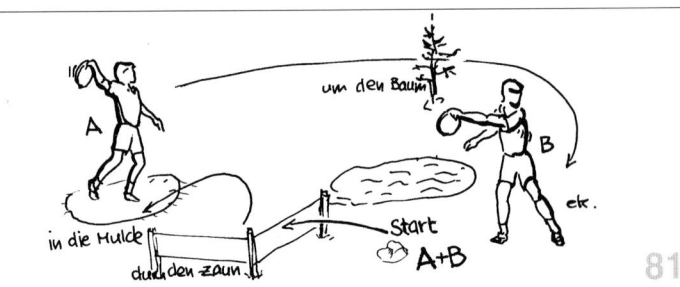

Stern-DiscGolf: Bei der Wahl nur eines Ziels (Kettenkorb, Baum, Lichtmast, Sandgrube usw.) wird ein sternförmiger Parcours festgelegt, bei welchem es gilt, aus unterschiedlichen Positionen rund um das Ziel in möglichst wenig Versuchen auf immer wieder dasselbe Ziel zu spielen.

• Kombination mit Dauerlaufen o.Ä.: Wer das Ziel trifft, holt die Disc, notiert einen Punkt und wirft erneut. Wer nicht trifft, holt die Disc, deponiert sie, läuft eine Zusatzrunde und darf erst danach wieder werfen.
• Als Einzel- oder Teamwettspiel.

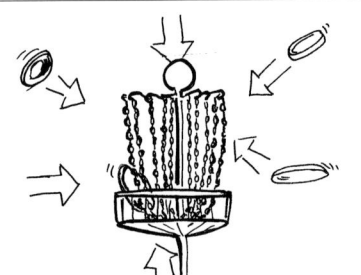

➔ Fairness beginnt bei kleinen Spielen!

DiscGolf-Marathon: Eine vorgegebene Strecke (Runde) ist in möglichst wenigen Würfen zu absolvieren.

• Es wird nur die Anzahl der Würfe gezählt; die Spieldauer spielt keine Rolle.
• Spiel auf Zeit und Punkte: Startintervall («Flight») alle Minuten. Jeder Wurf muss gezählt werden. Am Schluss wird die Zeit gestoppt. Je nach Parcourslänge werden die Zeit und die Anzahl Würfe angemessen miteinander verrechnet.
• Wurf – Spurt – Frisbee fangen und Fähnchen o.Ä. stecken. Von dort, wo die Scheibe gefangen werden konnte, weiterspielen. Wer kommt in einer bestimmten Zeit am weitesten?

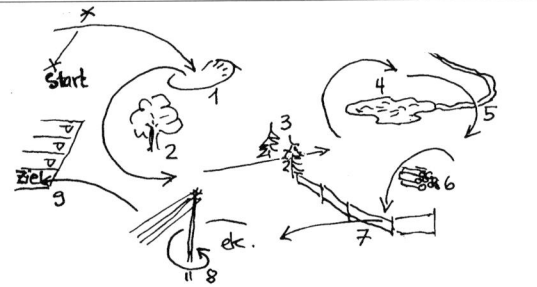

2.2 Mit (Uni-)Hockeystock und (Uni-)Hockeyball

(Uni-)Hockey – ein Spiel mit Ball und Stock. Was spricht dagegen, mit diesen Spielgeräten einige Elemente des Golfspiels kennen zu lernen und dadurch das Ballgefühl auf eine andere Art zu verbessern?

Wesentliche Merkmale des Annäherns und des Einlochens können auch mit Hockeystock und entsprechenden Bällen kennen gelernt werden. Alle Übungen beidseitig auszuführen ist in Bezug auf das Bewegungslernen eine zusätzliche Herausforderung.

Solche Übungen können den Sportunterricht auflockern und einen Einblick geben in eine noch wenig bekannte Sportart. Falls sich die Lernenden für die Idee des Golfspiels begeistern können, wäre ein weiterer Schritt möglich, z. B. das Spiel mit alternativen Bällen (➔ vgl. Kap. 2.3 ff. in diesem Buch).

Eine gute Organisation ermöglicht vielen Lernenden, gleichzeitig und mit wenig Platzaufwand «Golf» zu spielen. Bei vielen Formen soll wenn immer möglich die bereits vorhandene Infrastruktur einer (Sport-)Halle miteinbezogen werden (Ballnetz, Wände, Ballgitter, Tore, Bodenhülsen usw.).

➔ Literaturhinweis zum Thema Hockey:

- BUCHER, W.: 1015 Spiel- und Kombinationsformen in vielen Sportarten. Anhang mit 99 Spiel- und Übungsformen zum Unihockey. Schorndorf 1996[4].
- BUCHER, W.: 1016 Spiel- und Übungsformen für Sportarten mit Zukunft. Kap. 5: Hockey. Schorndorf 1994[2].

Schlagschuss: Ball ansprechen, ausholen und ohne Kraftaufwand durchschwingen. Der Blick bleibt dabei immer auf den Ball gerichtet.

• Versuchen, ganz gerade Bälle zu spielen.
• Schläger locker ausschwingen lassen (entgegen der Spielregel im Uni-Hockey!).

⚙ Alle Übungen mit Loch- oder Schaumstoffball ausführen.

→ Grundbegriffe zur Golftechnik: Vgl. Kap. 1.5)

84

Trefferball: Es sind verschiedene Ziele zu treffen oder unterschiedliche Längen zu spielen.

• Zuspiel zum Partner.
• Zielobjekte vor der Wand.
• Auf verschiedene Distanzen spielen.

85

Annähern: In einer Distanz von 5–10 m sind verschiedene Ziele zu treffen (Keulen, Bälle …).

① Hinweis auf die Technik des Chippens: Kurze Ausholbewegung. Kein Handgelenkeinsatz!

86

Einlochen: Beim Einlochen wird die Ausholbewegung je nach Distanz zum Ziel (Loch) noch kürzer (wie beim Mini-Golf).

• Zwischen den Füßen des Partners hindurchspielen.
• Kurz vor die Wand spielen.
• Eigene Zielobjekte bestimmen.

→ Wenn möglich auch einmal mit einem Putter-Schläger versuchen.

① Putten: Schultern blockieren und Arme strecken.

87

Distanzgefühl: A und B vereinbaren 3 verschiedene Distanzen: kurz = 1; mittel = 2; lang = 3. A spricht den Ball an und schließt danach die Augen. B sagt z.B.: "3!" und A versucht, die lange Distanz zu spielen. Gelingt dies, bleibt A "am Ball"; wenn nicht, dann wird gewechselt.

• Auch umgekehrt: A spielt blind und sagt, wie weit er gespielt hat.

→ Ball- bzw. Distanzgefühl: Vgl. Kap. Golf in Mind, S. 35

88

Posten 1 – Wandspiel: Zwei oder mehr Spielende haben eine bestimmte Anzahl Bälle zur Verfügung. Alle putten abwechslungsweise je einen Ball von einer bestimmten Linie gegen eine Wand. Wer den Ball näher an die Wand spielen kann, ohne jedoch die Wand zu berühren, gewinnt den Ball des anderen. Das Spiel ist zu Ende, wenn jemand keinen Ball mehr besitzt. Gewonnen hat, wer am Schluss am meisten Bälle besitzt.

• Spielregeln gemeinsam weiterentwickeln oder verändern.

⊖ Eine Spielidee initiieren und dann von den Spielenden weiterentwickeln lassen.

89

Posten 2 – Einlochen: Von einer vorgegebenen Distanz (Kreislinie, Abschlaglinie …) sollen Ziele getroffen werden.

• Alle spielen ihren Ball. Wer am nächsten beim «Loch» liegt, erhält einen Punkt. Wer den Ball «eingelocht» hat, erhält zwei Punkte.
• Der Zielraum wird vergrößert, so dass es im Normalfall möglich sein sollte, das Ziel zu treffen. Spiel: Wer den vereinbarten Zielraum getroffen hat, zählt für sich einen Punkt, holt den Ball wieder und spielt erneut. Wer nicht getroffen hat, muss zuerst eine gemeinsam vereinbarte Zusatzaufgabe erfüllen und darf danach wieder weiterspielen. Wer hat zuerst 10 Bälle eingelocht?
• Spiel in eine Bodenhülse * (z.B. Verankerung der Reckstange).

ⓘ Die Zusatzaufgabe sollte bewegungsintensiv sein.

ⓘ * Beim Spiel in Bodenhülsen: Vorgängig Spielband, Tuch o.Ä. in Bodenhülse legen, damit der Ball wieder herausgenommen werden kann.

90

Posten 3 – Hindernisse: Es wird ein einfacher Parcours mit verschiedenen Hindernissen aufgestellt. Nun gilt es, diesen Parcours mit möglichst wenigen Schlägen zu spielen.

• In verschiedenen Distanzen aufgestellte Malstäbe o.Ä. umspielen.
• Von Linie zu Linie: Während einer vorgegebenen Zeit (z.B. eine Minute) von einer Linie zur anderen spielen. Dem Ball erst dann nachlaufen, wenn er die gegenüberliegende Linie überquert hat. Dort den Ball spielen wie er liegt (Ball nicht abstoppen!), wieder zurückspielen, warten, hinterherlaufen …

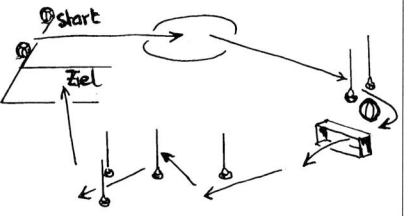

⊖ z.B als Halbklassenbetrieb: Die eine Hälfte ist bei der Lehrperson, und die andere Hälfte spielt den Parcours selbständig.

91

2.3 Mit Golfschläger und Tennisball

Tennisball als Golfball
Der große Durchmesser des Tennis-balles erleichtert das Treffen. Sein Ge-wicht entspricht in etwa demjenigen des Golfballes. Deshalb ist das Gefühl beim Abschlag ähnlich wie mit einem Golfball.

Das Risiko und besonders die Verlet-zungsgefahr bei einem Fehlschlag ist gering. Auch bei größtem Kraftaufwand fliegt der Tennisball nie so weit wie ein Golfball. Deshalb ist z.B. das Üben zu zweit in gegenseitiger Richtung auf einer großen Spielfläche möglich.

Tennisball-Recycling
Die Spieldauer von Tennisbällen ist beschränkt. Deshalb werden sie von Tennisspielenden nach einiger gewissen Zeit entsorgt. Diese Bäl-le eignen sich aber sehr gut als «Golf-Bälle». Falls sie schmutzig oder voll Sand sind, können sie problemlos in der Waschmaschine gereinigt werden.

Gruppenunterricht – gute Organisation
Sobald mehrere Personen mit einem Golfschläger «um sich schla-gen», wird es gefährlich! Eine gute Organisation, sowohl in der Halle wie im Freien, ist zwingend (z. B. Halbklassen-, Kleingruppen- oder Stationenunterricht).

Wegen den oft engen Raumverhältnissen in der Halle sind deshalb die Spielenden darauf hinzuweisen, dass sie bei jedem Schlag selbst dafür verantwortlich sind, dass sich niemand in der (Gefahren-)Zone des Schwunges befindet. Aber auch Nichtspielende sind aufgefordert, z. B. beim Auflesen der Bälle Rücksicht zu nehmen.

Spiel von zwei Seiten (nur im Freien!)
Das Spielen von zwei Seiten her hat den Vorteil, dass die von der einen Seite abgeschlagenen Bälle auf der gegenüberliegenden Seite wieder aufgenommen und erneut gespielt werden können. Die gegenseitigen Abstände müssen einerseits den jeweiligen Voraussetzungen der Teil-nehmenden und andererseits den Aufgabenstellungen entsprechen (genügend große Sicherheitsabstände).

Verhaltensregeln – Etikette
Bereits bei solchen Spielformen müssen Verhaltensregeln (Etikette) mit einbezogen werden. Wenn z.B. nach einem (missglückten) Ab-schlag der Ball in Richtung eines Mitspielenden fliegt, dann wird laut und deutlich «FOOOR» (fore) gerufen. Wer sich in der Gefahrenzone befindet, zieht seinen Kopf ein und schützt ihn mit den Händen.

Schlägerwahl
Die Neigung der verschiedenen Schlägertypen sorgt für die Höhe und Länge der Flugbahn. Für die ersten Spiel- und Übungsformen wird ein Eisen 7 empfohlen. Bei vielen Spielformen ist die Wahl des Schlägers noch nicht sehr wichtig. Zudem stehen vielleicht nur wenige Schläger (z.B. ein Satz alter Schläger) zur Verfügung. In diesem Fall wird emp-fohlen, den Teilnehmenden die Funktion der verschiedenen Schläger-typen zu erklären und sie die Schläger innerhalb der Gruppe nach ei-ner gewissen Übungszeit austauschen zu lassen. Mit dem SWIN-GOLF-Einheits-Schläger ist die Frage der Schlägerwahl gelöst (➔ Vgl. dazu Kap. 2.6)!

Formen übernehmen – weitere Ideen entwickeln
In der Folge werden einige Spiel- und Übungsformen vorgestellt. Die Lernenden und Lehrenden werden jedoch im Rahmen eines kreativen, freudvollen Golfunterrichtes bestimmt auf weitere Formen stoßen.

➔ Literaturhinweis zum Thema Tennis:
BUCHER. W.: 1002 Spiel- und Übungsformen im Tennis.
Schorndorf 19956.

Zielscheibe: An der Wand wird eine «Zielscheibe» aufgehängt (Matte, großes Papier oder großer Karton mit aufgezeichneter Zielscheibe, Reifen ...). Gelingt es, das Zentrum mit einem leichten Schlag zu treffen? Als Ziele können auch fixe Einrichtungsgegenstände wie Fenster, Holzflächen, Linien, Wandabschnitte... verwendet werden.
• Wie viele Punkte gelingen in zehn Abschlägen?

(!) Abschlag ab Teppichfliese oder (umgekehrter) Turn-Matte für alle folgenden Spielformen!

(→) Wenn A spielt, fängt B den zurückprallenden Ball auf und gegengleich.

92

Zonen-Spiel: An der Wand werden verschiedene Zonen bezeichnet (Bänder, Papierstreifen, Leinen ...). A und B versuchen abwechslungsweise, das gegenseitig vereinbarte Ziel zu treffen.

• Zonen mit Punkten bewerten.
• Wie viele Treffer gelingen in Serie?

(!) Position der Füße beachten: Verlängerte Linie der beiden Fußspitzen = Ziellinie.

(→) Blick während des Schlages immer auf den Ball.

93

Winkelspiel: A und B stehen vor der Wand. Seitlicher Abstand ca. 6–8 m; Abstand von der Wand ebenfalls ca. 6–8 m (je nach Platzverhältnissen). A steht in (schräger) Abspielrichtung und versucht so zu spielen, dass der Ball nach dem Abprall von der Wand genau Richtung B fliegt. B fängt den Ball und spielt diesen seinerseits via Wand Richtung A.

(!) Zusammenhang Fußstellung und Schlagrichtung erleben.

94

Hindernis überspielen: Vor der Wand wird ein Hindernis hingestellt (Kastenelement o.Ä.). Nun wird versucht, mit einem leichten Bogenball vor die Wand zu spielen, ohne dabei das Hindernis zu treffen.

• Distanzen verändern.
• Spielregeln gemeinsam entwickeln.

(!) Ball muss vor der Wand auf den Boden fallen!

95

Abpraller: Im Abstand von 3–8 m von der Wand werden (Boden-)Linien bezeichnet oder gelegt (evtl. Bänder legen). Abschlag von der ersten Linie mit dem Ziel, den zurückprallenden Ball möglichst nahe bei der Abschlaglinie zu platzieren.

• Distanzen allmählich vergrößern.
• Dieselben Distanzen, aber mit verschiedenen Schlägern.

(→) Ball- und Schlaggefühl.

96

Blind-Spiel: Stand im Abstand von ca. 5 m vor der Wand. Ziel bestimmen, Ball «ansprechen» (Körper- und Fußstellung einnehmen), Augen schließen und leicht schlagen. Erst nach dem Schlag die Augen öffnen und kontrollieren, ob der Schlag das Ziel getroffen hat oder nicht. Übung wiederholen und Schlagstärke bzw. Stellung korrigieren. • Im Wechsel mit offenen und geschlossenen Augen.		→ Gegenseitig beobachten. 97
Matten-Abpraller: Aus naher Distanz wird ab umgedrehter Turnmatte (weiche Seite unten) oder Teppichfliese gegen eine vor der Wand aufgestellte Weichsprungmatte gespielt. Wie weit prallt der Ball zurück?		! Schwung kommt vor Kraft! ! Gleichgewicht nach dem Schlag behalten! 98
Ball-Position verändern: Schlagposition einnehmen, Ball «ansprechen» (der Ball befindet sich genau zwischen beiden Füßen) und schlagen. Im Verlauf des Übens den Ball nach vorne (in Schlagrichtung) oder nach hinten versetzen. • Welches ist für dich die geeignetste Ball-Position?		→ Tip: Im Normalfall Ball zwischen den Füßen. Mit «tieferen» Eisen (3/4) den Ball eher weiter Richtung Schlagrichtung setzen; bei «höheren» Eisen (8/9) eher zurückversetzen. 99
Einbein-Schlag: Stand auf dem linken Fuß seitlich zur Wand. Der rechte Fuß wird mit der Fußspitze hinter dem linken aufgesetzt. Abschlag ab Matte/Teppichfliese, ohne das Gleichgewicht zu verlieren.		→ Gleichgewicht behalten; Blick immer auf den Ball gerichtet. 100
Einarm-Schlag: Der Schläger wird nur mit der rechten Hand gehalten. Leichte Ausholbewegung und leichter Schlag mit festem Handgelenk. • Die linke Hand dazunehmen, aber die rechte Hand führen lassen. • Den Schläger nur mit der linken Hand halten und schlagen. • Beidhändig schlagen, jedoch die «bessere Hand» führen lassen.		→ Schwung und wenig Kraftaufwand erleben. → Gegenseitig beobachten: Bleibt das Handgelenk steif? 101

2.3 Mit Golfschläger und Tennisball

Jahrmarkt-Chippen: Auf einer Langbank oder auf Kastenelementen werden Büchsen, PET-Flaschen o.Ä. aufgestellt. Gelingt es, diese zu treffen?

• Aus verschiedenen Distanzen.
• Als Gruppenwettbewerb: Welches Team braucht am wenigsten Schläge, bis alle Flaschen/Büchsen umgeworfen sind?

⚠ Hinter dem Ziel Ballfangeinrichtungen platzieren (Matten, Ballnetz o.Ä.)

102

Ziel-Chippen: Es gilt, verschiedene Zielobjekte mit verschiedener Punktewertung zu treffen: Hoch- und quergestellte Kastenelemente, aufgehängte Reifen und/oder Matten (z.B. an Schaukelringen oder an der Sprossenwand befestigt), Zeitungen, Plakate, ausgelegte Matten usw.

• Punktewertung vorgeben oder selber bestimmen lassen.

103

Chippen auf aufgehängte Matten: Auf verschiedenen Höhen werden Matten aufgehängt (z.B. an der Sprossenwand, an den Schaukelringen …). Es gilt, diese Matten mit einem Schlag direkt zu treffen.

• Schlagdistanzen variieren (z.B. durch schräge Abschlaglinie).
• Punktewertung, je nach Höhe, bzw. Distanz zur Matte.

① Geeignete Eisen wählen! Je näher die Distanz, desto kürzer ist der Griff!

104

Matten-Chippen: Von einer vorgegebenen Abschlagstelle aus versuchen, den Ball so zu chippen, dass er auf einem bestimmten Ziel landet (z.B. Matte).

• Abschlagdistanzen verlängern bzw. verkürzen.
• Wem gelingen 2, 3, 4 Treffer … in Serie?

105

«Golf über die Schnur»: A und B stehen sich an einer auf ca. 60 cm hoch gespannten Leine gegenüber. A versucht den Ball so zu chippen, dass dieser *über* die Leine und *vor* den Füßen von B auf den Boden fällt.

• Gemeinsam die Feldgröße und die Spielregeln bestimmen.

① Tipp: Kurze Distanzen – kurzer Griff!

106

2.3 Mit Golfschläger und Tennisball

Über nahes Hindernis: Ein Kastenelement (Langbank o.Ä.) muss überspielt und dahinter eine Bodenmatte (o.Ä.) getroffen werden.

• Distanzen und Höhen variieren.
• Zu zweit Wettbewerbsformen kreieren.

! Tip: Kurze Distanzen – kurzer Griff!

107

Ziel-Pitchen: A und B stehen sich gegenüber. Es gilt, durch einen auf einer Höhe von ca. 1,5 m aufgehängten Reifen oder über eine hoch gespannte Leine hin- und herzupitchen.

• Wer die gestellte oder gemeinsam vereinbarte Aufgabe erfüllt, erhält einen Punkt. Wer hat zuerst 10 Punkte?

→ Ballgefühl und kurzer Griff; «unter» dem Ball hindurch schlagen.

108

Bowling-Golf: Es werden einige Keulen (PET-Flaschen…) als Ziele aufgestellt. Es gilt, diese Ziele zu treffen bzw. umzuspielen.

• Mit Chippen (Ziele eher tief platzieren).
• Mit Pitchen (Ziele höher platzieren).

! Stellung der Füße beeinflusst die Richtung des Schlages!

109

Glocken-Schlag: «Klingene Gegenstände» (große Kuh-Glocke, Blech, Eimer …) sind zu treffen.

• Wie viele Schläge sind bis zum ersten Treffer nötig?
• Wie viele Treffer gelingen bei 100 Versuchen?
• Welches Team trifft in einer vorgegebenen Zeit am häufigsten?

«dong»

110

Golf-Basketball: Verschiedene Behälter (Körbe, Eimer, Netzchen … werden – je nach Können der Teilnehmenden – in verschiedenen Distanzen und Größen aufgestellt.

• Wer trifft hinein?
• Wem gelingen 2/3 … Treffer in Serie?
• Welches Team schafft in … Minuten am meisten Treffer?

! Auf kurze Distanzen gut geeignet zum Aufwärmen und Einspielen.

111

2.3 Mit Golfschläger und Tennisball

Pitch-Parcours: Vom gleichen Abschlagplatz aus werden verschiedene Ziele angespielt: Matten, Kastenelemente, Eimer, Körbe, Reifen …

• Wie viele Treffer gelingen insgesamt?
• Bei jedem Ziel so lange üben, bis ein Treffer erzielt wird.
• Eigene Regeln, allein, zu zweit, in der Gruppe.

→ Auch auf der Driving-Range möglich!

112

Schlagen – Fangen – Werfen: A und B stehen sich auf einer Wiese ca. 20–30 m entfernt gegenüber. Beide haben einen Golfschläger. A macht sich mit dem Schläger bereit, und B deponiert seinen Schläger. A schlägt den Ball in Richtung von B. B versucht, den Ball zu fangen. Dann schlägt B den Ball und A fängt. Welches 2er-Team fängt in einer vorgegebenen Zeit und bei einer Mindestdistanz von … m die meisten Bälle?

! Fairness, auch beim Zählen!

→ Zum Fangen evtl. einen kleinen Korb benützen.

113

Baseball-Golf: A und B stehen sich auf einer Wiese ca. 20–30 m entfernt gegenüber. A ist ausgerüstet mit einem Golfschläger und einem Tennisball; B trägt an der «schwächeren» Hand einen Baseball-Handschuh. A schlägt den Ball Richtung B. B versucht, mit dem Baseball-Handschuh den Ball zu fangen und wirft ihn zu A zurück. Wechsel nach Vereinbarung. Distanzen so weit verlängern, dass der Ball noch gefangen werden kann.

✪ Genügend seitlichen Abstand einhalten!

114

Intercross-Golf: A und B stehen sich in ca. 20–30 m Entfernung gegenüber. A ist ausgerüstet mit Golfschläger und Tennisball, B mit einem Intercross-Schläger. A spielt den Ball und B versucht, ihn mit seinem Schläger zu fangen. Nun spielt B den Ball mit dem Intercross-Schläger wieder zu A zurück. Wechsel.

• Welches 2er-Team schafft die größte Distanz?

! Kenntnis der Intercross-Technik wird vorausgesetzt.

115

Golf-Sprint: A steht, mit dem Golfschläger in Ausholposition, bereit (ähnlich Baseball-Schlagpostion). B läuft an mit «fliegendem Start». Sobald B über die Abschlaglinie läuft, gibt C das Kommando zum Schlag. A schlägt ab, B läuft so lange weiter, bis C beim Zeitpunkt, wo der Ball auf den Boden fällt, «FORE!» ruft. Dort, wo B beim Zeitpunkt des Stopprufes war, setzt C eine Marke (Fähnchen o.Ä.). Wechsel. Welches 3er-Team kommt am weitesten?

→ Die Gruppe muss die beste Kombination Schläger – Läufer erproben.

116

Wandab-Golf: In einer Distanz von ca. 10 m erfolgt der Abschlag in einem leichten Winkel gegen eine Wand.
• Wie weit fliegt der Ball von der Wand zurück?
• Gelingt es, so ein vorgegebenes Ziel zu treffen?

☺ Leicht schräges Abspiel wegen des Rückpralls!

117

1-mal pitchen – 1-mal chippen: Gleiche Anordnung wie oben, jedoch im Wechsel pitchen (auf entfernteres Ziel) und chippen (auf näher gelegenes Ziel).
• Gelingt es, beide Ziele in nur zwei Schlägen in Serie zu treffen?
• Eigene Wettspiele erproben.

118

Blind-Chip: Nachdem ein Ziel mehrere Male angespielt wurde, wird jetzt versucht, dasselbe Ziel blind (also mit geschlossenen oder verbundenen Augen) anzuspielen. Nach dem erfolgten Schlag versuchen, vorauszusagen, ob der Ball das Ziel erreicht hat oder ob er zu lang oder zu kurz war.
• Eigene «Blind-Formen» entwickeln.

119

Zonen-Treffer: Auf der Wiese liegt eine mit Leinen, Schreckbändern o.Ä. ausgelegte Riesenzielscheibe mit drei Zielzonen (2 m, 6 m und 12 m Durchmesser). Versuchen, mit einem Abschlag in die Zonen zu treffen.
• Es zählt der Ball, wenn er ausgerollt ist.
• Es zählt der Ball, wo er landet

⊖ Zonen können auch parallel zur Abschlaglinie gelegt werden.

120

Riesen-Loch: In der Mitte eines großen Feldes (Wiese, Rasen, Hartplatz …) befindet sich ein «Riesenloch» (mit Kreide, Leine o.Ä. bezeichnet; ca. 1 m Durchmesser). Die Abschlaglinie (Kreis rund um das «Riesenloch») wird ebenfalls bezeichnet (Kreide, Leine; evtl. bestehende Spielfeldlinien). Wer schafft in einer vorgegebenen Zeit die meisten Treffer? Allein oder in 2er-Teams.

☺ Vorsicht beim Holen der Bälle! Es dürfen nur Bälle, die in der Nähe des eigenen Abschlagplatzes liegen, aufgehoben und erneut gespielt werden!

121

2.3 Mit Golfschläger und Tennisball

Hartplatz-Green: Auf einem «Hartplatz» (Asphalt o.Ä.) werden Ziele (Kreise, Bänder o.Ä.) markiert. Von einem äußeren Kreis wird versucht, den Ball so präzise zu schlagen, dass er mit möglichst wenigen Schlägen in das vorgegebene Ziel rollt und dort liegen bleibt.

• Als Einzel- oder Teamwettspiel.

! Gegenseitig Rücksicht nehmen; einander den Vortritt beim Spielen gewähren, wenn zwei Bälle sehr nahe nebeneinander liegen.

122

Distanz-Variationen: Die Aufgabe besteht darin, mit demselben Schläger verschiedene Distanzen zu spielen.

• Treppe: 20 m; 30 m; 40 m, 30 m; 20 m.
• Ganz lang – ganz kurz.
• Distanz voraussagen, und dann abschlagen.

→ Schlaggefühl

123

Schlag-Laufspiel: A und B stehen sich ca. 20 m entfernt gegenüber und spielen auf ein Ziel (Reifen, vorgegebene Zone, mit Bändern markiert o.Ä.). Gleichzeitig läuft C rund um die «Golf-Anlage». Nach einer gewissen Zeit wird gewechselt. Am Schluss werden die Anzahl der Laufrunden und die Anzahl der Treffer zusammengezählt. Welches 3er-Team schafft in 20 Minuten die meisten Punkte?

! Papier und Bleistift bereitlegen; evtl. große Zähltafel mit Teamaufstellung; bei jedem Wechsel die erzielten Resultate festhalten.

124

«Speed-Golf»: Eine bestimmte Strecke oder ein Parcours ist mit möglichst wenigen Schlägen in möglichst kurzer Zeit zurückzulegen (eine Art «Golf-Biathlon»). Die Anzahl Schläge plus die Anzahl der benötigten Minuten ergeben das Schlussresulat.

• Als Einzel- oder 2er-Wettkampf.
• Im Parcours werden einige «Löcher» eingebaut.

→ «Speed-Golf» wird auf Golfanlagen bereits als offizieller Wettkampf durchgeführt.

125

Golf-Treibball: Der Ball muss mit möglichst wenigen Schlägen in einer vorgegebenen Zone rund um ein großes Feld oder über eine bestimmte Distanz gespielt werden. Wenn der Ball im Out landet, ergibt dies einen Strafschlag (Ball aufnehmen, auf die Grenzlinie der Out-Zone legen und von dort aus weiterspielen).

• Als Einzel-, 2er- oder Teamspiel.

→ «Out-of-bounds-Regel» im Golf erklären.

126

Golf-Brennball: Das bekannte Brennballspiel wird in dem Sinne abgeändert, als der Abwurf als Abschlag mit einem Golfschläger erfolgt. Die übrigen Regeln können übernommen oder angepasst werden.

→ Regeln so anpassen, dass immer möglichst viele laufen können.

⚽ Abschlag über ein nahe aufgestelltes Hindernis!

127

Risiko-Brennball: Team A schlägt ab. Team B versucht den Ball möglichst schnell wieder ins Mal zurückzuspielen. Nach jedem Abschlag versuchen alle Spielenden von Team A, das Risiko abzuschätzen und – je nach Abschlag und eigener Schnelligkeit, möglichst viele «Punkte» zu erlaufen (Fähnchen 1 = 1 P.; Fähnchen 2 = 2 P.; Fähnchen 3 = 3 P.). Wer nicht zurückzulaufen kann, bevor der Ball im Mal ist, erhält keinen Punkt!

⚽ Abschlag- und Lauffelder voneinander trennen!

128

Chippen gegen Laufen: Ein Team hat die Aufgabe, gemeinsam eine bestimmte Anzahl Runden bzw. Längen zu laufen (Radfahren, Inline-Skaten, Schwimmen …). In dieser Zeit versucht das andere Team, ein vorgegebenes Ziel möglichst oft zu treffen. Wechsel. Welches Team schafft mehr Treffer?

• Gleiche Spielidee mit Putten.

→ Regeln gemeinsam bestimmen.

129

Golf-Biathlon: Nach jeder Runde eines (Hindernis-)Laufes muss ein Ball auf ein Ziel gespielt werden. Wird das Ziel getroffen, darf die nächste Runde gelaufen werden. Wird das Ziel nach 1/2 … Versuchen nicht getroffen, muss eine «Strafrunde» gelaufen werden. Erst dann darf die nächste Runde in Angriff genommen werden. Wer schafft in … Minuten die meisten Runden?

→ Spielregeln vor dem Start gemeinsam aushandeln.

130

Golf gegen Spiel: 2 Teams teilen sich auf: Team A 1 und B 1 spiele einen Golf-Parcours; Team A 2 und Team B 2 spielen z.B. Fuß- oder Volleyball gegeneinander. Nach einer gewissen Zeit wird gewechselt.

Am Schluss werden die Spiele nach gemeinsam bestimmten Kriterien miteinander gewertet. Welches Team gewinnt?

→ Golf-Parcours und Zählweise muss allen bekannt sein.

131

2.3 Mit Golfschläger und Tennisball

Aus dem Bunker (Sandgrube, Weitsprunganlage ...)

Zum Partner: A versucht aus einer Sandgrube (Weitsprunganlage o.Ä.) den Ball auf ein Ziel (Reifen o.Ä.) außerhalb des Sandes und ca. 5 m von A entfernt zu spielen. B spielt den Ball mit leichtem Chippen wieder in den Sand zurück. Rollenwechsel. Nach 10 Versuchen Rollenwechsel.		(!) Sandgrube nach Gebrauch wieder in Ordnung bringen (Rechen bereitstellen). Der Hauswart freut sich ... und dies ist zudem im Golf eine zwingende «Etiketten-Regel»! **132**
Auf Reifen: Außerhalb der Sandgrube liegt ein Reifen (Fahrradreifen, Gymnastikreifen). Gelingt es, diesen zu treffen? • Nach jedem Treffer darf der Reifen um eine Reifendurchmesserlänge weiter entfernt gelegt werden.		(→) Z.B. als Circuit-Station geeignet. **133**
In Zonen: Außerhalb der Sandgrube werden Streifen (Zonen) markiert. Versuchen, in die einzelnen Zonen zu treffen. • Zonen-Distanzen variieren: Zone 1 – Zone 2 – Zone 3 usw. • So lange auf eine Zone spielen, bis sie getroffen ist. • Eigene Spielregeln aushandeln. • Allein oder zu zweit.		(→) Evtl. vorhandene, natürliche Zonen ausnützen. **134**
Ins Green: Aus dem Sand wird versucht, ein größeres Ziel (Green) zu treffen. Die Greens sind durch einen großen Kreis (Bänder, Leinen o.Ä.) gekennzeichnet. • Abschlagpositionen im Sand verändern. • Partnerweise spielen: A spielt aus dem Sand; B puttet, chippt oder pitcht zurück.		(!) Beim Zurückholen der Bälle gegenseitig Rücksicht nehmen! **135**
Beach-Golf: A und B spielen sich den Ball in einer Sandgrube (evtl. Beach-Volleyball-Anlage) über eine Leine oder ein Netz zu. Fliegt der Ball nicht über das Hindernis oder ins Out, erhält der Gegner einen Punkt. • Bei hohen Hindernissen ist ein Sandwedge-Schläger Bedingung. • Auch als Teamspiel möglich.		(→) Auch in Weitsprunganlagen möglich. **136**

Lange und genaue Abschläge: Auf einem (Fußball-)Feld teilen sich die Spielenden an den Längsseiten auf. Alle haben einen Schläger; jedes Team hat einen Ball. Die 2er-Teams versuchen, den Ball möglichst weit, aber vor allem gerade, hin und her zu spielen.

- Spielfeld quer in Zonen einteilen. Versuchen, nur in diesen Zonen zu spielen.
- Welches Team schafft in Serie ohne Fehlschläge eine Mindestdistanz von … Metern?
- Eigene Spielregeln!

⊖ Z.B. auch in Verbindung mit kombinierten Golf-Laufspielen.

137

In den Strafraum zurückdrängen: Zu zweit: A spielt 15–20 m hinter der Mittellinie Richtung B. Dort wo der Ball auf den Boden fällt (oder liegen bleibt), spielt B Richtung A zurück. Wem gelingt es, so den Partner in den Fußballstrafraum oder über eine festgelegte Spielfeldlinie zurück zu drängen?

- Auch als 2er-Team-Wettspiel.
- Abspiel ab Tee mit einem Holz.

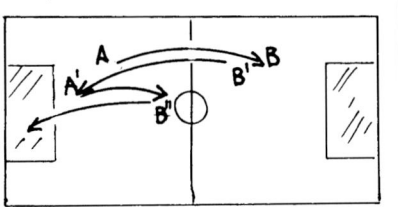

⚽ Genügend große seitliche Abstände einhalten.

138

2er-Fußballfeld-Golf-Circuit:
1. A: Spiel von außerhalb der Seitenlinie in den Strafraum; B: von dort zurück zur Seitenlinie.
2. A: In zwei Schlägen von der Torlinie bis möglichst genau zur Mittellinie. B: Dasselbe wieder zurück.
3. A und B spielen ihren Ball mit Pitchschlägen über ein Hindernis (Leine, Mini-Tennis-Netz o.Ä.) gegenseitig zu.
4. A und B spielen einander mit Chipschlägen durch oder über ein Hindernis den Ball hin und her zu.
5. A spielt mit möglichst wenigen Schlägen aufs «Green» (= Mittelkreis). Dann folgt B. Wer liegt mit weniger Schlägen besser?

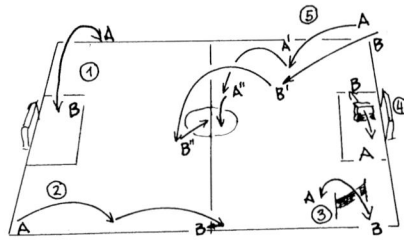

❗ Vor dem Wechsel das Material an der jeweiligen Station deponieren. Beim Stationenwechsel bleiben sowohl die Schläger wie die Bälle an Ort und Stelle liegen; nur die Spielenden wechseln.

139

2.4 Mit Golfschläger und «alternativen» Bällen

Einleitung

Auch Anfänger möchten schon von Anfang an möglichst «richtig» Golf spielen, auch mit «richtigen» Golfbällen. Wenn jedoch mehrere Personen gleichzeitig und auf relativ kleinem Raum Golfspielen lernen möchten, dann ist das Risiko mit Golfbällen zu groß. Alternative Bälle ermöglichen ein gefahrloses Üben, z.B. zu Hause, auf einem Rasen, gegen eine Wand usw.

Golf-Lochball

Der Lochball (gleicht einem kleinen Unihockey-Ball) fliegt auch bei einem starken Schlag nicht weit. Er eignet sich insbesondere, um das Treffen des Balles zu üben. Kleine Parcours im Gelände ermöglichen ein golfnahes Schlagen mit der Einschränkung, dass der Ball nicht weit fliegt und nicht dasselbe Gefühl im Treffmoment vermittelt. Mit dem Lochball ist es möglich, kleine improvisierte Golfparcours mit Löchern als Ziel (z.B. Reifen o.Ä.) zu spielen.

Schaumstoffball

Die im Tennis-Anfängerunterricht verwendeten Schaumstoffbälle können auch im Golfunterricht verwendet werden. Für Mitspielende besteht keine Verletzungsgefahr. Der Schaumstoff-Tennisball eignet sich unter engsten Raumverhältnissen ebenfalls als Trainingsball, z.B. beim Abschlag gegen eine Hauswand oder gegen ein Garagentor.

Federball

Mit einem Federball Golf spielen? Diese Idee erstaunt vielleicht zunächst, doch wer das schon einmal ausprobiert hat, wird staunen, wie viele Spiel- und Übungsformen möglich sind. Wetten, dass auch du Spaß haben wirst beim Golf-Federball?

Squashball

Der Squashball ist dem Golfball puncto Größe und Gewicht sehr nahe. Er eignet sich sehr gut, auf Hallenböden das Putten zu üben. Ferner ist es mit diesem Ball gut möglich, gegen eine Wand zu spielen, denn der Ball prallt nicht weit zurück und verursacht trotz hartem Aufschlagen keine Schäden an den Wänden.

Hallen-Golfball

Der Hallen-Golfball hat dieselbe Größe wie der «richtige» Golfball. Er ist ein eigentliches Bindeglied zwischen den vielen möglichen «alternativen» Bällen und dem Golfball. In diesem und im folgenden Kapitel werden einige Spielformen aufgeführt.

Schlägerparcours: Verschiedene Schläger (SW, PW, Eisen 7 usw.) werden an einzelnen Stellen in der Halle oder im Freien platziert (Schlägerdepots). Spiel mit einem Schläger … zum Ziel (Ziel = nächstes Depot). Den Schläger, mit dem gespielt wurde, deponieren, zum nächsten Schläger gehen und von dort weiterspielen.

→ Ballgefühl; Anpassen an anderen Schläger.

140

Boccia-Golf: Der erste Ball wird mit Farbe markiert und gespielt. Nun gilt es, die weiteren Bälle so nahe wie möglich an den Zielball zu spielen.

• Zu zweit: Wer besser gespielt hat, spielt den neuen Zielball.
• Wer spielt alle seine Bälle in einen Umkreis von höchstens … m?

→ Ballgefühl

141

Bälle versorgen: Am Schluss einer Unterrichts- oder Spielsequenz werden die Bälle in eine aufgestellte Tasche gespielt. Rund um die Tasche wird eine Leine o.Ä. als Markierung gelegt. Nach einer gewissen Zeit wird die «Abschlaglinie» näher zum Ziel verlegt.

• Wer trifft am besten?
• Wer hat zuerst 3 Bälle «versorgt»?

! Nach einer gewissen Zeit die Schläger austauschen (Chancengleichheit).

142

Grenzball-Golf: Zu zweit: A spielt den Ball so weit wie möglich Richtung B. Von dort, wo der Ball liegt, spielt B Richtung A zurück. A spielt den Ball, wo und wie er liegt, wiederum zurück usw. Wem gelingt es, sein Gegenüber an den Spielrand zu drängen?

! Spieldistanzen und -flächen dem Ball anpassen.

143

Natürliche Ziele: Zu zweit im Freien (oder in der Halle). Beide einigen sich auf ein Ziel und die entsprechende Distanz. Wer seinen Ball näher zum Ziel spielt, erhält einen Punkt. Zielwechsel.

• Wer näher beim Ziel ist, setzt das nächste Ziel fest.
• Wer weiter entfernt ist, bestimmt das neue Ziel und die Distanz.
• Ziele selber aufbauen (z.B. ein Riesenloch als «Ostfriesenloch»).

144

2.4 Mit Golfschläger und «alternativen» Bällen

«Federn» fliegen: Den «Federball» FB (Shuttle) locker in den Rasen «stecken» und aus dieser Position schlagen.

- Mit Eisen, dann mit Hölzern.
- Vom Tee abschlagen.
- Einen vorgegebenen Parcours spielen. Dabei den Ball immer so spielen, wie er liegt oder «besser legen» (eigene Regeln!).

❗ Trotz kurzen Flugstrecken für genügend große Sicherheitsabstände sorgen.

145

Abschlagserie: Mehrere FB werden in einem Abstand von ca. 30 cm neben- oder hintereinander gelegt. Nun gilt es, ein vorgegebenes Ziel (Kreis, Fläche …) mit möglichst vielen FB zu treffen.

- Allein gegen andere oder als Teamwettspiel.
- Verschiedene Ziele oder Zielkreise mit Punktewertung.

→ Ziel ca. 5–8 m vom Abschlag entfernt setzen.

146

Höhenflug: An einer Wand, an einem Seil o.Ä. werden Zielobjekte (Zeitungen, Reifen …) aufgehängt, mit Kreide angezeichnet oder bestehende «Ziele» (Fenster, Rahmen …) angespielt. Wer trifft?

- Allein gegen andere oder als Teamwettspiel.
- Aus verschiedenen Distanzen.
- Wem gelingt die höchste Trefferserie (ohne Fehlschläge!)?

→ Distanzen verkürzen auf ca. 2–3 m.

❗ Eisen 9, S oder P.

147

«Ballistik»: Es werden verschiedene «Auffangbecken» aufgestellt (Eimer, Kübel, Weiden- oder Plastikkorb). Gelingt es, den FB «einzulochen»?

- 2er-Wettbewerb: Wer trifft von insgesamt 20 Bällen mehr?
- Wem gelingt die höchste Trefferserie (ohne Fehlschläge!)?

❗ Eisen 9, S oder W oder aber mit Eisen 7 «im Kurzgriff».

→ Verschieden große Gefäße wählen = verschiedene PAR-Löcher.

148

Ins Schwarze treffen: Es wird auf dem Boden im Abstand von ca. 8 m eine Zielscheibe gelegt (Bänder, Schnüre …) oder mit Kreide (Ziegelsteine o.Ä.) gezeichnet.

- Wer sammelt mit 6 Abschlägen die meisten Punkte?
- Abschlagdistanzen variieren, je nach Spielstärke.

⚙ Sofern rund um den Zielkreis abgespielt wird, unbedingt darauf achten, dass sich keine Spielenden unmittelbar gegenüber stehen!

149

Aus dem Feld treiben: A und B stehen sich «versetzt» gegenüber. A spielt von einer Marke ab in Richtung B. B seinerseits spielt von der Stelle aus, wo der FB von A landete, wieder in Richtung A. Beide versuchen, den Partner immer weiter nach hinten zu drängen, bis A oder B aus dem Spielfeld getrieben ist.

⚓ Aus Sicherheitsgründen sich *nie* direkt gegenüberstehen; der Schläger könnte bei einem Schlag aus den Händen gleiten.

150

FB über die Schnur: A und B stehen sich «versetzt» gegenüber und versuchen, den FB über die Leine zu spielen. Jeder gelungene Versuch zählt einen Punkt. Wer hat zuerst 10 Punkte?

• Der FB darf immer wieder neu aufgelegt werden.
• Den FB so spielen, wie er liegt (mit oder ohne Tee).

⊕ Die gleichen Eisen bzw. Hölzer verwenden.

⚓ Sicherheitsabstände; seitlich versetzt beim Schlagen (vgl. oben).

151

«Doublette»: Ein FB wird (umgekehrt) auf einen anderen FB gesetzt. Gelingt es, den einen FB so wegzuschlagen, dass der andere an der gleichen Stelle liegen bleibt?

• Einfach: Den oberen Ball spielen
• Schwierig: Den unteren Ball spielen.

❗ Geeignete Eisen wählen; welche? Warum?

152

«3er-Pack»: 3 FB werden locker ineinander gesteckt. Gelingt es, sie so zu schlagen, dass sie nach dem Schlag «umgekehrt» auf dem Boden liegen?

⊕ Mit Holz schlagen!

153

Feuerwerk: Eine Gruppe stellt sich im Halbkreis auf. Den Spielenden werden Nummern von 1–X zugeteilt. Auf ein hintereinander folgendes Kommando 1–2–3–4–5 … werden die FB auf dasselbe Ziel gespielt.

• Alle spielen gleichzeitig.
• Wer das Ziel verfehlt, scheidet aus. Wer trifft bis zum Schluss?

⊕ Die gleichen Eisen bzw. Hölzer verwenden.

154

Hin- und herputten: Zweiergruppen A und B stehen sich auf der Längsseite des Raumes/Platzes gegenüber. A puttet den Ball so fein gegen B, dass der Ball möglichst nahe bei den Füßen von B zum Stillstand kommt, Wechsel. • Als Wettbewerb: Welches 2er-Team hat zuerst …? • Zwischen den Beinen hindurch usw.		→ Mit Putter (!) «Dreieck» fixieren: linke Schulter – rechte Schulter – Hände. 155
Kreuz und quer putten: 2er-Teams verteilen sich im Raum und bilden dadurch Hindernisse, die es zu umspielen gilt. A versucht mit möglichst wenig Putt-Schlägen zwischen die Füße von B zu spielen. Rollenwechsel. • Alle verteilen sich in der Halle so, dass zwischen den zwei Spielenden eine freie Puttlinie entsteht. Gegenseitig zuspielen.		(!) Position der Füße beachten; Blick während des Schlages immer auf den Ball gerichtet; erst nach erfolgtem Schlag Blick zum Ziel. 156
Langbank-Puttlinie: Zwei Langbänke stehen nebeneinander. Stand auf der einen Langbank; der Ball liegt auf der anderen. Versuchen, den Ball so zu spielen, dass er möglichst lange auf der Langbank rollt, ohne hinunterzufallen. Gegengleich. • Als 2er-Wettbewerb: Wessen Ball rollt die längere Strecke auf der Langbank? Wessen sogar über die ganze Länge?		→ Gleichgewicht und Ballgefühl. 157
Linien-Puttlinie: Bodenlinien, Bänder, Seile o.Ä. dienen als Orientierungshilfen. Versuchen, zu zweit möglichst so hin- und herzuspielen, dass der Ball im Bereich der Linie rollt. • 2 Linien/Streifen dienen als «Rollbahn». Wie weite Putt-Schläge sind möglich, ohne dass der Ball die Bahn verlässt? • Bahn immer enger legen. Eigene Wettspielregeln entwickeln.		→ Partner kontrolliert die Fußstellung. 158
Blind putten: Ball ansprechen, Position einnehmen, Richtung kontrollieren, letzter Kontrollblick auf den Ball …, Augen schließen und schlagen. Erst drei Sekunden nach dem Schlag die Augen öffnen. • Mehrmals wiederholen, ohne die Augen zu öffnen. Der Partner legt einen neuen Ball hin und kommentiert, z.B.: «30 cm kürzer!» usw.		→ Konzentration und Ballgefühl; Fairness. 159

2.4 Mit Golfschläger und «alternativen» Bällen

Mit Squash- oder Hallen-Golfball

Zonen-Putten: Es werden verschiedene Zonen gelegt (mit Seilen, Bändern, Kreidezeichnungen, Klebeband …). Von einer gemeinsam bestimmten Abschlaglinie versuchen, in eine bestimmte Zone zu spielen. • Zonen bzw. Distanzen verändern. • Als Team-Wettbewerb zu zweit gegen andere Teams.		→ Ball- und Distanzgefühl. 160
Slalom-Putten: In der Halle/auf dem Platz befinden sich verschiedene Gegenstände. Versuchen, mit wenigen Schlägen möglichst viele Hindernisse zu umspielen. Das gleiche Hindernis darf nur einmal umspielt werden. • Wettbewerb auf Zeit. • Parcoursstrecke gemeinsam bestimmen … und Parcours spielen.		⚠ Trotz Zeitdruck hohe Konzentration vor dem Schlag! 161
Putt-Boccia: A und B haben ein gemeinsames Ziel (z.B. einen weiter vorn liegenden Ball). Beide versuchen, aus derselben Distanz möglichst nahe an den Ziel-Ball zu putten. Wer näher ist, erhält einen Punkt, darf den nächsten Zielball neu legen (Distanz selber wählen) und hat die «Ehre» für das nächste Spiel. • Zweierteams wechseln, z.B. alle Sieger, alle Verlierer zusammen.		→ Begriff «Ehre» beim Golfspiel erklären. 162
Tunnel-Putten: Mit verschiedenen Gegenständen wird ein Tunnel gebaut. Gelingt es, durch diesen Tunnel hin- und herzuspielen, ohne die Seitenwand zu touchieren? • Gruppenwettbewerb: Alle stehen mit gespreizten Beinen hintereinander. Der Hinterste spielt durch den Beintunnel, läuft nach vorne, nimmt dort den Ball mit dem Schläger an, spielt ihn mit einem Puttschlag außerhalb des Tunnels nach hinten usw.		→ Plausch in der Gruppe. 163
Putt-Parcours: Die Spielenden bauen einen einfachen Puttparcours, eingen sich über die Spielregeln … und spielen. Als Ziele können spezielle Plastik-Puttlöcher verwendet werden. • Aus einigen der hier aufgeführten Putt-Spielformen einen Puttparcours bauen. Wettspiel mit Scorekarte durchführen.		→ Plastik-Puttlöcher – Bezugsquelle: Sportgeschäft mit Golfartikeln. 164

2.4 Mit Golfschläger und «alternativen» Bällen

Putt-Stopp vor der Wand: Vor der Wand wird im Abstand von ca. 1 m eine Leine gelegt (evtl. Bodenlinie benützen). A und B putten abwechslungsweise je 5-mal und versuchen, den Ball hinter die Linie zu spielen, ohne dass er jedoch die Wand berührt. Wer dies schafft gewinnt einen Punkt.

• Putt-Distanzen beliebig vergrössern bzw. verkleinern.

⚠ «Festes» Dreieck Schulter-Schulter-Hände; kein Handgelenkeinsatz!

165

Putt-Parcours: Es gilt, verschiedene Ziele (Puttlöcher, gezeichnete Kreise, aufgelegte Blätter …) zu treffen. Die «Abspielstellen» werden mit einem Kleber o.Ä. markiert. Die total benötigte Anzahl Schläge wird zusammengezählt.

• Wer braucht am wenigsten Schläge?
• Welches Team spielt am besten?

⟳ Spiel unter leichtem Stress erleben.

166

Putt-Handicap: Den Putter mit beiden Händen halten und dann die Schlagposition einnehmen. Dann den Putter nur mit einer Hand (zuerst mit der rechten, später nur mit der linken Hand) halten und so versuchen, den Ball einzulochen.

• Mit welcher Hand geht es besser?
• Bleibt das Handgelenk fixiert (Partnerkontrolle!)?

⚠ Das Handgelenk während des ganzen Schlages fixieren!

167

Putt-Geometrie: Versuche von einer Stelle aus die Bälle systematisch immer weiter bzw. immer kürzer zu spielen. Evtl. Kontrollmarken legen.

• 3, 4, 5, 6 m
• 6, 5, 4, 3 m

⟳ Ballgefühl

168

Putt-Wahrsager: Die oben gesetzten Marken verwenden. Ball ansprechen, spielen … und unmittelbar nach dem Schlag voraussagen, wie weit der soeben gespielte Ball rollen wird.

• Als 2er-Wettbewerb mit eigenen Regeln.

⟳ Ballgefühl

169

2.5 Mit Golfschläger und Hallen-Golfball

Sicherheit

Sobald mehrere Personen auf relativ kleinem Raum Golf spielen, sind genügend Sicherheitsmaßnahmen zu treffen und Spielregeln einzuführen («Kleine Etikettenkunde»!):

• Genügend seitlichen Abstand wählen
• Den Übungsbetrieb gut organisieren
• Gemeinsam und gleichzeitig Bälle einsammeln
• Klare Verhaltensregeln vereinbaren
• Gegenseitig Rücksicht nehmen

Der Hallen-Golfball

Der aus weichem Gummi hergestellte Hallen-Golfball eignet sich besonders gut für den Gruppenunterricht in der Halle. Er ist zudem von allen «alternativen Bällen» dem richtigen Golfball bezüglich Größe und Gewicht am ähnlichsten.

Bei einem möglichen Fehlschlag ist bei diesem Ball im Vergleich zum Golfball die Verletzungsgefahr gering.

Das Spiel an die Wand oder ins Netz

In vielen Sporthallen befinden sich Trennwände aus Stoff o.Ä. Diese Wände eignen sich sehr gut als «Driving-Netze». Wenn sogar eigentliche Driving-Netze vorhanden sind, können mehrere Personen gefahrlos nebeneinander Bälle schlagen.

Mit dem Hallen-Golfball ist es aber auch möglich, an Holz- oder Mauerwände zu schlagen, ohne dass die Wände dadurch beschädigt werden. Wichtig: Kein Spiel auf dem Hallenboden; immer nur mit Unterlage (Abschlagmatte, umgekehrte Turnmatte, Türvorlage o.Ä.).

Auch im Freien

Viele der folgenden Formen sind auch im Freien möglich.

Golfunterricht in Gruppen erfordert eine gute Organisation. In der Halle erfolgt der Abschlag immer ab Matte oder Teppich (Schutz des Bodens).

Grundschule: Im Abstand von ca. 4 m zur Wand (Netz) mit dem Eisen (anfänglich empfohlenes Eisen: Nr. 7) vom Tee mit wenig Kraftaufwand und leichtem Schwung an die Wand oder in ein Netz spielen.

• Krafteinsatz und Distanz vergrößern.

⚠ Kenntnis der Grundbegriffe wie Griff, Stellung zum Ball, Schwung werden vorausgesetzt!

170

Treffer-Spiel: A und B versuchen, in einer vorgegebenen Zeit möglichst oft ein klar definiertes Ziel zu treffen (aufgehängte Zeitung, Reifen, Feld an der Wand …). Wer trifft öfter?

• Cup: A darf so lange schlagen, wie das Ziel getroffen wird. Trifft A nicht mehr, dann beginnt B. Wer kann länger spielen?

⚠ Abschlagdistanz vorgeben (je nach individuellem Können).

171

Zonen-Treffer-Spiel: Der Weg zum Ziel wird durch seitliche Hindernisse (z.B. Kastenelemente, herunterhängende Leinen oder Seile …) eingeengt. Gelingt es trotzdem, das eigentliche Zielobjekt zu treffen?

⚠ Bedeutung eines geraden Schlages erwähnen; Stellung zum Ball!

172

Gong: Vor der Wand wird ein «Klanggegenstand» aufgehängt (Glocke, Blech …). Nun gilt es, diesen Gegenstand zu treffen.

• Als Teamspiel: Team A gegen Team B. Bei wem läutet es öfter?
• Als Station in einem Circuit: Wenn die Glocke läutet, muss gewechselt werden.

→ z.B. als (Jocker-) Station in einen Konditionsparcours einbauen. Golfparcours-Ideen: Vgl. Kap. 2.7, S. 91 ff.

173

Abpraller: Je härter der Hallen-Golfball geschlagen wird, desto weiter springt er von der Wand zurück.

• Wie weit fliegt er zurück?
• Gelingt es, mit dem Abpraller einen auf dem Boden liegenden Gegenstand (Matte, Reifen …) zu treffen?

⚠ Gegenseitig Rücksicht nehmen!

174

Golf-Schießstand: Auf einer Langbank (o.Ä.) stehen Gegenstände wie Keulen, Büchsen, Petflaschen«, die es zu treffen gilt. Wie viel Zeit wird benötigt, alle Gegenstände wegzuchippen?

• Als Einzel- oder Teamwettspiel.
• Wie viele Gegenstände fallen in … Minuten?

→ z.B Einbau in einen Parcours.

175

Bälle versorgen: Aus verschiedenen Distanzen sind Bälle in einen bestimmten Raum zu chippen. Dieser Raum kann durch Linien oder z.B. Langbänke eingerahmt werden.

• Wie lange geht es, bis alle Bälle «versorgt» sind?
• Wer schafft in … Minuten die meisten Treffer?
• Treffer: Weiterspielen. Kein Treffer: Eine Runde laufen.

(!) Bälle genau zählen!

176

Aus dem Hindernis: Mit Malstäben oder anderen Gegenständen wird ein Hindernis aufgebaut. Nun gilt es, mit möglichst wenigen Schlägen aufs Green (Matte o.Ä.) zu gelangen.

• Immer von der gleichen Linie aus beginnen.
• Die Hindernisse müssen entweder über- oder umspielt werden.
• Eigene Spielregeln.

→ Golfsprache, z.B. «natürliches Hindernis».

177

«Hanglage» – Vorsicht: Eine Holzplatte (oder z.B. der Mattenwagen) wird einseitig unterlegt (z.B. mit Sprungbrett), so dass eine leichte «Hanglage» entsteht. Aus dieser erschwerten Lage aufs Ziel chippen.

• Alle möglichen Hanglagen üben: Abwärts, aufwärts, seitlich, Kombinationen.

(!) Tips für die Haltung beim Ansprechen des Balles: Hanglage vorlings: *Vorlage*; Hanglage rücklings: *Rücklage*.

178

Partner-Chipping: A und B stehen sich in ca. 10 m Entfernung gegenüber. A chippt den Ball gegen B mit dem Ziel, dass der Ball vor B auf den Boden fällt. B stoppt den Ball und spielt ihn in derselben Art zu A zurück.

• Vor beiden liegt ein Zielobjekt (z.B. Reifen), welches getroffen werden muss.

(O) Nur spielen, wenn der Partner bereit ist und das Spiel «freigibt».

179

Über das Hindernis: Zwischen Abschlag und Ziel liegt eine Weichsprungmatte o.Ä. (= Bunker, kleiner Tümpel …). Nun gilt es, den Ball über dieses Hindernis möglichst nahe ans Ziel zu chippen. Evtl. von dort aus mit dem Putter einlochen. Als Ziel gilt eine mit Bändern o.Ä. markierte Zone.

• Als Wettspiel zu zweit oder in Teams durchführen.

→ Was passiert im (richtigen) Golfspiel, wenn der Ball ins Wasser fällt?

180

Ziel-Chippen: In verschiedenen Distanzen werden geeignete Ziel-objekte platziert (Ballwagen, Chipping-Netz, Instant Screen, Weich-sprungmatten …).

• Ziel vorhersagen … und dann spielen.
• Immer das nächste Ziel anspielen.
• Gelingt eine ganze Treffer-Serie?

181

Einbahn-Rollmops: Einen leichten Ball (z.B. Ballonball, Volley-ball…) mit Chippen treffen und diesen über eine Linie treiben.

• Als Teamspiel oder als Einzelübung.
• Den Ballonball aufhängen und als Ziel benützen.

(!) Nur in *eine* Richtung spielen!

182

Zur Fahne pitchen: Ein Mattenfeld symbolisiert das Green; der Malstab in der Mitte die Fahne. Versuchen, von einem vorgegebe-nen Abschlag aus (z.B. Kreislinie rund um das Green) möglichst nahe an die Fahne zu spielen.

• Wessen Ball liegt am nächsten?

(!) Unterschied Pitchen und Chippen erklären!

(•) Diese und viele anderen Formen sind auch im Freien möglich!

183

Über die Mauer: Eine hochgestellte Weichsprungmatte (z.B. auf dem Mattenwagen) symbolisiert ein hohes Hindernis, welches überspielt werden muss.

• Über das Hindernis pitchen (je näher, desto schwieriger!).
• Gelingt es sogar, hinter dem Hindernis ein Ziel zu treffen?
• Reaktion: Kann der Partner hinter der Matte den Ball fangen?

184

Im 1. Stockwerk: A steht auf einer erhöhten Stelle (z.B. auf einem Schwedenkasten, auf einer Treppe …). Die anderen seines Teams pitchen in geordneter Reihenfolge und nur auf Kommando von A ihren Ball. Jeder Ball, der von A gefangen werden kann, zählt für das Team als Punkt. Gleichzeitig spielt Team B dasselbe Spiel. Welches Team schafft in einer bestimmten Zeit mehr «Fangbälle»?

• Wer trifft (d.h. der Ball wird gefangen) spielt weiter; wer nicht trifft (Ball kann nicht gefangen werden), absolviert eine Laufrunde, führt eine Kraftübung 10-mal aus, sammelt 10 Bälle ein …
• Eigene Spielregeln entwickeln.

! Fairness … beim Spielen und beim Zählen!

185

Golf-Tennis: A pitcht über ein (Badminton-)Netz zu B. B steht mit einem Tennisschläger bereit und spielt den Ball direkt zu A zurück.

• Wieviele Serien ohne Fehler sind möglich?
• Tennis-Doppel mit Golf-Aufschlag: A pitcht den Ball (= Aufschlag) über das Netz ins Feld von C und D. C oder D spielt den Ball mit seinem Tennisschläger zurück. B spielt wiederum zurück. In der Zeit des ersten Ballwechsels wechselt A seinen Golf-Schläger gegen einen Tennis-Schläger aus, welcher am Spielfeldrand bereitsteht, und spielt mit seinem Partner weiter bis zum Punkt. Zählweise wie beim Tischtennis oder nach eigenen Regeln.

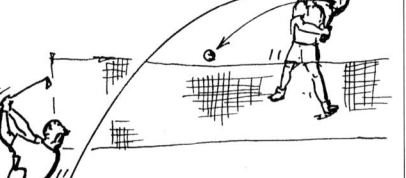

⊖ Eigene Spielkombinationen entwickeln.

186

Völkerball-Golf: Die Spielenden des Teams A versuchen, über das Spielfeld von Team B zu ihren Teamspielern A' zu spielen. Jedes gelungene Überspielen ergibt einen Punkt. Alle Spielenden von A bzw. A' müssen gleichzeitig spielen, und alle von Team B stehen beim Abschlag von Team A am hinteren Rand ihres Feldes (Unfallgefahr).

Gleichzeitig versucht Team B, die hoch gespielten Bälle zu fangen. Wer einen solchen Ball fängt, holt für sein Team einen Punkt.

Rollen- bzw. Felder wechseln.

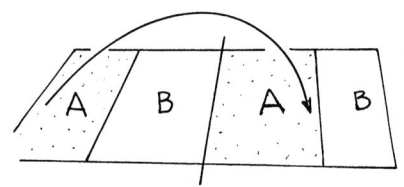

! Spiele erproben und weiterentwickeln!

⊖ Abspiel immer ab Matten (Rasen schonen!)

187

2.6 Swin-Golf

Historischer Rückblick

Ein Franzose namens Henri-Louis de Vilmorin suchte im Jahr 1932 nach Möglichkeiten, seine «Passion», das Golfspiel, in seiner nächsten Umgebung ausüben zu können. Dabei orientierte er sich an den «Mail-» und «Chole-Spielen», Vorahnen des Golfspiels, welche auf frisch gemähten Wiesen gespielt wurden. Er kreierte einen Schläger mit 2 Schlagflächen und spielte auf benachbarten Wiesen.

Sein Sohn Laurent erweiterte 1982 den Schläger mit einer dritten Schlagfläche und spielte mit einem weichen Ball von 5 cm Durchmesser. Dieser neue Ball eröffnete viele Perspektiven. Ein neues Spiel war geboren: *Swin-Golf*

Golf in der Schule

Die Einführung des Golfspiels im Rahmen des Sportunterrichts in der Schule ergibt verschiedene Schwierigkeiten, z. B.:
- Der extrem harte und somit gefährliche Golfball erfordert außerordentlich große Sicherheitsmaßnahmen.
- Der Spiel- bzw. Golfplatz muss ausschließlich für das Golfspiel reserviert sein und lässt in dieser Zeit keine anderen Aktivitäten zu.
- Es ist ein spezieller Sack (Bag) nötig, damit die vielen verschiedenen Golfschläger transportiert werden können.

Beim Swin-Golf sind nach Ansicht des Autors dieses Kapitels, Pierre Conus, diese Probleme weitgehend gelöst, denn
- der weiche Gummiball kann weitgehend gefahrlos verwendet werden,
- ein Fußballplatz oder eine frisch gemähte Wiese genügen durchaus für einen Parcours mit 3 Löchern,
- ein einziger Schläger erlaubt das Spielen auf dem ganzen Parcours.

Wegen seiner Einfachheit bezüglich Material und Bedarf an Anlagen könnte Swin-Golf ohne Schwierigkeiten im Kanon der Schulsportfächer seinen Platz finden.

Swin Golf, der «kleine Cousin des Golf», unterscheidet sich in folgender Beziehung von diesem:

Der (Einheits-)Schläger

Der Einheitsschläger hat einen Schlägerkopf mit drei Schlag-Seiten. Die eine Schlagfläche entspricht einem Eisen 7–8 für das Spielen von hohen Bällen, die zweite einem Eisen 3–4 für das Spielen von langen Bällen und die dritte einem Putter für das Einlochen des Balles.

Der Ball

Der große weiche Ball aus Gummi fliegt weit und ist trotzdem ungefährlich. Durch die Ballgröße wird das Treffen gegenüber dem Golfball wesentlich erleichtert. Als Alternative eignen sich anfänglich auch Tennisbälle (➔ Spielformen mit Tennisbällen: Vgl. Kap. 2.3).

➔ Bezugsquelle Ball und/oder Schläger:

Christian Milleret, Espace Basse-Ruche, CH-1264 St. **Cergues**

Telefon: 022 360 16 88
Fax: 022 360 19 64

Das Loch

Ein viel größeres Loch mit einem Durchmesser von 30 cm erleichtert das Einlochen.

Das Gelände

Wenn ein Ball gut getroffen wird, fliegt er bis zu 150 m weit. Ein 18-Loch Swin-Golf-Parcours braucht 4-mal weniger Spielfläche als ein Golfplatz und keine kostspieligen Zusatzbauten, weder für das Fairway, noch für die Greens. Eine regelmäßig geschnittene Wiese genügt vollauf.

Die Regeln

Die Regeln sind dem Golf sehr ähnlich. Am Anfang sollen, wie bei jedem anderen Spiel, die Spielregeln von den Spielenden selbst festgelegt werden. In jedem Fall ist der Sicherheit immer größte Beachtung zu schenken.

Die offiziellen Swin-Golf-Regeln sowie weitere Informationen zum Swin-Golf können bei folgender Adresse bezogen werden:

Secrétariat de la fédération sportive de Swin
Guillaume Norcini, 7 rue Coutremont, F-24260 **Colombier-Fontaine**

Swin-Golf-Technik: Die Schlag- bzw. Schwungtechnik (hier von rechts nach links) unterscheidet sich grundsätzlich nicht von der eigentlichen Golf-Technik (➔) vgl. dazu Kap. 1.5 «Der Golf-Grundschlag».

Wandtreffer: Verschiedene Bälle (Schaumstoffball, Tennisball, Swin-Golf-Ball) gegen die Wand spielen. Nach jedem gelungenen Schlag um eine Schlägerlänge von der Wand/vom Gitter zurückgehen und erneut abschlagen.

• Auch auf (aufgehängte) Ziele.
• Auf feste Einrichtungsgegenstände (z.B. Basketballkorb usw.).

(!) Den Boden mit einem Stück Teppich, mit einer Matte o.Ä. abdecken.

(!) Als Tee kann ein Stück Gummischlauch verwendet werden.

188

Ringtreffer: An den Schaukelringen oder andernorts werden Reifen in verschiedenen Höhen aufgehängt. Nun gilt es, den Ball durch diese Reifen zu spielen.

• Distanzen variieren.
• Mit verschiedenen Bällen spielen.
• Durch den Ring spielen und wenn möglich noch ein Ziel treffen.

⊖ Blick auf den Ball!

189

Ball über das Hindernis: Den Ball über irgendein Hindernis spielen (Mattenwagen, Kastenelement, Sitzbank …).

• Zu zweit: Sich gegenseitig einen (hohen) Ball zuspielen.
• Zu zweit: Distanzen laufend vergrößern.

⊖ Ball anheben lernen.

190

5-Schlag-Distanz: A und B spielen sich den Ball auf einem Feld, das mit Fähnchen in je 10-m-Distanzen eingeteilt ist, gegenseitig zu. Dabei wird jede Distanz mit der nächsten Distanz addiert (auf 10 m auf- oder abrunden). Wie viele Meter werden auf diese Weise nach 5 Schlägen erreicht?

• Als Einzel- oder Teamwettbewerb.

(!) Fairness!

191

Punkte-Zonen: Ein großes Feld wird in Quer- und Längszonen aufgeteilt und entsprechend markiert. Von einer Abschlaglinie aus spielen die Teilnehmenden ihre Bälle möglichst weit. Der Ball darf nur gezählt werden, wenn er die eigene Längszone nicht verlässt.

• Als Einzel- oder Teamwettkampf.
• Als Station eines Circuittrainings usw.

192

2.6 Swin-Golf

Ziel-Ball: A und B stehen sich in angemessener Distanz gegenüber und haben einen Ball. In der Mitte der beiden befindet sich irgendein Zielobjekt. Beide versuchen, von ihrer Seite aus das Ziel zu treffen. Wer von beiden trifft besser?

• Spezielle Spielregeln gemeinsam vereinbaren.
• Als Ziel kann auch eine Zielscheibe mit Punkteinteilung dienen.

→ Distanzgefühl.

193

Schachtel-Treffer: Als Zielobjekte werden Kartonschachteln, Petflaschen, Kisten, Kastenelemente, Ballwagen usw. gewählt. Diese werden in verschiedener Art aufgestellt (nebeneinander, hintereinander, mit Zwischenräumen …).

• Beliebige Aufstellung der Kasten und Schachteln.

194

Bewegliches Loch: Hinter einer Schachtel, einem Ballwagen o.Ä. versteckt sich jemand und schiebt das Zielobjekt langsam hin und her. Die anderen versuchen, das Ziel zu treffen. Nach einer gewissen Zeit oder nach einer Anzahl Abschläge die Rollen wechseln.

• Treffer im Kasten = 3 P.; Treffer an den Kasten = 1 P.

195

Golf-Bowling: In einer angemessenen Distanz werden einzelne Keulen o.Ä. aufgestellt. Gelingt es, diese zu treffen?

• Aufstellung der Keulen wie beim Bowling.
• Beliebige Aufstellungsformationen wählen.
• Vor die Keulen wird ein Hindernis gestellt, welches zuerst überspielt werden muss.

→ Eigene Spielregeln entwickeln!

196

Hinauf ins 1. Stockwerk: Den Ball leicht und gefühlvoll anheben, so dass er nach einer hohen Flugbahn auf dem Zielobjekt (z.B. Weichsprungmatte, in der Mitte mit einem Gegenstand beschwert, aufgehängtes Tuch o.Ä.) liegen bleibt.

• Zu zweit: A stellt sich auf ein Gerät (Kasten o.Ä.) und B versucht, ihm einen leichten Ball hoch und genau zuzuspielen.

197

2.6 Swin-Golf

Schirm-Treffer: Als Ziel dient ein umgekehrter Sonnen- oder Regenschirm. Gelingt es, dieses Ziel zu treffen? • Mit verschiedenen Bällen. • Aus verschiedenen Distanzen.		! Achte auf die Ausrichtung der Füße! 198
Spiel auf das Green: Auf einem großen Feld (z.B. frisch gemähte Wiese) sind verschiedene Greens bezeichnet (mit Leuchtbändern markierte Kreise o.Ä.). Versuche von einem «Green» aus den Ball auf das nächste «Green» zu spielen. • Anzahl Schläge pro Parcoursrunde zählen.		! Vorgängig den Landwirt fragen, ob die frisch gemähte Wiese benützt werden darf. 199
Absohlagen Fangen: A schlägt seinen Ball in Richtung B. B versucht, den von A gespielten Ball zu fangen. Rollenwechsel. • Mit der Hand. • Mit Baseball-Handschuhen. • Mit Intercross-Schläger. • Mit einem Sack.		→ Weitere Ideen: Vgl. Kap. 2.3 «Mit Golfschläger und Tennisball». 200
Swin-Golf-«Ping-Pong»: A und B stehen sich im Freien in einer Distanz von ca. 10 m gegenüber. A pitcht in Richtung B mit dem Ziel, dass der Ball vor die Füße von B zu liegen kommt. Dann spielt B in Richtung A mit demselben Ziel. • Distanzen immer vergrößern. • Wer pro Hin- und Herspiel näher spielt, erhält einen Punkt.		201
Pitch-Parcours: A spielt gegen B. A bestimmt das erste Ziel (Baum, Grasbüschel, Stein …) und spielt seinen Ball. Dann spielt B auf dasselbe Ziel. Wer näher liegt, gewinnt einen Punkt, bestimmt das neue Ziel und hat die «Ehre» für das nächste Abspiel.		! Gegenseitig Rücksicht nehmen! 202

2.6 Swin-Golf

Swin-Golf-Putting-Technik: Die Technik des Puttens beim Swin-Golf ist – durch die Schlägerkonstruktion bedingt – deutlich anders als beim Golf:

- Frontale Stellung in Richtung zum Loch
- Den Schläger auf der linken Körperseite halten.
- Mit der rechten Hand den Schläger am Ende fixieren und mit der linken weiter unten (etwa in der Mitte) fassen.
- Und dann gefühlvoll putten!

⊖ Der beschriebene Bewegungsablauf gilt für Rechtshänder!

❗ Das Putten erfolgt mit einem ruhigen Pendelschlag von hinten nach vorne.

203

Linien-Golf: A und B stehen sich in einer angemessenen Distanz gegenüber. Eine Linie (gespannte Leine o.Ä.) verbindet die beiden. Beide spielen sich gegenseitig zu mit dem Ziel, den Ball der Linie entlang dem Partner vor die Füße zu spielen.

- Eigene Wettbewerbsformen entwickeln.

❗ Als Loch die Bodenhülsen der Volleyballständer nutzen.

204

Ball ins Loch: Von einer Kreislinie oder von anderen Distanzen aus versuchen, den Ball «einzulochen». Als Ziele können verschiedene Gegenstände verwendet werden (z.B. alte Schallplatte, Papier, Zeitung usw.)

- Eigene Wettbewerbsformen entwickeln.

❗ Vorsicht beim Zurückholen der Bälle!

205

Putting-Parcours: Der Ball muss zuerst um verschiedene Gegenstände gespielt werden, bevor er eingelocht werden kann.

- Parcours laufend verändern.
- Gegenstände dürfen als Hindernisse angespielt werden (Minigolf)
- Eigene Wettbewerbsformen entwickeln.

⊖ Wer zuerst X Punkte erzielt hat, darf den neuen Parcours bauen.

206

82

2.6 Swin-Golf

Swin-Golf-indoors-Parcours und Spiele

Parcours mit 3 Stationen:

- Station 1: Abspiel vom Teppich in die vor einem Barren aufge-
stellten Weichsprungmatten, an die Wand oder in ein Ballnetz.
- Station 2: Abspiel ab Teppich über ein aufgestelltes Hindernis
(Leine, Kastenelemente) zum Partner und wieder zurück.
- Station 3: Putten von A nach B und zurück

→ Genügend Freiraum, damit mindestens 3-4 Spielgelegen-heiten pro Station möglich sind. Je nach Platzverhältnissen er-weitern.

207

Parcours mit 4 Stationen:

- Station 1: Konditions-Parcours.
- Station 2: Abspiel vom Teppich an die Wand oder ins Ballnetz.
- Station 3: Zu zweit gegenseitig über ein Hindernis chippen.
- Station 3: Zu zweit gegenseitig auf je ein Ziel putten.

→ Weitere Ideen von Golf-Cir-cuits: Vgl. Kap. 2.7 «Golf-Par-cours-Formen».

208

Brennball: 1 S von Team A schlägt ab. Unmittelbar nach dem Ab-schlag dürfen so viele S von Team A wie möglich um ein Mal lau-fen. Die S von Team B versuchen, den von A abgeschlagenen Ball zu fangen und einem S von Team B zuzuwerfen. Dieser legt den Ball ab und 1 S von Team B locht den Ball ein. In dieser Zeit haben die S von Team A Zeit, so oft wie möglich um ein Mal zu laufen. Pro Runde = 1 Punkt. Wechsel nach …

(!) Dieses Spiel kann auch sehr gut im Freien gespielt werden.

209

Torwart-Training: Der Torwart mit vollständiger Hockey-Torwart-ausrüstung steht im Tor und versucht, die mit Swin-Golf-Schlägern gespielten (Tennis-)Bälle abzuwehren.

- Der Torwart darf die Schlagdistanz bestimmen.
- Torschuss = 1 P für die Schlägerpartei; gefangener bzw. abge-wehrter Ball = 1 P für den Torwart. Wer gewinnt?

⚽ Geordneter Betrieb; nur ei-ner schiesst auf Kommando des Torwartes.

→ Abschlag ab umge-drehten Turnmatten o.Ä. 210

Putting-Marathon: Zwischen zwei Linien im Abstand von ca. 10 m wird hin- und hergeputtet. Abspiel hinter der Linie. Sobald der Ball die gegenüberliegende Linie überrollt hat, darf gestartet werden. Der Ball muss gespielt werden, wie und wo er liegt. Spiel zurück über die erste Linie, warten bis der Ball die Linie passiert, laufen usw. Rollt der Ball nicht über die Linie, darf diese Länge nicht ge-zählt werden. Wer hat zuerst 42 Punkte?

(!) Fairness im Golf – beson-ders beim Zählen!

211

3-Loch-Parcours: 2er-, 3er- oder 4er-Flights. Start bei einem vereinbarten Abschlag. Wenn alle eingelocht haben, wird in der Reihenfolge der Löcher gewechselt.

• Loch 1: Corner-Flagge 1 (der Greenrand ist mit einem Leuchtband o.Ä. markiert). Abschlag hinter der verlängerten Torlinie. Annähern und Einlochen.
• Loch 2: Corner-Flagge 2; gleicher Ablauf, aber auf der anderen Spielfeldhälfte.
• Loch 3: Abschlag hinter einem Hindernis (Clubhaus, Ballgitter …). Der erste Schlag muss indirekt zum Green (Anspielkreis in der Mitte des Spielfeldes) gespielt werden.

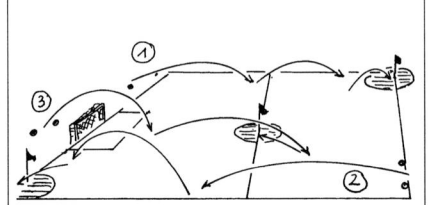

→ Ein Fußballfeld ist ein ideales Swin-Golf-Gelände. Die Eck-Fahnen dienen als Loch-Fahnen, die verschiedenen Kreise und Räume als Green (z.B. Anspielkreis; 5er-, 16er-Raum).

☻ Gegenseitig Rücksicht nehmen; notfalls «Fore!» rufen.

212

1-Loch-Fußballfeld-Parcours: Von verschiedenen Abschlagstellen spielen alle fünf Bälle in Richtung zur Fahne. Gewonnen hat, wer am meisten Bälle in den Anspielkreis spielen kann (Treffer selber zählen; Fairness!).

• Abschlag 1: Abschlag außerhalb des Spielfeldes von einer Böschung, aus einer Sandgrube oder einem anderen natürlichen Hindernis erfolgt der Abschlag Richtung Fahne (Anspielkreis in der Mitte des Fußballfeldes).
• Abschlag 2: Abschlag hinter der verlängerten Torlinie zur Fahne.
• Abschlag 3: Abschlag hinter der (seitlich begrenzten) Seitenlinie zu Fahne.

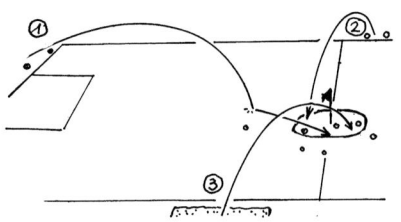

→ Die natürlichen Gegenstände so weit wie möglich einsetzen, z.B. die Weitsprunganlage als Bunker verwenden; die Hochsprungmatten als Hindernisse.

❗ Bälle einsammeln, nachdem alle gespielt haben, und zum nächsten Abschlag rotieren.

213

Querfeldein: Eine frischgemähte Wiese ist ein ideales Swin-Golf-Gelände. Start zu zweit oder im 3er-, 4er-Flight. Gemeinsam wird ein Ziel bestimmt (Baum, Grasnarbe, auffälliger Hügel …). Alle legen ihren markierten Ball (seitlich genügend Abstand nehmen) und spielen ihn nacheinander ab. Wer nicht spielt, steht ruhig neben dem Abspielenden. Alle verfolgen den Ballflug. Dann spielt der nächste. Wenn alle gespielt haben, gehen sie zum Zielort. Wessen Ball am nächsten liegt, hat einen Punkt gewonnen, am zweitnächsten zwei Punkte usw. Wer am nächsten war, bestimmt das neue Ziel, hat die Abschlagehre und das Spiel wird fortgesetzt.

❗ Den Landwirt vorher anfragen und um Spielerlaubnis bitten.

214

2.7 Golf-Parcours-Formen

Einleitung

Das Circuit- oder Kreistraining ist eine beliebte und für den Schul- und Vereinssport besonders geeignete Organisationsform. Viele Teilnehmende können gleichzeitig an verschiedenen Stationen üben oder spielen. Besonders eignet sich diese Unterrichtsform dort, wo nicht für alle genügend Geräte zur Verfügung stehen oder wo eine Übung oder Disziplin aus Sicherheitsgründen spezielle Platzverhältnisse benötigt. In einen solchen Unterrichtsbetrieb lassen sich sehr gut Spiel- und Übungsformen aus dem Golf integrieren.

Im Konditionstraining

Zu einem vielseitigen Konditionstraining gehören nebst koordinativen Übungen auch spielerische Elemente. Mit wenig Aufwand lassen sich einzelne Spiel- und Übungsformen, wie sie in diesem Buch beschrieben sind, in einen Parcours einbauen.

In einem belastungsintensiven Konditionstraining, in welchem auch «Golf» eingebaut wird, sollte darauf geachtet werden, dass bei den ausgewählten Golf-Spielformen nicht zu hohe technische Anforderungen an die Teilnehmenden gestellt werden. Eine Golf-Station könnte deshalb z. B. als «Erholungsstation» Putten oder Chippen beinhalten.

Im Techniktraining

Vielfältige Bewegungserfahrungen fordern und fördern das Körper- und Bewegungsgefühl. Auch Übungen aus dem Golfsport können dazu einen Beitrag leisten.

Der Einstieg in die Grundelemente des Golfsportes könnte z. B. in Form von einfachen Bewegungsaufgaben erfolgen, welche an einzelnen Stationen, integriert in ein Technik-Kreistraining irgendeiner Sportart, eingebaut werden. Dabei könnte die Lehrperson oder ein Golf-Spezialist, bzw. eine -Spezialistin aus der Lerngruppe diese Station betreuen.

Hallen-Minigolf

Das Mini-Golf-Spiel ist eine gute Möglichkeit, das Putten in verschiedensten Situationen zu üben. Mit wenig materiellem Aufwand können im Rahmen einer Sportlektion einzelne Minigolf-Stationen eingebaut (z.B. als Station in einem Konditions- oder Techniktraining) oder die ganze Halle als eine eigentliche Minigolf-Anlage gestaltet werden (➜ Vgl. «Hallen-Minigolf», S. 88).

Nebst einem Grundset werden Geräte verwendet, welche zu jeder Sporthallenausrüstung gehören.

Hallen-Driving-Range

Mit etwas Fantasie lässt sich eine Sporthalle leicht in eine kleine «Driving-Range» verwandeln. Wichtig ist, dass in jedem Fall der Sicherheit große Beachtung geschenkt wird.

Wie oben beim Minigolf angesprochen, lassen sich im Rahmen eines konventionellen Sportunterrichtes in Schule oder Verein auch eigentliche Golf-Stationen einbauen. Insbesondere eignet sich für Sporthallen ein großes Driving-Netz, welches die ganze Seite einer Halle abdeckt. Auf diese Weise können gefahrlos Abschläge geübt werden (➜ «Hallen-Driving-Range»: Vgl. S. 220 ff.).

Das gleiche Driving-Range-Netz kann mit wenig zusätzlichem Material leicht auch im Freien benützt werden (➜ «Home-Driving-Range», do it yourself: Aufbau und Handhabung: S. 220 ff.).

Eine weitere Möglichkeit, welche die größte Sicherheit bietet, ist der «Golf-Käfig». Auch diese Trainingsanlage kann leicht und in kurzer Zeit selbst auf- und wieder abgebaut werden (➜ Vgl. «Golf-Käfig» – do it yourself, S. 220; Bezugsquelle S. 226).

Ausdauer-Parcours: An 3–4 verschiedenen Stationen werden konventionelle Ausdauerübungen ausgeführt.

Beispiele: Fahrradergometer, Ruderergometer, Step-Formen, Hüpfformen zu Musik, Laufen mit Pulskontrolle usw.

Golf: An einer Station ist eine golfspezifische Übung auszuführen, z.B. Chippen auf Ziele.

ⓘ Reihenfolge der Stationen bezüglich der Belastungen sinnvoll wählen.

215

Kraft-Parcours: An 3–4 Stationen sind Kraftübungen auszuführen.

Beispiele: Liegestützvarianten, Übungen mit dem Gymball, Kraftübungen mit leichten Zusatzgeräten, Übungen an der Sprossen- oder Kletterwand, Sprungkraftübungen usw.

Golf: An einer Station ist eine golfspezifische Übung auszuführen, z.B. Putten.

→ Schwierigkeit der Konzentrationsfähigkeit nach großen körperlichen Belastungen erleben und erfahren.

216

Vielseitigkeits-Parcours: An 3–4 Stationen werden verschiedene Bewegungsaufgaben gestellt.

Beispiele: Dauerlauf mit gleichzeitigem Ballprellen, fortgesetztes Spielen eines Balles an eine Wand mit den Füßen oder mit einem Rückschlaggerät (Tennis-, Squash-, Badminton-, Hockey-, Unihockeyschläger …).

Golf: An einer Station ist eine golfspezifische Übung auszuführen, z.B. Abschlagen ins Driving-Netz, welches ca. 1 m vor der Wand aufgehängt ist.

→ Schnelles Anpassen an verschiedene Bewegungsmuster üben.

217

Bewegungsverwandtschaften: An verschiedenen Stationen werden Formen geübt, welche im weitesten Sinn mit dem Golfschwung «verwandt» sind.

Beispiele: A wirft einen Ball zu B und B spielt mit Baseballschläger leicht zurück; A wirft einen Tennisball zu B und B spielt den Ball mit beidhändigem Vorhandschlag mit einem Tennisschläger leicht zurück, Wurf eines Fahrradreifen aus seitlichem Stand an die Wand oder auf ein Ziel, einen Basketball aus seitlicher Stellung an die Wand werfen und wieder fangen usw.

Golf: Abschlag ins Driving-Netz

→ Pro Station einen Akzent setzen, z.B. bewusster Einsatz der Hüften, gestreckte Arme usw.

→ Vom Baseballschlag zum Golfschlag: Vgl. S. 135

218

Koordinationsparcours: An verschiedenen Stationen sind Koordinationsübungen auszuführen.

Beispiele: Seilspringen auf einer Langbank, Jonglieren mit 1/2/3 Bällen plus Zusatzaufgabe, Seilsprungkombinationen zu zweit, spezielle Übungen mit dem Gymball allein oder zu zweit, Ball prellen und über eine Langbank gehen, 2 Bälle gleichzeitig prellen usw.

Golf: Abschläge links und rechts ins Driving-Netz oder: Abschlag mit Stand nur auf dem linken bzw. nur auf dem rechten Fuß oder: Abschlag mit nur einer Hand.

→ Genügend linke und rechte Schläger bereitstellen!

219

Team-Teaching: An verschiedenen Stationen werden Bewegungsaufgaben ausgeführt. A bewegt sich (gemäß Vorgaben oder nach freier Wahl). B beobachtet, beurteilt und coacht A. Wechsel.

Beispiele: Einfache Bewegungsabläufe, Übungen mit Handgeräten, spezielle Kraft- oder Stretchingübungen, Kugelstoßen mit Medizinball an die Wand, Bewegungsfolge an einem Gerät usw.

Golf: A wählt seinen Schlag und den entsprechenden Bewegungsakzent selber. B hat die Aufgabe, nur diesen Aspekt genau zu beobachten und A ganz gezielte Rückmeldungen zu geben. Abschlag ins Driving-Netz oder Pitchen auf Ziele.

→ Sofern sich die Teilnehmenden gewohnt sind, selbständig zu arbeiten, stellen sich die Partner gegenseitig ihre Bewegungsaufgaben selbst.

220

Idee:
Mit sehr wenig materiellem Aufwand können 18 bis 24 Personen in Form von kleinen Spielformen auf das Putten eingestimmt werden. Dazu sind minimale Vorbereitungen nötig. Jede Bahn kann mit Glück in einem Schlag («Hole in one») bewältigt werden.

Ziel:
Schulung der Konzentration, Verbessern der Schwungtechnik und Freude am kurzen Spiel.

Regeln:
Alle Spielenden haben maximal 6 Schläge pro Bahn zur Verfügung. Es gewinnt, wer nach zwei Durchgängen (= 18 Bahnen) am wenigsten Schläge benötigte. Wer beim «Ansprechen des Balles» den Ball berührt, muss dies als Schlag zählen.

Material:
Alle Spielenden erhalten vor dem Spiel einen (Hallen-)Putter und einen Minigolfball (keine Golfbälle verwenden!). Das zusätzliche Material pro Bahn ist in der untenstehenden Liste beschrieben.

Hallen-Minigolf-Set
Dazu gehören: 18 (Hallen-)Putter, 20 Minigolfbälle, 9 Abschlagpunkte, 8 Anspielkreise plus Zusatz, 8 Plastikkeile für das Loch, ein Chippingnetz, 1 Plastikrohr, breites Klebeband (➔ Bezugsquelle: Vgl. S. 226).

Weiteres Material:
Das weitere Material ist Bestandteil einer üblichen Turnhallenausrüstung: Reckstangen, Weichsprungmatten, Gymnastikstäbe, Schwedenkasten, Absprungbretter, Langbänke.

Bahn	Beschreibung	Material	Bemerkungen
1	Einlochen aus 2 m	Anspielkreis	Distanz nach Niveau variieren.
2	Von der Matte via Rampe ins Netz spielen	Chippingnetz,1 Matte und darunter 1 Absprungbrett, Schaumstoffmatte	Distanz zum Netz nicht zu groß wählen.
3	Einlochen aus 5 m	Anspielkreis, 2 Hochsprunglatten	Vom Hallenmittelpunkt aus spielen.
4	Einlochen via Kastenteil	Anspielkreis, 1 Gymnastikstab, 1 Kastenoberteil	Die optimale Trefffläche an der Seitenwand markieren!
5	Einlochen zwischen zwei Kastenteilen	Anspielkreis, 2 Kastenzwischenteile	Kastenteile bündig an das Grundset schieben.
6	Einlochen trotz optischer Täuschung	Anspielkreis, 2 Reckstangen	Reckstangen bündig und schräg an das Grundset schieben (siehe Plan)
7	Einlochen via zwei Flächen	Anspielkreis, 2 Schwedenkastenteile, 2 Gymnastikstäbe	Optimale Trefffläche an der Seitenwand markieren; Gymnastikstäbe bündig an die Kastenelemente legen.
8	Den Ball zwischen 2 Langbänken und an 2 Medizinbällen vorbei einlochen	Anspielkreis, 2 Langbänke, 2 Medizinbälle	Kann nur mit viel Glück in einem Schlag bewältigt werden!
9	Den Ball durch ein kleines Rohr ins Loch spielen	Anspielkreis, 1 Plastikrohr, 2 Reckstangen, 1 Klebeband	Distanz zwischen Abschlagmarkierung und Rohr: höchstens 50 cm

2.7 Golf-Parcours-Formen

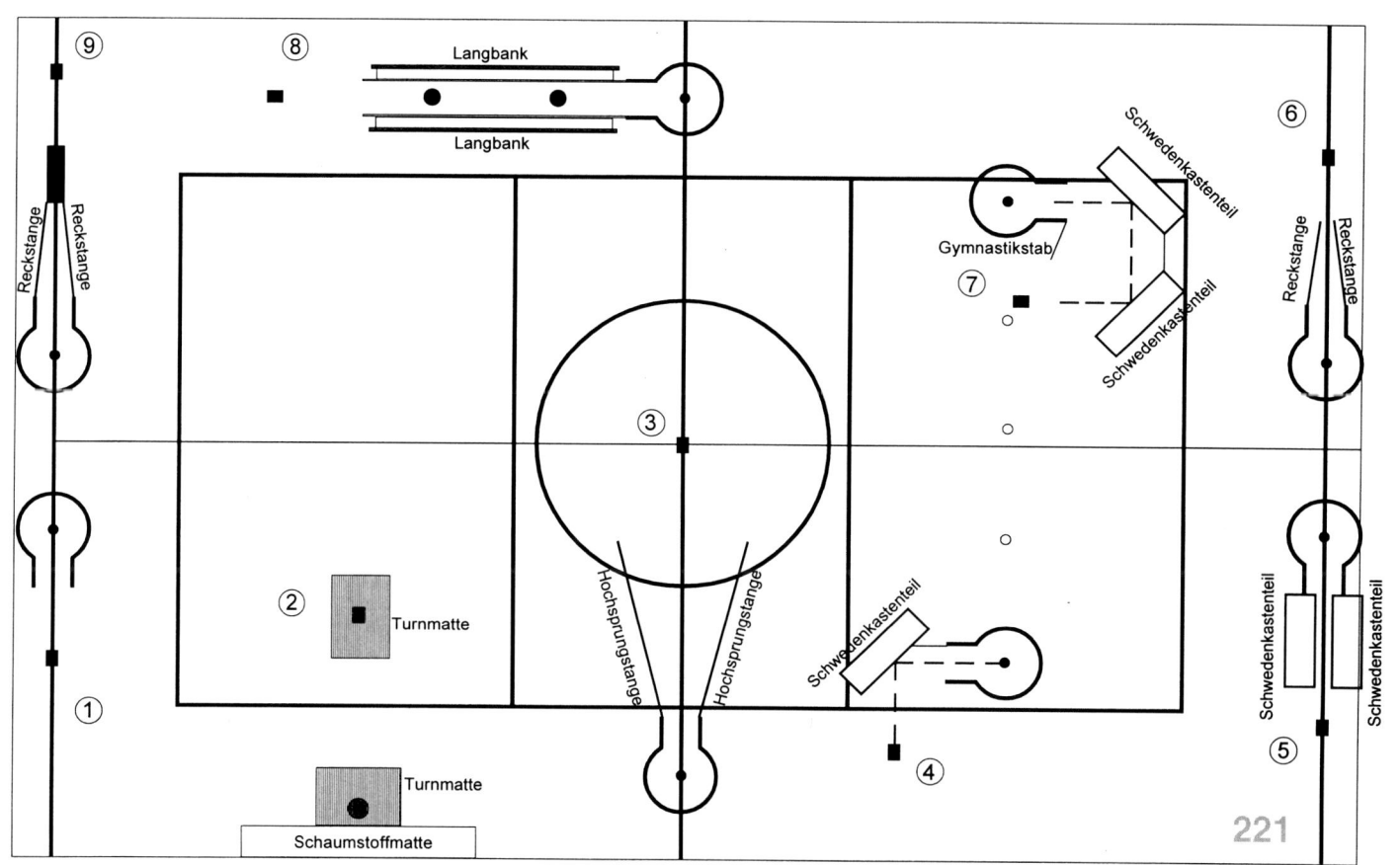

Idee:

Mit wenig Aufwand und etwas Fantasie lassen sich in jeder (Sport-) Halle Übungsgelegenheiten schaffen, welche ein Training des Golfspiels unter einfachsten Bedingungen erlauben, insbesondere in Zeiten, wo das Golfspiel im Freien nicht möglich ist (Nässe/Kälte).

Mit Ausnahme eines großen Fangnetzes (➔ vgl. «Home-Driving-Netz, do it yourself», S. 220 ff.) und eines Golf- Grundsets (➔ vgl. Materialliste nebenan) werden die bestehenden Infrastrukturen und Geräte genützt, welche in jeder Sporthalle vorhanden sind.

Ziel:

Einführung und Schulung der Grundschwünge, besonders für das kurze Spiel. Verbesserung der Technik und Freude am Spiel.

Regeln/Etikette:

Da mit richtigen Golfbällen gespielt wird, ist das Einhalten der vereinbarten Regeln und der Etikette zwingend nötig.

Material:

9 Putter, 5 Eisen 7, 5 Eisen 9, 5 Pitching-Wedges, 5 Sandwedges, 2 Anspielkreise mit Zusatz, 5 Plastikkeile für das Loch, 2 Chipping-Netze, ferner ca. 150 «alte» Golfbälle und ein Driving-Netz (➔ Bezugsquelle: Vgl. S. 226). Alle Bahnen werden mit genügend Schlägern und Bällen ausgerüstet.

Weiteres Material:

Das weitere Material wie Schwedenkasten, Langbänke, Weichsprungmatten, Matten etc. ist in der untenstehender Tabelle beschrieben. Die Anlage kann beliebig erweitert werden.

Bahn	Beschreibung	Material	Bemerkungen
1	Putten: Einlochen aus 2 m	2 Putter, Plastikkeile, 2 Golfbälle	Distanz nach Niveau variieren.
2	Putten: Einlochen aus 4 m	Grundset (wie oben) plus 2 Reckstangen	Die Distanz zum Loch sollte größer sein als bei Station 1
3	Pitchen: Von einem vorgegebenen Abschlag (Abschlagmatte) Grundschläge ins Netz ausführen (Netz in der Mitte der Halle aufgehängt, z.B. an den Schaukelringen; im Netz werden Ziele markiert).	4 Abschlagmatten mit Gummi-Tee, 4 Ballsammler und je 20 Golfbälle pro Abschlagplatz, 4 Eisen 7, 4 Eisen 9, 2 große Schaumstoffmatten (zur seitlichen Sicherheit)	(!) Aus Sicherheitsmaßnahmen muss besonders geachtet werden (Netz genügend groß anfertigen lassen; Seitlich und am Boden fixieren).
4	Chippen: Den Golfball ins Netzchen schlagen	2 Sandwedges, 1 Chippingnetz, 4 Matten, 1 Schaumstoffmatte	Die Matten verhindern ein zu starkes Abprallen des Balles.
5	Chippen: Den Ball über ein Hindernis (z.B. Kastenoberteil) ins Loch spielen.	2 Pitchingwedges, 1 Kastenoberteil, 1 Plastikkeil, 4 Matten, 5 Golfbälle	Kastenteile bündig an das Grundset schieben.
6	Chippen: Den Ball via Reif ins Loch spielen.	2 Pitchingwedges, 1 Chippingnetz, 4 Matten, 1 Schaumstoffmatte, 5 Golfbälle	(!) Kleine Ausholbewegung!
7	Chippen: Mit dem Pitching-Wedge ein Ziel im Netz über eine größere Distanz treffen.	2 Pitchingwedges, 1 Chipping-netz, 4 Matten, 1 Hochsprunglatte, 5 Golfbälle	(!) Es dürfen nicht zu viele Bälle herumliegen.

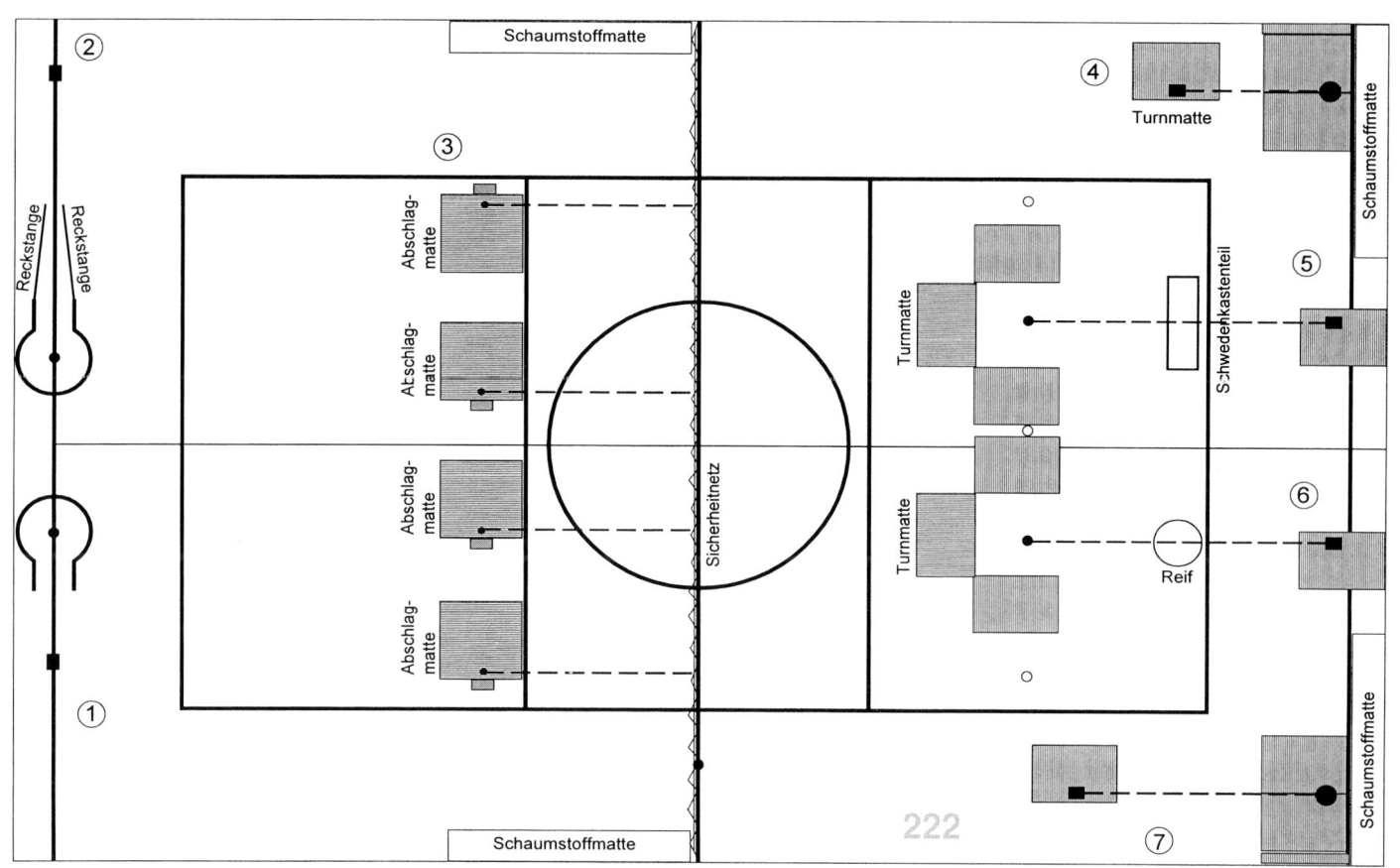

2.8 «Alternative» Golfanlagen

Einleitung

«Richtige» Golfanlagen beanspruchen sehr viel Platz. Dieses «Handicap» ist häufig daran schuld, dass in dicht besiedelten Gebieten keine weiteren Golfplätze gebaut werden können, obwohl sich ein immer größeres Bedürfnis zum Ausüben dieser Sportart zeigt.

Wenn der Einstieg in jedem Fall über Golfunterricht in einem Club erfolgen muss, dann hält diese Voraussetzung schon viele vom Golfsport ab.

Es stellt sich daher die Frage, ob – mindestens für den Einstieg in diese faszinierende Sportart – schon zu Beginn ideale Golfbedingungen nötig sind.

Wie in anderen Sportarten (z. B. im Tennis, Volleyball, Fußball usw.) genügen schon einfache, improvisierte Anlagen und Übungsmöglichkeiten. Aber das setzt ein Umdenken für den Golfsport bzw. Golf-Unterricht, wie er zur Zeit praktiziert wird, voraus.

Wenn Lernenden vermehrt Möglichkeiten geboten würden, die Grundelemente des Golfsports zu lernen, unter einfachsten Bedingungen zu üben und anzuwenden, dann wäre letztlich auch dem Golfsport gedient.

Deshalb stellen wir in diesem Buch einige Ideen vor, wie die Faszination Golf unter einfachsten Bedingungen erlebt werden kann. Wir nennen sie «alternative» Golfanlagen.

Nach einigen Vorschlägen, wie bestehende Infrastrukturen benutzt werden könnten, folgen Beispiele von kompakten Golfanlagen, Kombinierte Anlagen im Nahbereich von Siedlungen, Tips für kostengünstige Anlagekonstruktionen und für Bau und Pflege von einfachen Anlagen und schließlich Bemerkungen zur «gesetzlichen Flexibilität».

Kombinierte Nutzung bestehender Infrastrukturen
Langfristige Zwischennutzung
Flächen mit zeitlich festgelegter Nutzung:

- Militärische Übungsanlagen
- Militärflugplätze (Bsp. 1 / S. 93)
- Schießanlagen (Bsp. 2 / S. 93)
- Sportanlagen mit Rasen-Flächen (Bsp. 3 / S. 93)
- Reitanlagen
- Freie Räume umfunktionieren
- Tennishallen
- Parkanlagen
- Gemeinde-Anlagen
- Sand-Fußballplätze

Flächen mit saisonbedingter Nutzung:

- Öffentliche Schwimmbäder
- Eishallen
- Eisfelder

Mittelfristige Zwischennutzung
Flächen ohne derzeitige Nutzung:

- Unbebaute Gewerbezonen
- Unbebaute Industriezonen
- Unbebaute Siedlungszonen
- Bauerwartungsland

Dauernutzung:
Flächen für therapeutische Nutzung:

- Spitäler
- Alters- und Pflegeheime
- Rehabilitationszentren

Flächen mit privater Nutzung:

- Betriebs- und Werkgelände

Beispiel 1: «Militärflugplätze»

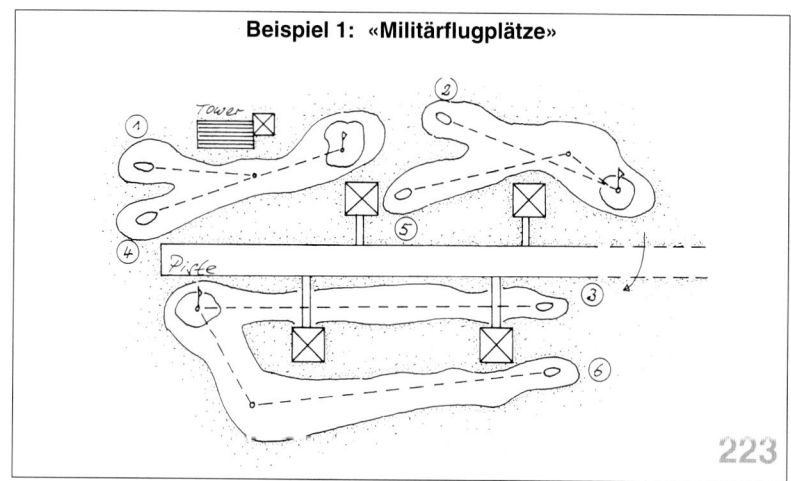

223

Beispiel 2: «Schießanlagen»

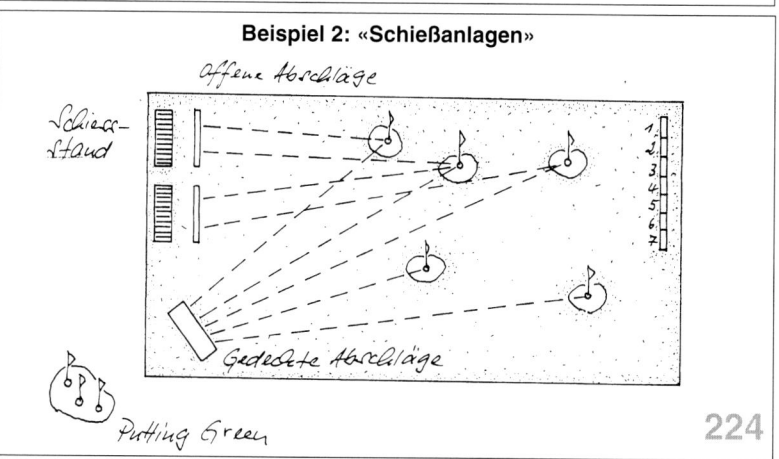

224

Beispiel 3: «Sportanlage auf Rasenfläche»

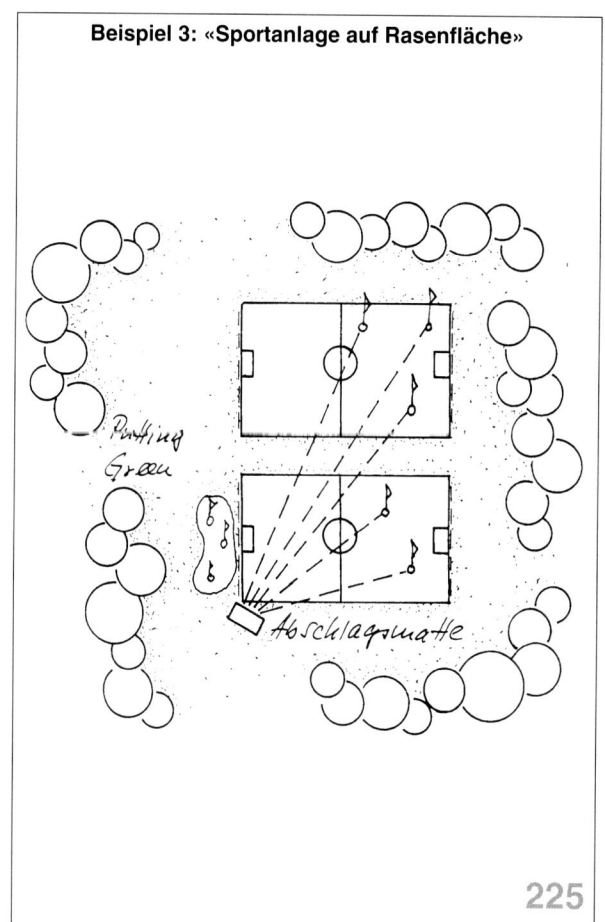

225

93

Beispiel 4: «Kleine, kompakte Golfanlage»

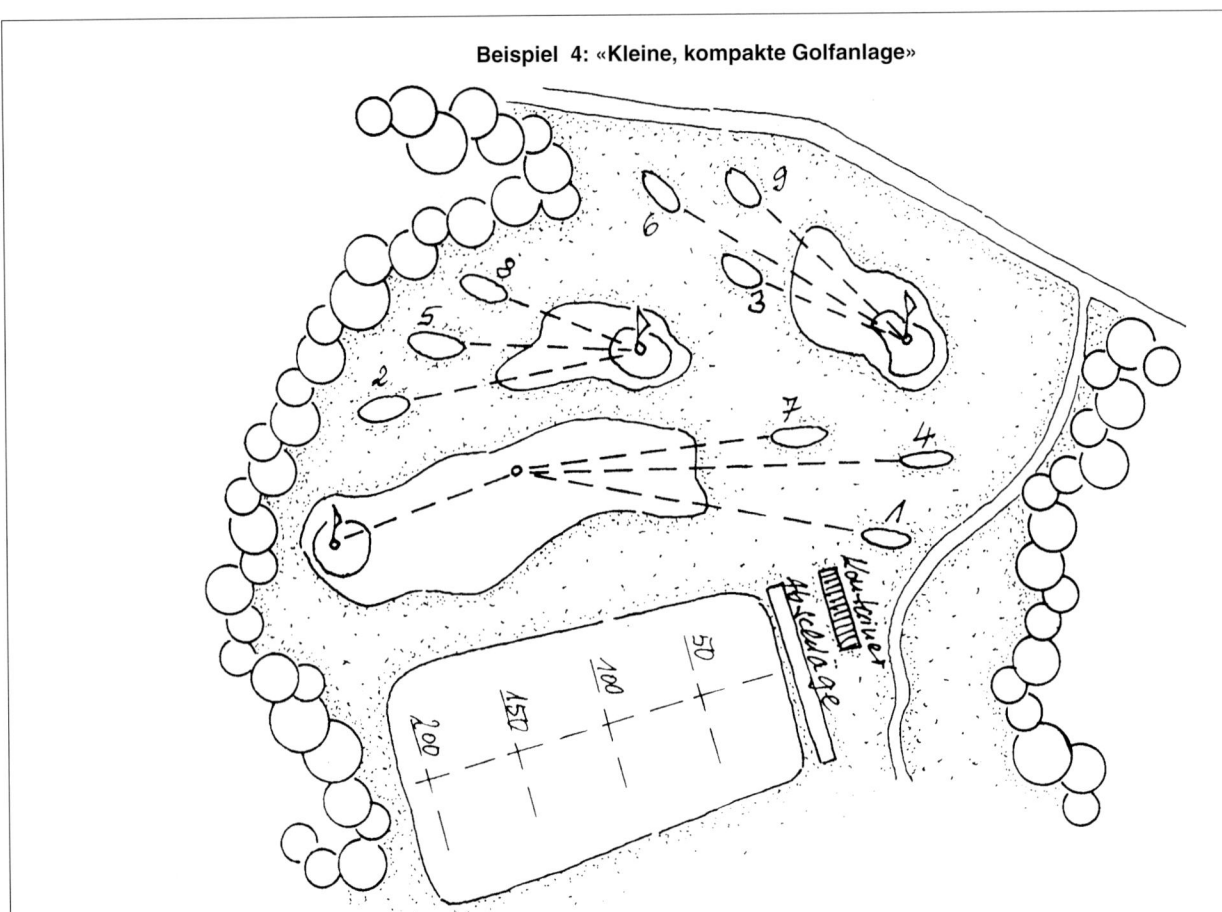

Kleine, kompakte Golfanlagen (Bsp. 4 / S. 94)
- Kompaktanlagen mit 3–6 Löchern als Übungsplatz für das kurze Spiel (2–3,5 ha Land nötig)
- Golfübungsanlage unter 9 Löchern (10–30 ha Land nötig)
- Driving Range mit Übungsanlagen

Kleine «Golfkombianlagen» im Nahbereich von Siedlungen
- Diese Anlagen sollten zu möglichen Spielzeiten (mittags, abends) in annehmbarer Zeit (nicht länger als 1/2 Stunde) mit dem Auto bzw. mit öffentlichen Verkehrsmitteln (auch für Kinder) erreichbar sein.
- Solche Golfkombianlagen lassen sich problemlos in den Sportunterricht einbauen (Blockunterricht, Projektwoche).

Kostengünstige, einfache Anlagekonstruktionen
- Abschlag oder Grün ab mobilen bzw. festverlegten Abschlagplätzen
- Anlagen ohne spezielle Rasentragschicht
- Spielbahnen ohne Geländemodulationen
- Greens (ohne speziellen Aufbau); nur intensiv mähen und evtl. sanden
- Kleindimensionierte Greens

Bau und Pflege von einfachen Anlagen
Bau und Pflege können von Schülern, Vereinen, Interessengruppen, Golfanfängern sowie Einzelpersonen (z.B. Rentnern) durchgeführt werden.

Zur Pflege gehören: Mähen, Absanden und Raseninstandhaltung.

Für die Pflege genügen folgende Geräte: Rasenmäher, Cutiermaschinen, Geräte zum Absanden, kleinere Gartengeräte jeglicher Art.

Gesetzliche Flexibilität
Kein UVB (Umweltverträglichkeitsbericht) bei nur einer 8-Loch-Anlage. Daher:
- entstehen weniger Verfahrens- und Honorarkosten,
- ein schnelleres Genehmigungs- und Realisationsverfahren wird gewährleistet,
- auch bei Zwischennutzungslösungen kann das Verfahrensprozedere deutlich vereinfacht werden

Wünschenswert wäre eine größere Flexibilität der Behörden bei:
- dem Verständnis für die Realisierung von Alternativlösungen,
- der behördlichen Unterstützung der Golfinteressierten,
- der Abwicklung eines vereinfachten und verkürzten Baubewilligungsverfahrens.

Verbleite Böden rund um Schießanlagen
Studien des des Bundesamtes für Umwelt, Wald und Landschaft «BUWAL» (1997) ergaben, dass die Kugelfänge der über 2000 Schießplätze in der Schweiz durch Blei, Kupfer, Zink und Antimon schwer belastet sind und somit Mensch und Tier gefährden können. Deshalb empfahl der Bund in einer «Wegleitung zu Bodenschutz- und Entsorgungsmaßnahmen bei 300-m-Schießanlagen», die Kugelfänge einzuzäunen. Je nach Belastung drängt sich daher eine Einschränkung der landwirtschaftlichen Nutzung auf.

«Fünf tote Rinder» machten 1995 Schlagzeilen: Sie waren an einer Bleivergiftung gestorben, nachdem sie neben einem Schießstand geweidet hatten. Bund und Kanton reagierten: Sie empfahlen, die Kugelfänge einzuzäunen (Zitat aus St. Galler Tagblatt vom 21. 12. 1998).

Ein weiterer Bericht in der Neuen Zürcher Zeitung NZZ vom 16. Juni 1999 unter dem Titel «Blei im Erdreich der Zürcher Schießanlagen» macht erneut auf das Problem aufmerksam.

Was kann langfristig unternommen werden?

In der eingangs erwähnten Wegleitung des «BUWAL» wird aufgezeigt, wie sich die Gefahrenzonen innerhalb einer Schießanlage vom Schützenhaus bis zum Kugelfang aufteilen. In praktisch allen Zonen zwischen Schützenhaus und Kugelfang, vor allem im Bereich des Kugelfanges, sei der Boden hoch bis mäßig «belastet».

Dann folgen in der Wegleitung Maßnahmen zum Schutz des Bodens (Vgl. Kurzfassung dieser Wegleitung S. 4 ff.).

➔ Wegleitung Bodenschutz- und Entsorgungsmaßnahmen bei 300-m-Schießanlagen: Vgl. Lit. S. 231

Golf-Übungsanlagen – eine Alternative?

Verschiedene Schießstände liegen brach. In Zukunft wird es noch mehr «ungenützte» Anlagen geben. Das Problem ist aber für diese Anlagen damit nicht gelöst, denn vergifteter Boden bleibt vergiftet. Im Extremfall müssten große Teile der betroffenen Gebiete entsorgt und neu humusiert werden, damit solche Landstriche sorgenfrei wieder der landwirtschaftlichen Nutzung übergeben werden könnten.

Könnten solche «Grünflächen», auch wenn sie «verbleit» sind, ohne großen Aufwand und für den Menschen gefahrlos als Golf-Übungsplätze Verwendung finden? Die Infrastruktur (Schützenhaus, Parkplatz, WC usw.) könnte genutzt werden. Die Frage ist nur, was es heißt, dass verbleiter Boden «für Mensch und Tier eine Gefährdung darstellt».

Nach Aussage des «BUWAL» (Tel. Anfrage des Herausgebers vom 1. 2. 99) sind Bleipartikel für den Menschen dann gefährlich, wenn sie regelmäßig eingeatmet oder via Nahrung zugeführt werden. Dies wäre im Falle einer Nutzung des Schießgeländes durch Golf nicht der Fall. Der Bereich des Kugelfanges sollte jedoch grundsätzlich nicht genutzt werden, denn die Bleikonzentration in diesem Gebiet ist sehr hoch (Absperren z.B. mit Zäunen oder Gebüsch). Der restliche Bereich zwischen Schützenhaus und Kugelfang kann grundsätzlich als Golf-Übungsanlage genützt werden. Im Einzelfall müssen genaue Bodenuntersuchungen durchgeführt werden.

Interessante Angebote für Landwirte oder Gärtner

Alle Schießanlagen sind vergiftet, ob sie noch in Betrieb sind oder nicht. Landwirte, welche bis heute den Boden zwischen Schützenhaus und Kugelfang nutzten, werden wahrscheinlich immer vorsichtiger, sobald sie von der vom Bund durchgeführten Untersuchung erfahren. Ihnen könnte eine echte Alternative angeboten werden!

Kombinierte Schieß- und Golfanlage – eine Utopie?

Zwischen Schützen und Golfern könnten folgende Synergien genutzt werden: In der Zeit des Schießbetriebes bleibt die Golf-Übungsanlage gesperrt. In der übrigen Zeit können Golfsportler ihren Sport ausüben. Der Landwirt oder ein Gärtner, welcher bis dahin das Land bewirtschaftete, überwacht das Gebiet, sammelt mit einer Ballsuchmaschine periodisch Bälle ein, mäht den Rasen zwischen Schützenhaus und Kugelfang. Für diese Unterhalts- und Aufsichtspflicht wird er angemessen entschädigt.

Der (Golf-)Sport braucht Impulse. ➔ Auskünfte/Beratung: Vgl. S. 226

**Wer ergreift die Initiative einer
kombinierten Schieß- und Golfanlage?**

2.8 «Alternative» Golfanlagen

Slalom: Auf einem Schießplatz, auf einer frisch gemähten Wiese, auf einem Kasernenareal … werden in verschiedenen Abständen «Golf-Slalomstangen» gesetzt. Es gilt, diesen Slalom mit möglichst wenig Schlägen zu absolvieren.
• Als 1er-, 2er-, 3er- oder 4er-Flight.
• Alle mit dem gleichen Schläger, z.B. Eisen 7.
• Es stehen 2, 3 Eisen zur Auswahl.

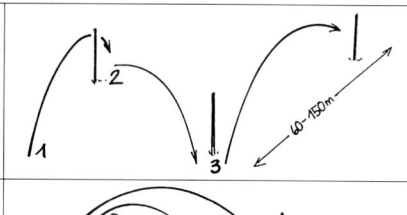

! Bewilligungen einholen! Genügend große Sicherheitsabstände und Flight-Intervalle einplanen. Bei hohem Gras: Abspiel vom Tee erlaubt; evtl. mit Tennisbällen spielen.

227

Differenzspiel: Gleiche Anlage wie beim Golf-Slalom. A spielt einen gelben, roten … (Markier-)Ball von einer beliebigen Stelle aus ab. Dieser Ball gilt als Ziel (= Loch). B spielt seinen Ball und versucht, möglichst nahe an den Ball von A zu spielen. Danach spielt A und versucht ebenfalls, möglichst nahe an den Markierball zu spielen. Wer seinen Ball näher beim Markierball platzieren kann, gewinnt einen Punkt und darf erneut «markieren».

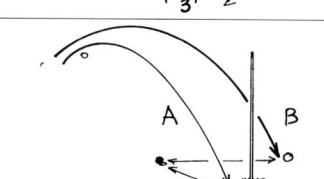

! Bälle gemeinsam gut beobachten. Bälle markieren.

⊖ An Stelle des Markierballes kann ein Fähnchen o.Ä. gesetzt werden.

228

Zielscheibe: Gleiche Anlage wie Nr. 227. Mit Leuchtbändern o.Ä. wird eine Riesen-Zielscheibe mit 1–3 Zielkreisen gelegt. Zentrumskreis = 5 Punkte; 2. Kreis = 3 Punkte; äußerster Kreis = 1 Punkt. Wer schafft mit 3 Abschlägen vom Tee die meisten Punkte?
• Alle mit demselben Eisen oder freie Schlägerwahl.
• Schläger wird ausgelost.
• Als Einzel- oder Teamspiel.

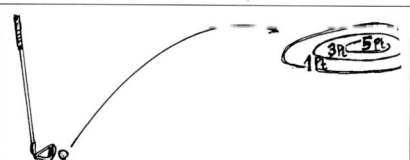

! Regeln wie z.B. Abschlag-Reihenfolge gemeinsam bestimmen.
✪ Während die Bälle geholt werden, darf niemand spielen.

229

Gleiches Ziel – verschiedene Schläger: In einer Distanz von ca. 70 m wird ein Ziel festgelegt (Fähnchen, Kreis …). Es gilt, mit 2, 3 oder 4 verschiedenen Schlägern möglichst nahe ans Ziel zu spielen. Wer kann seine Bälle am nächsten beim Ziel platzieren?
• 1 Ball gilt als «Streichresultat».
• Als Einzel- oder Teamspiel.

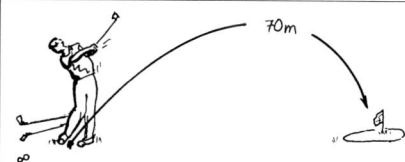

⊖ Ballgefühl und Sicherheit.

230

Bahn-Spiel: Mit Markier-Bändern wird in einer Abschlagdistanz von 50–100 m eine ca. 10 m breite und 20 m lange Bahn gelegt. Nun gilt es, möglichst alle Bälle in diese Bahn zu spielen.
• Nach jedem Schlag muss der Schläger gewechselt werden.
• Der erste Schlag ist kurz, der zweite lang usw.
• Als Einzel- oder Teamspiel.

✪ Auf Kommando gemeinsam die Bälle einsammeln. In dieser Zeit darf niemand spielen (für diese Zeit z.B. eine «Schießfahne» o.Ä. stellen).

231

2.9 Triple Golf

Aller Anfang ist schwer!

Dieses Zitat galt bisher ganz besonders im Golf. Um die Übungsanlage kommt kein Einsteiger herum. Der Reiz des Spielens und des Wettkampfs fehlte bisher fast völlig.

Triple Golf ist anders!

Ganz anders ist dies beim Triple Golf. Triple Golf ist eine neue Spiel- und Wettkampfform auf der Übungsanlage, die schnell und spaßorientiert zum Erfolg bzw. zur Platzreife führt. Alle Grundschläge des klassischen Golf werden in Einzeldisziplinen unterteilt, bewertet und in einer Skorekarte (vgl. S. 102) dokumentiert. Die Gesamtsumme (Triplescore) spiegelt den aktuellen Leistungsstand – ähnlich wie das Handicap – wider. Egal ob allein, zusammen, mit- oder gegeneinander: Triple Golf kann jeder sofort spielen, auch im Turnier.

Bei Triple Golf dreht sich alles um die Zahl 3

- 3 Disziplinen: Driven, Pitchen und Putten
- 3 Schläge pro Disziplin: Jeder wird gewertet
- 3 Schläger: Eisen 7, Pitching Wedge und Putter (für Einsteiger)
- 3 Punkte …   … sind das Ziel pro Schlag
- 3 Spieler …   … können in einem Flight spielen

Warum Triple Golf?

- Keine Mitgliedschaft, keine Platzreife und kein Handicap nötig.
- Geringe Einstiegskosten.
- Kann von jedermann sofort gespielt werden.
- Kann auf der Übungsanlage gespielt werden (z.B. auch auf einem Fußballplatz, auf Schießanlagen …).
- Ermöglicht einen einfachen und vor allem spaßorientierten Einstieg in den Golfsport.

Das Ziel beim Driven

Den Ball möglichst weit abschlagen. Dabei muss jeweils **über** die Entfernungsmarken (50 m/100 m/150 m/200 m) auf der Range geschlagen werden, damit die jeweilige Punktzahl gewertet wird.

Das Ziel beim Pitchen

Den Ball so nahe wie möglich an die Fahne spielen. Bei Turnieren sollten Kreise um die Fahne und um das Grün gezogen bzw. gelegt werden; ansonsten wird mit dem «Augenmaß» gemessen. Die Abschlagpositionen sind frei wählbar (auch «Troubleshots» möglich). Für jeden Mitspieler gilt die gleiche Abschlagposition.

Das Ziel beim Putten

Den Ball mit so wenig Schlägen wie möglich einlochen. Es werden 3 verschiedene Löcher aus einer Mindestdistanz von 9 m Distanz gespielt.

Spielregeln

Triple Golf wird auf der Driving-Range gespielt. Die Triple Golf Einsteigerversion sollte mit 3 Schlägern gespielt werden (Eisen 7, Pitching Wedge, Putter). Bei der Pro-Version können beliebige Schläger verwendet werden. Ein Flight (Spielgruppe) sollte die Anzahl von 3 Spielern nicht überschreiten. Die Skorekarte ist für 3 Durchgänge ausgelegt.

Jeder Durchgang erfordert 3 Versuche pro Disziplin. Die Disziplinen können in beliebiger Reihenfolge gespielt werden. Im Übrigen gelten die Platzbestimmungen der jeweiligen Driving-Range sowie das Regel- und Etikettenwerk des Golfsports.

Aus der Gesamtpunktzahl pro Durchgang ergibt sich der sogenannte «Triplescore»: eine Zahl zwischen 0 bis 30 oder sogar darüber. Der Triplescore gibt – ähnlich wie das Handicap – die Spielstärke wider.

Triple-Spielstärken

Bis 10 Punkte:	Aller Anfang ist schwer
Bis 20 Punkte:	Es ist noch kein Meister vom Himmel gefallen
Bis 30 Punkte:	Auf dem besten Weg zum guten Golfer
Über 30 Punkte:	Unbedingt beim Golf-Pro vorsprechen!

Abschlagen

Beim Driven darf der Ball aufgeteet werden. Dann muss er über eine möglichst weite Distanz geschlagen werden.

Jeder Spieler hat in einem Durchgang 3 Schläge zur Verfügung.

Jeder Schlag wird in die Skorekarte eingetragen.

Der Ball muss innerhalb der bezeichneten Range landen, sonst gibt es für diesen Schlag 0 Punkte.

Pro-Version

Bei der Pro-Version wird über drei Durchgänge mit unterschiedlichen Drives gespielt.

1. Durchgang   «Iron-Drive» (beliebiges Eisen)
2. Durchgang   «Wood-Drive» (beliebiges Holz)
3. Durchgang   «Fairway-Drive» (beliebiger Schläger ohne Tee)

Punktewertung beim Driven pro Schlag:

• Über die 50-m-Markierung   1 Punkt
• Über die 100-m-Markierung   2 Punkte
• Über die 150-m-Markierung   3 Punkte
• Über die 200-m-Markierung   6 Punkte
   (Double Triple = + 3 Punkte)

(!) Falls auf einem Fußballplatz o.Ä. gespielt wird, werden Abschlagmatten oder Abschlagbretter empfohlen (Rasenschutz).

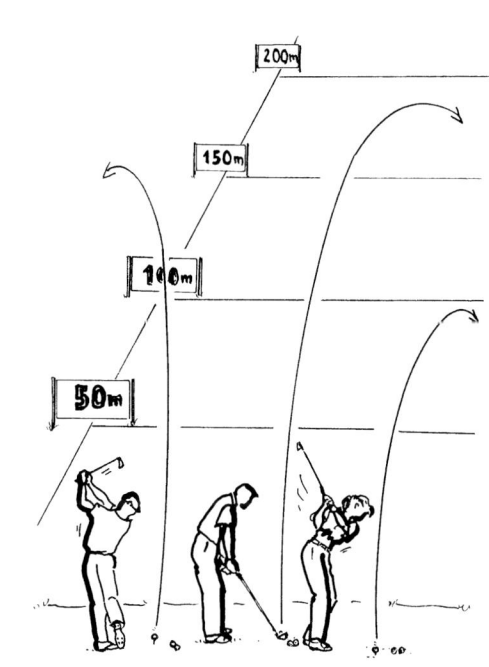

Annähern

Die Einsteiger-Version erfordert lediglich das Pitchen.

Die Pro-Version dagegen wird über 3 Durchgänge gespielt. Dabei wird bei jedem Durchgang die Pitch-Variante gewechselt (Chip, Pitch, Bunkerschlag).

Der Ball kann von beliebiger Stelle aus geschlagen werden.

Alle Mitspieler schlagen aus der gleichen Position.

Punktewertung beim Pitchen pro Schlag:

Chippen (3 bis 10 m vom Greenrand) – nur Pro-Version

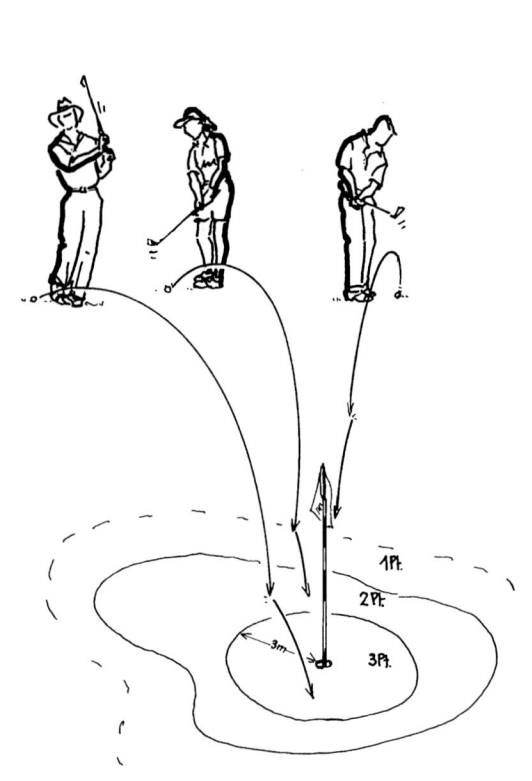

• Erreichen des Greens	1 Punkt
• Innerhalb 3 m zur Fahne	2 Punkte
• Innerhalb 1 m zur Fahne	3 Punkte
• Hole-in-One	6 Punkte
(Double Triple = + 3 Punkte	

Pitchen (10 bis 30 m vom Greenrand) – Einsteiger und Pro

• Ca. 3 m bis zum Greenrand	1 Punkt
• Erreichen des Grüns	2 Punkte
• Innerhalb 3 m zur Fahne	3 Punkte
• Hole-in-One	6 Punkte
(Double Triple = + 3 Punkte	

Bunkerschlag – nur Pro-Version

• Schlag aus dem Bunker	1 Punkt
• Erreichen des Greens	2 Punkte
• Innerhalb 3 m zur Fahne	3 Punkte
• Hole-in-One	6 Punkte
(Double Triple = + 3 Punkte	

233

Einlochen

Beim Putten werden pro Durchgang 3 verschiedene Löcher gespielt.

Der Abstand ist variabel, beträgt jedoch mindestens 9 m.

Punktewertung beim Putten pro Schlag:

• 4 Schläge ins Loch	1 Punkt
• 3 Schläge ins Loch	2 Punkte
• 2 Schläge ins Loch	3 Punkte
• Hole-in-One	6 Punkte
(Double Triple = + 3 Punkte)	

◗ **Informationen / ©-Nechte**
Triple Golf ist ein eingetragenes Warenzeichen der Bordecross Marketing & Consolting GmbH, D-82049 Pullach.

➔ Vgl. dazu S. 227

❗ Informationen/Scorecarten … unter www.triplegolf.com

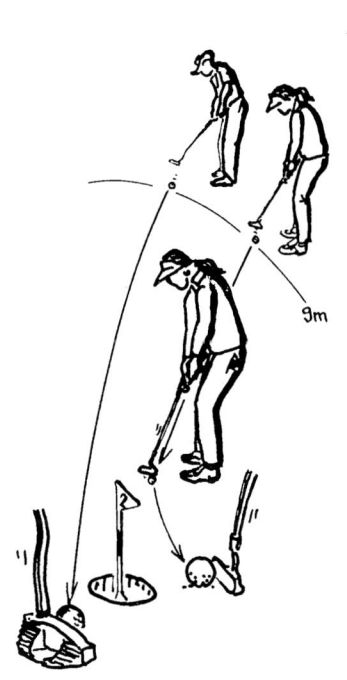

TRIPL3GOLF	1. Durchgang			2. Durchgang			3. Durchgang		
	Punkte Spieler	Punkte Mitspieler	Punkte Mitspieler	Punkte Spieler	Punkte Mitspieler	Punkte Mitspieler	Punkte Spieler	Punkte Mitspieler	Punkte Mitspieler
Driven — Iron				Wood			Fairway Drive		
1. Schlag									
2. Schlag									
3. Schlag									
Summe Driven									
Pitchen — Chip				Pitch			Bunker		
1. Schlag									
2. Schlag									
3. Schlag									
Summe Pitchen									
Putten									
1. Loch									
2. Loch									
3. Loch									
Summe Putten									
Summe Driven									
Summe Pitchen									
Triplescore									

Spielername: _____

Datum: _____

Stempel Golfclub:

www.triplegolf.com

TRIPLE GOLF ® ist ein eingetragenes Markenzeichen der BORDERCROSS Marketing & Consulting GmbH, D-82049 Pullach. Die **TRIPLE GOLF** ® Scorekarte unterliegt dem Copyright.

Kapitel 3

Auf der Übungsanlage

Ohne Fleiß – kein Preis!

Der Volksmund sagt treffend: «Ohne Fleiß – kein Preis»! Alle, die Golf spielen, wissen, dass dieses Sprichwort den Kern des Golfspiels trifft. Ohne ständiges und gezieltes Üben und ohne echte Lernkontrollen sind in dieser Sportart keine Lorbeeren zu holen.

Physische und mentale Fähigkeiten

Golf setzt physische (➔ Vgl. Kap. 1.4), aber vor allem auch mentale Fähigkeiten (➔ vgl. Kap. 1.7) voraus. Will man Erfolg haben, müssen all diese Fähigkeiten optimal aufeinander abgestimmt sein. Dieser Anspruch ist zwar hoch, aber einlösbar.

Realistische Ziele setzen

Entscheidend für Lern- bzw. Trainingsfortschritte ist immer das ausgewogene Gleichgewicht zwischen den eigenen Voraussetzungen einerseits und den angestrebten Zielen andererseits (➔ Vgl. Lernen und Lehren, Kap. 1.2 und Fehler – Fehlerkorrektur, Kap. 1.3).

Das regelmäßige und vor allem gezielte Trainieren auf der Drivingrange, das stetige und abwechslungsreiche Üben auf dem Annäherungsgreen und das konsequente, ausdauernde Spielen auf dem Puttinggreen garantieren nicht für ein gutes Score, bilden aber eine gute Voraussetzung für den Erfolg.

Damit das Lernen und Üben nicht langweilig wird, sollte man üben, ohne zu lange dasselbe zu tun. In diesem Buch wurden spannende, abwechslungsreiche und lustige Spiel- und Übungsformen zusammengetragen, welche ein intensives, zielgerichtetes und dennoch spielerisches Üben ermöglichen.

Weniger ist mehr!

Bei allen Übungs- und Trainingseinheiten sollte nur auf zwei bis drei «Kernpunkte» (➔ Vgl. Kap. 1.3 «(Golf-)Bewegungen lernen und lehren») geachtet werden. Wer mehrere Ziele gleichzeitig erreichen oder mehrerer Fehler in kürzester Zeit verbessern will, ist mental überfordert. Diese mentale Überforderung wirkt sich dann oft negativ auf die Technik aus.

Denke immer wieder an die Reihenfolge der beiden «Q»

Qualität vor **Q**uantität

Inhaltsverzeichnis

3.1 Aufwärmen – Einspielen – Ausklingen 106

3.2 Abschlagen 116

3.3 Annähern 120

3.4 Einlochen 127

3.5 «Short-Game-Handicap»-Test 131

3.6 Kleine Spiele für Kinder 134

3.1 Aufwärmen – Einspielen – Ausklingen

Aufwärmen – Warming up
Das Aufwärmen ist vor allen sportlichen Aktivitäten wichtig. Der Körper wird damit auf die Leistungen vorbereitet, und er ist weniger anfällig auf Verletzungen.

Ein kurzer Lauf (5–10 Minuten) wäre immer wirkungsvoller als nur Bälle zu schlagen; dies passt aber leider häufig nicht ins Bild des Golfers oder ist zum Teil auch nicht möglich.

Manchmal muss man aber auch nach Wartezeiten wieder aufwärmen, selbst wenn man auf der Runde ist. Das gute Gefühl der individuell günstigen «Betriebstemperatur» ist wichtig. Grundsatz: Lieber zu warm als zu kalt. Dies gilt bereits bei der Auswahl der Sportkleider.

Erst wenn der Körper gut aufgewärmt ist, können auch anspruchsvollere Spiel- und Übungsformen durchgeführt werden, welche sowohl die koordinativen wie auch die konditionellen Fähigkeiten fördern. Auf den folgenden Seiten werden einige Beispiele vorgestellt.

Einspielen – wie beginnen?
Wichtig ist, dass nach dem Aufwärmen die ersten Schläge locker und mit möglichst wenig Kraftaufwand erfolgen.

Anfänger beginnen im Idealfall das Einspielen mit dem Einlochen, dann mit Annäherungsschlägen und erst dann mit dem eigentlichen «Driven».

Viele Fortgeschrittene beginnen aber lieber mit einem lockeren Driven und gehen erst dann über zum Annähern und schließlich zum Einlochen.

Im Golfspiel sind die Annäherungsschläge und das Einlochen wichtiger als die langen Schläge: ca. 50% aller Schläge auf dem Parcours werden innerhalb von 50 Metern zum Green gespielt, und die Anzahl der Schläge auf dem Green beträgt ungefähr 40%. Doch das Schlagen von langen Bällen fasziniert – inbesondere Anfänger – mehr. Hier gilt der Leitsatz nicht: «Driven für das Publikum, Putten für den Erfolg»!

Ausklingen – Cooling down
Nach sportlicher Belastung – Golfschwünge sind zum Teil extreme Belastungen für den Körper – ist es notwendig, sowohl die körperliche als auch die psychisch-emotionale Spannung wieder abklingen zu lassen. Um besser regenerieren zu können, sollten die beanspruchten Muskeln gelockert und gedehnt werden. Beispiele: Stretching, Gymnastiükübungen, Lockerungsübungen.

Entspannungs- und Erholungsmöglichkeiten nach einem Golftraining: Dusche oder Bad, Massage, Wassergymnastik, Sauna.

Wähle ein Ritual!
Beim Aufwärmen, Einspielen und Ausklingen musst du, wie bei einem Golfschlag, dein eigenes und für dich geeignetes «Ritual» finden (vgl. Kap. 1.7 «Golf in Mind»). Mach das, was dir gut tut und was dazu beiträgt, dass du dich vor, während und nach dem Golfspiel wohl fühlst. Denke stets daran:

Golf ist ein Spiel!

Memory: Hast du dein Hometraining absolviert, die Rücken-, Rumpf- und Armmuskulatur regelmäßig gedehnt und gekräftigt? Dies wären ideale Voraussetzungen für ein schmerzfreies, lustvolles Training oder Golfspiel. Falls dies nicht der Fall ist, dann gilt: Lieber spät als nie; ab heute mäßig, aber regelmäßig!

Die Zeitinvestition von 5–10 Minuten für Aufwärm- und Dehnübungen mit und ohne Schläger lohnt sich immer. Auf die Beschreibung von bekannten *dynamischen* Aufwärmübungen wie Laufen, Hüpfen, Knieheben, Schulterrollen, Rumpfdrehungen aller Art wird hier verzichtet. Ein aufgewärmter Körper bildet aber eine gute Basis für *statische* Stretchingübungen mit oder ohne Schläger. Hier einige Beispiele.

→ Hometraining durchgeführt? Vgl. S. 25 ff.

! Ein gut trainierter Körper ist eine gute Basis für ein hohes Golfalter!

235

Kaltstart: Aus aufrechter Haltung oder aus der korrekten Ansprechposition fixieren die Augen ein imaginäres Tee (Grasbüschel, Rinde …). Maximale, aber schmerzfreie Rumpfdrehung bis zur möglichen Endposition ausführen, ohne das Becken und die Beine zu drehen. Diese Position 10–30 Sekunden halten. Aus dieser Position entspannen und langsam auf die andere Seite drehen.

→ Dehnung der Rumpfmuskulatur.

! Kaltstart – also langsam beginnen!

236

Hände hoch: Aus dem Stand den Golfschläger mit beiden Händen über dem Kopf halten. Dabei bilden die Ellbogen je einen rechten Winkel. Die Hände ziehen nach hinten und die Ellbogen drücken so lange nach vorne, bis eine merkliche, aber schmerzfreie Dehnspannung im Schulter- und Brustbereich spürbar wird. In diesem spürbaren aber schmerzfreien Spannungszustand ca. 30 Sekunden bleiben, und dann wieder langsam entspannen.

→ Dehnung der Brust- und Schultermuskulatur.

! Dehnen ohne Schmerz!

237

Bogenspannung: Stand: Ohne Körperrotation mit der rechten Hand auf der Rückseite entlang dem Oberschenkel langsam nach unten ziehen. Der Oberkörper nimmt dabei eine leichte Hohlkreuzstellung ein, dreht sich aber nicht. In dieser individuell möglichen Endposition während ca. 30 Sekunden bleiben. Dann gegengleich ausführen: Linke Hand dem Oberschenkel entlang nach unten …

→ Dehnung der Rumpf-, insbesondere der Hüftbeugemuskulatur.

238

Rückenkratzer: Stand: Hinter dem Rücken den Golfschläger mit der linken Hand von oben und mit der rechten von unten halten. In dieser Position den Golfschläger mit der rechten Hand gegen den Widerstand der linken so weit wie möglich nach unten ziehen und in dieser Position während ca. 30 Sekunden bleiben. Dann gegengleich: Die linke Hand zieht nach oben und die rechte leistet Widerstand. Griffwechsel und gegengleich ausführen. 2–3x wiederholen.

→ Dehnung der Oberarm-(Bizeps) und Schultermuskulatur.

! Dehnen ohne Schmerz!

239

Golfer- und Tennisellbogen-Stretch: Sitz oder Stand: Den linken Arm horizontal nach vorne strecken; die Handfläche zeigt nach oben. Die rechte Hand auf die linke legen und gegen unten drücken. In diesem Spannungszustand ca. 30 Sekunden bleiben. Dann gegengleich.

240

Golf-Handschrift: Mit beiden Händen je einen Schläger am Griff fassen und die Arme ausstrecken. Mit den Schlägerköpfen Zahlen 1–18 in die Luft schreiben. Die Bewegung kommt nur aus den Handgelenken; die Arme bleiben gestreckt.

• Auch mit angewinkelten Ellbogen ausführen.

241

Golf-Hubschrauber: Mit beiden Händen bei leicht gebeugten Ellbogen je einen Schläger in der Mitte fassen und beide Schläger nach innen und außen rotieren lassen. 10–30 Wiederholungen.

242

Finger-Stretch: Es lohnt sich, die Finger und Hände zu dehnen und zu kräftigen, wie z.T. bei Nr. 240 bereits beschrieben (vgl. auch Hinweis nebenan).

• Dehnen des Daumens gegen das Handgelenk und von ihm weg.
• Dehnen der gespreizten Finger nach hinten.
• Strecken und Beugen der Finger nach eigenem Gefühl.

ⓘ Hände und Finger übertragen die Muskelkraft des Körpers auf den Schläger, steuern die Bewegungen, verleihen die richtige Geschwindigkeit, übertragen den geeigneten Abschlagwinkel usw.

243

Nacken-Stretch: Stand: Eine Hand auf die Stirn legen und langsam gegen den Widerstand der vorderen Halsmuskulatur drücken. Ca. 5 Sekunden halten und wieder entspannen. Dann die Hand seitlich auf den Kopf legen und langsam gegen den Widerstand der seitlichen Halsmuskulatur drücken. Dauer und Intensität wie oben. Dann die Hand von hinten auf den Kopf legen, wiederholen. Schließlich mit der anderen Hand von der anderen Seite drücken.

244

Gym-Golf: Führe einige Lockerungsübungen aus: Hände schütteln, Arme und Schultern lockern, Handgelenke kreisen, Hände falten und Handflächen nach vorne drücken, Rumpfkreisen usw.

Schlage dann Bälle mit langsamen Schwüngen und wenig Kraftaufwand, aber versuche trotzdem in extreme Rück- und Durchschwungpositionen zu kommen. Nicht forcieren!

→ Dynamisches Stretching

245

Resultat unwichtig: Schlage intensiv Bälle, und kümmere dich nicht um das Ergebnis, sondern wärme dich auf diese Art und Weise gut auf.

• Auch mit zwei Schlägern, aber ohne Ball.

→ Allgemeines Aufwärmen

246

Vor-Spannung: Verschiedene Muskelfasern mobilisieren:

• Nimm vor einem Stein, einer Mauer oder sonst etwas Robustem eine sichere Standposition ein und drücke mit deinem Schläger so stark du kannst einige Sekunden gegen diesen Widerstand.
• Hänge den Schläger in der Rückschwung-Position irgendwo ein, und ziehe (wie beim Schwung) so kräftig wie möglich.

◔ Muskeltonus-Aufbau

247

Tee-Schwung: Position einnehmen, Tee «ansprechen», Ausholen, Schlagen … und das Tee leicht streifen (Streif-Geräusch wahrnehmen).

• Schläger wechseln und gleichen Ablauf wie oben ausführen.
• Schläger wechseln, und schlagen ohne das Tee anzusprechen.

→ Distanzgefühl vom Schläger zum Tee mit verschiedenen Schlägern und verschiedenem Tempo stabilisieren.

248

Hole in One: Allein, zu zweit oder in einer Gruppe werden Ziele bestimmt bzw. hingestellt (z.B. kleine Körbchen, Eimer o.Ä.). Nun gilt es, in einer bestimmten Zeit mit Pitch-Schlägen möglichst viele Bälle ins Körbchen zu treffen.

• Der Rand des Gerätes zählt (nicht)!
• Der Sieger – der Verlierer bezahlt …

(!) Die Distanzen so wählen, dass alle Beteiligten eine Chance zum Treffen haben.

249

Wo klemmt's? Schlage Bälle und konzentriere dich auf deinen Körper. • Gibt es bestimmte Körperstellen, die verspannt sind? Versuche sie durch sanftes Dehnen zu lösen. • Gibt es Körperstellen, die zu weich sind? Versuche sie zu aktivieren.		→ Verspannungen suchen und lösen. 250
Variieren: Führe Schwünge aus bzw. schlage Bälle und variiere bewusst deinen Bewegungsumfang (kurze oder weite) oder auch dein Tempo (langsame resp. schnelle Schwünge). • Kurz beginnen und immer länger werden. • Langsam beginnen und immer schnellere Schwünge ausführen.		→ Bewegungsumfang oder/und -tempo variieren. 251
Akzentuieren: Versuche in deinen Schwüngen verschiedene Akzente bezüglich Umfang oder Tempo zu setzen bzw. zu variieren. • Unterstütze bzw. begleite die Schwünge mit Worten oder Bildern. • Sprich innerlich (wenn du allein bist laut) mit dir.		→ Umfang oder Tempo. 252
Positiv denken: Es gibt Tage, da haben wir wenig Gefühl und glauben deshalb, dass wir nicht gut spielen können. In diesen Situationen (die viel häufiger vorkommen als man es gerne hat) ist es aber viel wichtiger, das zu tun was man tun will bzw. tun soll, als nach dem nichtvorhandenen Gefühl zu suchen. • Sich an kleinsten Erfolgserlebnissen freuen.		→ Wissen, was zu tun ist, und sich selber motivieren! → Mentales Training im Golf: Vgl. Kap. 1.7, S. 34 ff. 253
Das gute Gefühl: Wenn ich Zeit habe, mein Körper- bzw. Bewegungsgefühl aufzubauen, es zu suchen bzw. zu trainieren, so muss ich wissen, dass ich nur dann gut spüren kann, wenn ich nicht noch an tausend Dinge denke, die mich sowieso «verkrampfen». • Vergiss alles und konzentriere dich nur auf einen Punkt bzw. versuche, nur etwas an einer bestimmten Stelle zu spüren.		→ Ein gutes Körper- und Bewegungsgefühl aufbauen. 254

Schlag-Serie: Setze einige (zwei bis sechs) Bälle im Abstand von 10–15 cm voreinander. Spiele einen Ball nach dem anderen, ohne die Bewegung zu unterbrechen.

→ Timing und Lockerheit.

255

Blind-Schlag: Spiele mit geschlossenen Augen (Eisen 7, 8, 9 oder PW) Bälle. Evtl. ist es angebracht, die Augen erst nach dem Abschwung zu schließen.

• Einmal mit offenen, dann wieder mit geschlossenen Augen spielen. Was empfindest du dabei?

→ Sicherheit, Gefühl, Stabilität.

256

Umgekehrt: Versuche, entweder mit einem anderen Schläger, der Rückseite eines langen Eisens oder einem 90° gedrehten Schläger «auf die andere Seite» zu spielen (Rechts-Spieler links und umgekehrt). Nimm dir Zeit dazu und beginne mit kurzen Schwüngen. Nicht vergessen: Schon oft wurde ein solcher Schlag nötig, weil es das Gelände so erforderte (z.B. ein Ball liegt unmittelbar neben einem Baum).

→ Sich anpassen können, Gefühl.

→ Erfolg mit beiden Seiten, im Tennis wie im Golf: Vgl. Kap. 1.6, S. 30 ff.

257

Schlägerwechsel im Bunker: Versuche im Bunker auch mit anderen Schlägern als dem Sand-Wedge zu spielen (Eisen 9/8/7/6).

• Versuche mit unterschiedlichen Handstellungen zu spielen» (Handstellungen verändern, ausprobieren …) und achte darauf, welche Position für dich besser sein könnte.

→ Sicherheit, auch im Bunkerspiel.

258

Einarmig Putten: Putte nur mit dem linken bzw. rechten Arm.

• Dasselbe auch mit geschlossenen Augen.
• Lasse den Schläger von der rechten bzw. von der linken Hand führen. Mit welcher «Führhand» geht es dir besser?

→ Sicherheit, Gefühl.

259

Kürzer oder weiter? Kann ich mit demselben Schläger meine Distanzen variieren, kürzer oder weiter schlagen? Und kann ich mit verschiedenen Schlägern die Bälle gleich weit spielen?

• Distanzen vorhersagen: Jetzt schlage ich … m. Dann schlagen und das Resultat mit der vorausgesagten Distanz vergleichen.

→ Differenzierungsfähigkeit.

260

Sag mir, wie weit er fliegt: Schlage einen Ball und sag einem Partner – kurz nach dem Schlag, ohne dem Ball nachgeschaut zu haben – wie weit er geflogen ist bzw. ob er links oder rechts vom Ziel landet. Erst dann schauen, ob die Empfindungen mit dem Resultat übereinstimmen.

→ Differenzierungsfähigkeit.

261

Einbeiniger Schlag: Welche Art der Schläge kann ich auf einem Bein problemlos ausführen?

• Wie weit kann ich dabei spielen?
• In welcher Phase ist es am schwierigsten, das Gleichgewicht zu halten. Warum?

→ Gleichgewichtsfähigkeit. Zur leichten Stabilisierung des Gleichgewichtes die nicht belastete Fußspitze hinter dem Standbein aufsetzen.

262

Handicap-Position: Überkreuze die Beine (rechts vor links bzw. li vor re) und versuche aus dieser «Handicap-Position» abzuschlagen. In dieser Körperhaltung ist der Hüfteinsatz nicht möglich.

• Wechsle ab: Einmal mit überkreuzten Beinen nur mit Einsatz der Arme; dann in normaler Stellung mit dem Einsatz des ganzen Körpers. Welcher Unterschied ist spürbar?

→ Gleichgewichtsfähigkeit; Unterschied spüren zwischen Schlägen nur aus den Armen und Schlägen mit dem Einsatz des ganzen Körpers.

263

Vorsicht, ein Orkan: Bälle schlagen und sich dabei vorstellen, dass in der Richtung des Schlages ein orkanartiger Wind weht. Ein Partner soll (bei Schwüngen ohne Ball im Zeitlupentempo) etwas stoßen und du versuchst, das Gleichgewicht zu halten.

• Wie leicht falle ich aus dem Gleichgewicht?
• Was muss ich tun, um das Gleichgewicht zu halten?

→ Gleichgewichtsfähigkeit.

264

Hör zu: Die Augen schließen und dem Partnern zuhören, wie seine Bälle «tönen», wenn er sie schlägt. • Kannst du die «Qualität» der Schläge heraushören? • Konzentriere dich bei deinem Schlag auf den «guten Ton».		→ Rhythmus. 265
Summ mit: Summe leise vor dich hin, wenn du Bälle schlägst. • Gibt es einen speziellen Verlauf deines Summens? • Kannst du Worte finden, die diesen Verlauf unterstützen oder verändern? • Findest du ein Wort, das dir bei einem speziellen Schlag ein besonders gutes Gefühl verleiht?		→ Rhythmus. 266
Blitzartig ändern: Obwohl die Reaktionsfähigkeit im Golf im Vergleich zu den anderen koordinativen Fähigkeiten nur eine sehr geringe Bedeutung hat, kann ein Training derselben nicht schaden. Kann ich kurzfristig das Ziel ändern, die Distanz anpassen oder den Schwung abbrechen?		→ Reaktion. 267
Wie spät ist es? Der Schläger bildet den Minutenzeiger eines Uhr-Ziffernblatts. Gelingt es, die verschiedensten Zeiten mit dem Schläger anzugeben? Stimmt die Richtung des Schlägers mit der gedachten Zeit überein? • Eine individuelle Skala kreieren, die für den Umkehrpunkt als Orientierungshilfe dient.		→ Orientierung. → Sich gegenseitig beobachten. 268
Von 7 nach 13 Uhr: Stell dir vor, du stehst auf dem Zifferblatt einer großen Uhr. Der Ball liegt im Zentrum. Beginne die Ausholbewegung wie gewohnt und achte jetzt darauf, dass der Umkehrpunkt auf der Ziffer 7 und das Ende des Schlages (Ausschwingen) auf der Ziffer 1 (13 Uhr) liegt. Der Ball sollte jetzt Richtung 12 Uhr wegfliegen. Gelingt es?		→ Orientierung. ! Besonders geeignet, wenn die Bälle häufig nach links wegfliegen. 269

113

Heavy Club: Nimm 2 leichte Golfschläger oder einen schwereren und schwinge damit so lange, wie die Bewegungsausführung noch korrekt ist. Achte auf einen kontrollierten, rhythmischen Bewegungsablauf.		→ Schnellkraft und Rhythmus. 270
Sitz-Golfschlag: Nimm eine sehr tiefe Position ein (Knie stark beugen, nicht aber unter 90^0) und schlage in dieser Sitzposition Bälle. • Wie tief ist das auf beiden Beinen möglich ? • Gelingt es auch auf einem Bein? • Einmal linkes, einmal rechtes Bein, einmal beide Beine.		→ Kraft. 271
Pneu-Schlag: Schlage («dresche») mit einem Golfschlag auf einen Reifen oder einem Sandsack. Beginne jedoch zuerst langsam, um das Gefühl des Abprallens zu erleben. Versuche, mit möglichst wenig Aufwand und sauberer Schlagtechnik viel Energie auf den Reifen bzw. Sandsack zu übertragen.		→ Schnellkraft. 272
Slow-Motion Golf: Schlage Bälle mit langsamen Schwüngen, aber versuche trotzdem in extreme Rück- und Durchschwungpositionen zu kommen. Nicht forcieren! • Slow-Motion-Tempo variieren. • Nur die Ausholbewegung in Slow-Motion, den Durchschwung jedoch in vollem Tempo ausführen.		→ Beweglichkeit. 273
Golf-Marathon: Versuche mehrere Bälle nacheinander zu schlagen indem du einen regelmäßigen Rhythmus einhältst: Ball hinlegen, Ball ansprechen, Ball schlagen. • Immer in derselben Distanz. • Bewusst links und rechts im Wechsel. • Einmal als Hook, einmal als Slice.		→ Konzentration. 274

Schulter-Gymnastik: Durch folgende Übungen wird die Beweglichkeit im Schulterbereich gefördert: • Stand seitwärts zur Wand: Linken Arm abstützen und linkes Bein nach vorne stellen. Den Körper abdrehen, bis der Dreheffekt spürbar und somit wirksam wird. • Rechte Hand auf linke Schulter legen und mit der linken Hand in Richtung der linken Schulter ziehen. Gegengleich.		❗ Für alle Übungen gilt: Ausführung ca 30 Sekunden pro Übung. Dabei ein angenehmes Ziehen, aber keine Schmerzen aufkommen lassen! 275
Brust raus: Die Brustmuskulatur neigt zur Verkürzung. Deshalb: • Im Schneidersitz, im Sitz auf einem Stuhl oder im Stand: Arme hinter dem Kopf verschränken. Die Ellbogen ziehen nach hinten und das Brustbein wird langsam nach vorne gedrückt. • Mit Partnerhilfe: A im Schneidersitz am Boden; B steht hinter A, stützt mit seinem Knie am Rücken und zieht die Ellbogen von A behutsam nach hinten oben.		♻ Partnerübung: Sorgfältig ziehen! 276
Spagat: Stütz mit den Händen auf dem Boden. Nach einem großen Ausfallschritt den Brustkorb zum rechten Knie senken und das Becken in Richtung zum Boden drücken und in dieser Position 20–30 Sek. verweilen. Gegengleich		❗ Keine Hohlkreuzhaltung! 277
Rücken-Gymnastik: Gegen Verspannungen im Rückenbereich kann etwas unternommen werden. Versuch es einmal! • Aus dem Fersensitz einen oder beide Arme locker nach vorne strecken, Hände aufsetzen und den Brustkorb nach unten drücken. Bei einarmiger Ausführung auch gegengleich. • Rückenlage: Rechtes Knie zur Brust ziehen. Das linke Bein bleibt möglichst gestreckt liegen. Gegengleich.		❗ Dehnen braucht Zeit! 278
Runder Rücken: Sitz, Beine leicht auseinander halten: Oberkörper langsam senken, die Hände auf dem Boden aufsetzen, den Kopf locker hängen lassen. In dieser Position 20–30 Sek. verweilen. • Steigerung: Beine weit auseinander halten, Oberkörper und Arme zwischen den Beinen möglichst tief senken.		⊝ Dehnen der unteren Rückenmuskulatur. 279

3.2 Abschlagen

Wer gut Golf spielen kann weiß, dass das anfänglich imponierende Schlagen von weiten Bällen für ein gutes Score weit weniger wichtig ist als das Annähern und das Einlochen. Wer jedoch den ersten Kontakt zum Golf sucht, möchte in den meisten Fällen zuerst einmal das Erlebnis eines weit geschlagenen Balles haben. Aus diesem Grund beginnen wir im Kapitel 3.2 zuerst mit «der Faszination des Abschlagens», behandeln im Kap. 3.3 die Annäherungsschläge und stellen im Kapitel 3.4 Ideen zum Einlochen vor.

Guter Abschlag – guter Anfang!
Die erfolgreiche Golfrunde beginnt mit dem Abschlag. Bei einem Fehlschlag kann sich schnell Enttäuschung und Stress einstellen. Dies kann dazu verleiten, dass auf dem Übungsgelände vor allem oder ausschließlich lange Bälle gespielt werden.

Durch das Varriieren bezüglich Länge und Richtung werden sich jedoch längerfristig größere Leistungsfortschritte einstellen, als wenn immer nur möglichst lange Bälle geübt werden. Die folgende Spiel- und Übungssammlung regt mit vielen Variationen dazu an.

Auch wenn es beim Abschlagen auf der Driving Range (noch) nicht um Punkte geht, sollte bei jedem Ball eine bestimmte, individuell angepasste Abschlagsroutine – ein «Ritual» – gepflegt werden (➔ Vgl. Kap. 1.7 «Golf in Mind»). Ein solches Ritual ermöglicht eine gute Konzentration und fördert die Selbstsicherheit.

Probeschwünge sind für das Üben bestimmter Teileelemente angezeigt, doch bei mehr als zwei Probeschwüngen verliert der Körper an Spannung. Viel Spaß beim vielseitigen, variantenreichen Abschlagen! Merke:

Abschläge vielseitig variieren!

Distanzgefühl: Es werden fünf Eimer in verschiedenen Distanzen platziert. Beginn bei der geringsten Distanz. Nach einer gewissen Zeit oder nach einer bestimmten Anzahl Treffer das nächste Ziel anspielen. Individuelle Wahl des geeigneten Schlägers.
• Wer trifft zuerst jedes Ziel 3-mal?
• Welches 2er-Team erfüllt eine gestellte Aufgabe zuerst gemeinsam?

⊙ Sehr gut geeignet zum Aufwärmen und Einspielen.

⊖ (Wettkampf-) Stimmung in der Gruppe; Spaß; Spannung!

280

Hindernisspiel: Die Bälle sollen verschieden hoch und verschieden weit auf bzw. über Hindernisse (Baum, Strauch, gespannte Leine, Gegenstand …) gespielt werden.
• Spiel über oder auf das Hindernis mit Pitching Wedge.
• Gleiches Ziel mit Eisen 7.
• Spiel auf weitere Distanzen mit verschiedenen Eisen und Hölzern
• Wettbewerbsformen: Wer trifft …?

⊙ Mit demselben Eisen verschiedene Aufgaben lösen.

281

Ballartist: Gelingt es, den Ball mit Drall um einen Gegenstand (Baum, Busch …) herum oder über ein Hindernis zu spielen und dabei noch ein Ziel zu treffen?
• Links bzw. rechts am Hindernis vorbei zum Ziel.
• Über das Hindernis zum Ziel.
• Mit verschiedenen Schlägern.

⊙ Seitlicher Drall (Draw) nur für Könner!

282

Präzisionsschlag: Auf der Höhe des Abschlages werden vor und hinter dem Ball im Abstand von ca. 10 cm je ein Tee eingesteckt. Gelingt es so zu schlagen, dass beide Tees nach dem Schlag noch im Rasen stecken?

• Gelingt es, den Boden so leicht zu streifen, dass ein Rasenstück wegfliegt, die Rasenwurzeln aber nicht sichtbar sind?

⊙ Nur mit kurzen und mittleren Eisen!

283

Tee wegschlagen: Versuche, mit dem Schläger das Tee wegzuschlagen, ohne dabei den Boden zu berühren.
• Bei Gummi-Abschlag-Tees den oberen Teil des Tees streifen, ohne den Boden zu berühren.
• Übungsschwünge ausführen und sich dabei immer mehr dem Tee annähern, bis es mehrmals hintereinander sicher getroffen wird.

⊖ Sicherheit beim Abschlag vom Tee anstreben.

284

3.2 Abschlagen

18-Loch-Übung: Es werden 50 Bälle hintereinander geschlagen. Nach jedem Schlag muss der Schläger gewechselt werden. • Schläger erst wechseln, wenn der Schlag gut gelungen ist • Immer 3 Bälle mit demselben Schläger spielen • Eigene Regeln festlegen und spielen. • Evtl. als Wettbwerb zu zweit durchführen.		→ Sich schnell an andere Schläger(längen) anpassen lernen. 285
8er-Festival: Es werden 50 Bälle mit dem Eisen 8 gespielt. Nach jeder 10er-Serie erfolgt eine andere Aufgabenstellung, z.B.: 10 Bälle zum lockeren Einschwingen; 10 Bälle halbe Distanz; 10 Bälle auf ein kurzes Ziel (mittlere Distanz); 10 Bälle mit geschloßenen Augen (wenig Kraft); 10 Bälle auf weites Ziel (Zone) usw.	50×	→ Verschiedene Aufgaben mit dem gleichen Schläger zu lösen erfordert ein gutes Bewegungs- und Körpergefühl. 286
Wer schlägt am weitesten? In einer Gruppe einigt man sich auf die Handicaps bei den folgenden Schlägen. Dabei geht es darum, auf ein bestimmtes Ziel oder möglichst weit zu spielen. Handicap-Beispiele: • Nur mit einer Hand. • Nur auf einem Bein stehend usw.	SW E7	→ Gut für Beschleunigung und Balancegefühl. 287
Aus ... m Radius zur Fahne: Alleine, zu zweit oder in einer Gruppe versuchen, das gleiche Ziel (Fahne, Kreis, Baum ...) zu treffen. Nach einer bestimmten Zeit den Abschlagplatz (und somit Distanz wie auch Richtung) wechseln. • Wer schafft die meisten Treffer(-serien)? • Wie viele Schläge sind nötig, um das Ziel zu treffen?	20-50m	→ Treffgenauigkeit verbessern. 288
Immer längerer Schläger: Abschlag vom Tee, vom Teppich oder vom Boden. Die Schlägerlänge wird systematisch gesteigert: SW, P, Eisen 9, Eisen 8; später mit Eisen 7, 6, 5. • Eine Serie immer so lange, bis 3 Schläge perfekt gelungen sind. • Schlägerfestival: Einmal ein langes Eisen, dann wieder in kurzes. • Ohne zu schauen einen Schläger ergreifen und damit spielen.	SW 9 7E ek. 3×	→ Treffgenauigkeit verbessern. 289

Sweet-Spot: Eine Folie, einen Zettel oder einen Kleber auf die Schlägerfläche («Schlägergesicht») kleben. Einige Bälle schlagen und das «Schlägergesicht» betrachten.

• 20 Schläge hintereinander ausführen, das Gefühl beschreiben … und das Trefferbild kontrollieren.

→ Gut gelungene Schläge erzeugen ein gutes Körpergefühl; schlecht getroffene erzeugen ein Fibrieren in den Fingern.

290

10er-Spiel: Immer nach 10 Schlägen wird der Schläger gewechselt. Zuerst erfolgt der Wechsel systematisch, dann zufällig.

• A und B bestimmen gegenseitig die Schlägerwahl.
• Einen Schläger «blind» auswählen, Bälle schlagen und die Schläger-Größe erraten, z.B.: « Das war das Eisen 6»! Kontrolle!

→ Verspannungen lösen und mit Spaß trainieren.

291

Abschlag bilateral: Mit je einem rechtshändigen und einem linkshändigen Eisen einige Bälle schlagen, zuerst vom Tee, dann vom Teppich oder vom Boden.

• Auf beiden Seiten bewusst gleich weit spielen. Gelingt es?
• Bewegungsabläufe links und rechts vergleichen: Was ist anders; was ist gleich?

→ Schulung der Beidseitigkeit; Lerntransfer von der einen auf die andere Seite. Besonders geeignet für Anfänger.

→ Vgl. Kap. 1. 6

292

Armbinden-Schlag: Oberhalb der Ellbogen wird über beide Arme ein weiches Gummiband oder ein weicher Gürtel gebunden. Nun werden mit wenig Kraftaufwand Bälle geschlagen, zuerst nur mit halber Ausholbewegung.

• Binde wegnehmen und versuchen, genau gleich zu spielen.

→ Zur Verbesserung der Armbewegung und der Drehung während des Schlages.

293

Vorspannung: Vor jedem Schlag werden während ca. 5 Sekunden möglichst alle Muskeln angespannt. Unmittelbar nach der Entspannung wird abgeschlagen. Welches Körpergefühl empfindest du im Vergleich zu anderen Schlägen?

• Nur bestimmte Körperteile vorspannen und dann abschlagen.

→ Der Schwung sollte leicht und fließend empfunden werden.

294

3.3 Annähern

Auf einer Driving Range zeigt sich häufig folgendes Bild: Viele Abschlagplätze sind belegt; es wird geschlagen, geschlagen, geschlagen … Auf den unweit daneben liegenden Übungsgreens gibt es nur einzelne Personen, die das Annähern (Pitchen und/oder Chippen) üben.

Auch das Annähern üben
Wenn man von Erfahrenen und Erfolgreichen im Golf lernen will, dann sollte man ihre Empfehlungen ernst nehmen. Eine dieser «Weisheiten» besteht darin, dass man dem Annähern und Einlochen gegenüber dem Abschlagen bedeutend mehr Zeit widmen sollte.

Abschlagen variieren – Annähern üben
Es ist deshalb nicht zwingend, seinen Abschlagplatz zu verlassen, denn auch hier sind viele Spiel-, Übungs- und Wettkampfformen des Annäherns möglich.

Das Bunkerspiel nicht vergessen
Zu jedem Übungsprogramm gehört auch das Spiel aus dem Bunker. Je mehr man sich mit den Tücken des Sandspiels beschäftigt, desto größer wird das Selbstvertrauen.

Wähle einige der folgenden Ideen zum Annähern aus; viel Spaß!

Merke:

Abschlagen ist wichtig;

Annähern ist entscheidend!

Schägergesichtsübung: Bälle schlagen mit verschiedenen Schlägergesichtsstellungen. • Nach links zeigend. • Nach rechts zeigend. • Zum Ziel zeigend.		⊖ Diese Übung verbessert das Verständnis für die verschiedenen Ballflugrichtungen und Ballflugbahnen. Vgl. dazu Kap. 1.3 «Fehler und Fehlerkorrektur», S. 15 ff. **295**
Wandübung: Stehe mit dem Rücken ca. 40 cm von einer Wand entfernt (z.B. in der Driving-Range-Box). Führe verschieden starke Schwünge aus, ohne die Wand zu berühren. • 1/4-Schwünge. • 1/2-Schwünge.		⊖ Aushol- und Schwungebene bewusst machen. **296**
«Klappe!» – Kamera läuft: Chipping aus ca. 12 m Distanz mit Video- oder Partnerkontrolle von hinten und von der Seite. Kommentiere zuerst aus eigener Sicht und schau erst dann das Video an! • Mit dem Eisen 7. • Mit dem Eisen 9. • Mit dem Pitching Wedge.		⊖ Eigenanalyse des Schwunges erleben. Innen- und Außensicht erfahren. ⊙ Ohne Video: Genaue Beobachtungskriterien vereinbaren. **297**
«Handling by ...»: Chipping aus ca. 10 m Distanz. Der «Schlägerspot» wird frei gewählt. Auf diese Weise kann die Veränderung der Flugbahn und des Rollweges bei gleicher Schlagstärke erlebt werden. • Den Griff mit geschlossenen Augen suchen. Dann mit offenen Augen kontrollieren und erst dann schlagen.		⊖ Griffkontrolle durch Erfahren der Handänderung. ⊖ Selbst- und Fremdanalyse (vgl. Kap.1.3 «Fehler und Fehlerkorrektur», S. 15 ff. **298**
«Wie im Traum»: Chipping mit geschlossenen Augen auf ein Ziel: Führe zuerst eine Abschlagroutine aus und schlage erst dann den Ball. • Ball mit den Augen fixieren – schlagen – den eigenen Namen langsam sprechen ... und erst dann dem Ball nachschauen. • Ball ansprechen und ohne Probeschwung sofort spielen.		⊖ Treffsicherheit spielerisch verbessern. **299**

Die verflixte Sieben: Ein flacher Chipp ist oft sicherer als ein hoher Pitch. Spiele aus verschiedenen Distanzen mit dem Eisen 7 aufs Chippingreen. Achte dabei auf einen kurze Ausholbewegung wie beim Putten.

• Vergleiche: Schlage mit einem Sand Wedge und mit einem Eisen 7. Mit welchem Schläger fühlst du dich sicherer?

→ Schlaggefühl und Sicherheit fördern.

300

Fensterübung: Stelle dir ein Fenster vor und versuche, die Bälle durch dieses Fenster zu schlagen.

• Das Fenster ist 20 m weit entfernt.
• Das Fenster ist 50 m weit entfernt.
• Das Fenster ist 100 m weit entfernt.

→ Hilft viel beim Anspielen des Greens.

301

Ringübung: Stelle dir vor, du würdest in einer bestimmten Distanz einen großen Ring sehen. Schlage die Bälle ohne dass du die Balance verlierst.

• Das Gewicht liegt bewusst nur auf dem linken Fuss.
• Das Gewicht liegt bewusst nur auf dem rechten Fuss.

→ Verbessert die Balance und die Treffgenauigkeit.

302

Henkerübung: Nimm die Ansprechposition ein, halte den Kopf ruhig und stell dir vor, dass er in einer Schlinge «liegt».

• Mit verschiedenen Schwungstärken spielen.
• Mit 1/4-Schwung spielen.
• Mit 1/2-Schwung spielen.

→ Damit kann die Schlaggenauigkeit verbessert werden.

303

Griffdruckübung: Umwickle den Schlägergriff mit einem kleinen, dünnen Tüchlein. Schlage einige Bälle mit verschiedenen Schlägern.

• Achte darauf, dass der Griffdruck klein ist!

→ Hilft den Griffdruck zu reduzieren.

304

3.3 Annähern

Windböe: Halte den Schläger (Eisen 7) umgekehrt in den Händen und versuche durch eine runde Schwungbewegung ein sausendes Geräusch (Wind) zu erzeugen.		→ Akustisches Wahrnehmen. 305
Zielen: Fixiere vor dem Abschlag einen Punkt (z. B. loses Holzstück, Blatt …). Dieser Fixpunkt markiert die Hilfslinie zum gedachten Ziel. Schlage den Ball über diesen Fixpunkt. • Mit nur einem Zwischenziel. • Mit einem zweiten Zwischenziel (z. B. höchster Ballflugpunkt sollte auf der Höhe des nahen Baumes sein).		→ Verbessert die Ausrichtung des Körpers und die Schlaggenauigkeit und löst gleichzeitig den Blick auf das Ziel. 306
Münzübung: Markiere den ersten Landepunkte des Balles auf dem Chippinggreen und deinen gedachten Endpunkt mit einer Münze. Versuche die Linie des Balles vorher abzuschätzen. Bist du nahe der «Traumlinie»? • Zuerst ohne das Loch einzubeziehen. • Nach 10 Schlägen mit Einbezug des Lochs.		→ Verbessert das Einschätzen des Geländes. 307
Landung vor dem Green: Ziel der Übung ist es, so viele Bälle wie möglich *vor* dem Green landen zu lassen, damit sie nicht zu weit rollen. • Zehn Schläge ausführen und die Bälle bewusst auf dem Green landen lassen. Dann zehn Schläge vor das Green spielen. Vergleiche den Rollweg beider Anspielformen.		→ Verbessert das gezielte und bewusste Anspielen eines Greens und die Fähigkeit, den Rollweg einzuplanen. 308
Gras wischen: Wische mit dem Schläger über das Gras. Versuche so zu wischen, dass keine Erde weggeschlagen, sondern nur das Gras touchiert wird. • Ohne Ball. • Mit Ball. • Mit Ball und Schlagziel.		→ Verbessert den Ballkontakt und das Distanzgefühl. 309

123

Berg und Tal: Aus ca. 20 m Entfernung wird ein Green oder ein anderes Ziel mit je 3 Bällen angespielt. Die Schlägerwahl ist frei.

• Aus einem ansteigenden Gelände.
• Aus einem abfallenden Gelände.
• Aus ebenem Gelände.

→ Unterschiede in den verschiedenen Positionen wahrnehmen: wann Vorlage, wann Rücklage?

310

Schläger-Varianten: Es wird aus verschiedenen Hanglagen auf ein Ziel gespielt. Dabei soll dieselbe Aufgabe mit verschiedenen Schlägern gelöst werden.

• Eisen Nr. 8
• Pitching Wedge.
• Sandwedge.

→ Für jede Situation den individuell besten Schläger wählen lernen.

311

Hoch und tief: Aus bewusst verschieden gewähltem Gelände (hohes Gras, Bunker, tiefes Gras) wird versucht, ein gemeinsam vereinbartes Ziel zu treffen.

• Alle Schläge immer mit demselben Schläger.
• Alle Schläge mit verschiedenen Schlägern.

→ Jede Situation ist anders – angepasst handeln!

312

Spielen wie er liegt: Es werden einige Bälle ins Gras geworfen. Jeder Ball muss so gespielt werden, wie er liegt.

• Einfacher Schlag: Auf der Ebene.
• Schwieriger Schlag: In Hanglage, im hohen Gras …

→ Beurteilung verschiedener Situationen und diesen Situationen angepasste Schlägerwahl üben.

313

Umgekehrt: Der Ball wird bewusst so gelegt, dass man ihn mit der gewohnten Aushol- und Schwungbewegung nicht schlagen kann. Wie kann dieses Problem gelöst werden?

• Rücken gegen das Ziel: Stand so wählen, dass der Ball rechts vom Körper liegt; dann einhändigen Schlag rückwärts ausführen.
• Andere Varianten ausprobieren.

→ Notsituationen meistern! Diese Situation könnte z.B. auch mit einem «linken» Schläger gelöst werden, sofern man dies kann! Vgl. dazu Kap. 1.6: beidseitiges Golf.

314

3.3 Annähern

Das Spiegelei: Stell dir den Golfball im Bunker als Eigelb eines Spiegeleis vor. Versuche, das ganze Ei und nicht nur das Eigelb (sprich Ball) aus dem Bunker zu schlagen.

• Mit verschiedenen Schlägern ausprobieren.

→ Für alle Spielstärken geeignet. Zwingt, nicht den Ball zu schlagen, sondern durch den Sand zu schlagen.

315

Spuren schlagen: Es werden zwei parlallele Linien im Abstand von 30 cm in den Sand gezeichnet. Diese Linien müssen im rechten Winkel zum Ziel liegen.

• Versuche mit einem Wedge eine Spur von Linie zu Linie zu schlagen.
• In gleicher Weise zehn 10 Bälle aus dem Sand schlagen.

→ Kann auch als Rhythmusübung ausgeführt werden. Ziel ist, den Ball *mit dem Sand* aus dem Bunker schlagen.

316

Tee aus dem Sand: Der Ball wird im Bunker aufgeteet. Versuche beim Schlag nicht den Ball sondern das Tee (unter dem Ball) aus dem Sand zu schlagen.

• Mit verschiedenen Schlägern.

→ Verbessert das Gefühl, mehr Sand wegschlagen zu können.

317

Durch den Sand: Versuche den Sand Wedge derart durch den Sand zu schwingen, dass er nicht hängen bleibt, aber dennoch Sand wegfliegt.

• Ohne Ball.
• Mit Ball.

→ Diese Übung verbessert das Distanzgefühl zum Ball.

318

Kurz und flach: Der Ball soll in einer kurzen Flugbahn (nicht hoch, nicht weit) fliegen. Stelle dir die Schwungbahn des Schlägers wie ein «V» vor: steil hinunter und wieder steil hinauf.

• Zuerst ohne, dann mit Ball.
• Mit verschiedenen Schlägern (Pitching- und Sand Wedge).

→ Verbessert das Ballgefühl und das Selbstvertrauen.

319

3.3 Annähern

Hoch und weit: Der Ball soll in einer längeren Flugbahn (hoch und recht weit) fliegen. Versuche dir vorzustellen, dass dein Ball über einen Fluss fliegt und hinter dem entfernten Ufer landet. Führe die Schwungbahn des Schlägers wie ein «flaches U» aus: steil hinunter, dann im flachen Bogen nach vorne und wieder steil hinauf.

• Zuerst ohne, dann mit Ball.

⟶ Zeichne die Kurve in den Sand.

320

Brett-Bunkerschlag: Bei immer wiederkehrenden Schwierigkeiten im Bunker ist es möglich, ein Brett als Hilfsgerät einzusetzen. Schütte Sand auf ein Brett und schlage den Ball vom Brett.

• Zuerst Schwung ohne Ball.
• Dann Schwung mit Ball.

⟶ Verbessert das Gefühl für das Aufschlagen im Bunker und stärkt das Selbstvertrauen.

321

Schlaggefühl: Führe verschiedene Schwünge im Sand aus. Schließe einmal das Schlägergesicht, dann öffnest du es wieder. Wie verändert sich die Flugbahn?

• Ohne Ball.
• Mit Ball.

⟶ Vergleiche die Stellung des «Schlägergesichtes» mit der Flugbahn des Balles. Welche Schlüsse ziehst du daraus?

322

Schläger fixieren: Spiele Bälle aus dem Bunker. Das Ziel der Übung ist es, den Ball aus dem Sand zu schlagen und den Schläger immer in der gleichen Endstellung zu halten.

• Mit verschiedenen Schwungstärken.
• Auch mit Eisen 5 bis 8 probieren.

⟶ Auch mit Video- oder Partnerkontrolle.

323

Sand-Schlag: Stelle dir vor, wie weit dein Ball aus dem Bunker fliegen soll (3 m, 8 m, 15 m ...?). Hole aus und versuche, (einen Schläger voll) Sand in der gewünschten Distanz zu spielen. Nachdem dir dies gelungen ist, spielst du einen Ball mit der genau gleichen Vorstellung: «Ich spiele nicht den Ball, sondern Sand auf mein vorgestelltes Ziel».

⟶ Selbstvertrauen; Mut zum Durchziehen im Bunker.

324

3.4 Einlochen

Selbsterkenntnis ist der beste Weg …
Es ist verständlich, dass Anfängerinnen und Anfänger lieber lange Bälle spielen und sich von der Faszination des Ballfluges beeindrucken lassen wollen. Wer jedoch später, trotz eines ausgezeichneten Abschlages, auf dem Green mehrere Schläge braucht, bis der Ball endlich den Weg ins Loch findet, wird motiviert sein, auch das Einlochen systematisch zu üben und dadurch zu verbessern.

Putten ist überall möglich
Während für das Abschlagen und Annähern spezielle Übungsanlagen notwendig sind (u.a. auch «alternative Spielanlagen, vgl. Kap. 6.1 und 6.2), lässt sich das Putten auf vielfältige Weise üben. Im folgenden Teil werden verschiedene Formen vorgestellt.

Üben, üben, üben … oder Lernen durch Erfahrung!
Die Einsicht über die Bedeutung des Einlochens steigt mit zunehmender Spielerfahrung. Diese Erfahrung kann man nicht lernen, man kann sie nur selber machen! Und mit dieser Erfahrung kommt auch die Einsicht, dass Putten gelernt und dadurch vebessert werden kann. Merke:

Putten ist lernbar!

3.4 Einlochen

Puttingkreis: 10 Bälle werden rund um das Loch platziert. Nun gilt es, möglichst viele dieser Bälle einzulochen.
- Je nach Können, Zustand des Greens und Treffererfolg wird der Kreisradius zusehends vergrößert: 30 cm – 1 m – 2 m …
- Wie viele Treffer gelingen in Serie?
- Zu zweit: A darf so lange einputten, bis er nicht mehr trifft. Dann kommt B an die Reihe. Wer trifft besser?

(!) Stellung zum Ball beachten.

325

Puttingkette: 10 Bälle werden aus unterschiedlichen Distanzen zum Loch eingelocht. Die gewählten Abstände werden dem Können und dem Zustand des Greens angepasst.
- Auf ebenem Gelände.
- Auch in leichter Schräglage Bälle platzieren.
- Wie viele Bälle können in Serie eingelocht werden?
- Als kleines Wettspiel: Wer schafft die meisten Treffer in Serie?

(→) «Dreieck» Schultern – Hände fixieren.

326

3er-Wertung: Vor und hinter dem Loch wird ein Tee oder eine Markierung gesetzt. Es gilt, 3 Bälle aus einer Distanz von 2 – 3m einzulochen oder mindestens innerhalb der Markierungen zu platzieren. Ein eingelochter Ball zählt 3 Punkte. Wenn der Ball das Loch trifft und zwischen dem Loch und dem hinteren Tee stehen bleibt, ergibt dies 2 Punkte. Stoppt der Ball vor dem Loch aber hinter der näheren Marke, ergibt dies einen Punkt.

(→) Schulung des Distanzgefühls.

(!) Bei kurzen Bällen einen kürzeren Griff wählen.

327

Ballbild: Es wird versucht, mit 10 Bällen ein Loch anzuspielen, jedoch ohne auf das Loch zu schauen. Nach 10 Schlägen wird das «Ballbild» bewertet: je näher die Bälle beim Loch und beieinander liegen, desto besser ist das Resultat.
- Gleiche Übung, aber ohne Loch. Die Distanz wird mit dem ersten Ball selber gewählt. Wer schafft das schönste Bild (Kreis, Dreieck, Schwarm …?

(!) Blick möglichst lange auf den Ball fixieren; erst nach dem Schlag den Blick langsam zum Loch richten.

328

Green lesen lernen: Auf einer leichten Hanglage wird auf dem Green im Abstand von ca. 4 m zum Loch oder zu einem anderen Ziel (Ball, Gegenstand) ein Schläger genau in Richtung Ziel gelegt. Die Schlägerrichtung entspricht der Schlagrichtung.
- Schräglage und Distanzen variieren.
- Den Ball ansprechen, Augen schließen und «blind» spielen.
- Nach dem Schlag sagen, ob der Ball gut oder schlecht ist.

(!) Immer das Green «lesen», bevor geputtet wird!

329

3.4 Einlochen

Blind-Putt: Im Abstand von ca. 40 cm zum Loch 5 Bälle blind putten: Beim Ausrichten die Augen offen halten, einen Probeschwung ausführen, Ball ansprechen und Augen schließen, Ball einlochen. Gelingen 4 der 5 Bälle, wird der Spielkreis um 10 cm vergrößert.

• Auch als Gruppenwettbewerb.

→ Kopf fixieren: Der Kopf darf den Ball nicht mitbegleiten! Lösen des Augenkontaktes zum Ziel.

330

Fingerspitzengefühl: Einen Golfball mit gestrecktem Arm in einen Sektor rollen und sich dabei besonders auf die Pendelbewegung bzw. den dosierten Schwung des Armes konzentrieren.

• Hand-Putt-Wettbewerb: Wer trifft aus … m am besten (mit der linken und mit der rechten Hand ausprobieren!).
• Kombi-Wettbewerb: Einmal mit der Hand; einmal mit dem Putter.

→ Schulung des Körpergefühls.

331

Putter-Gefühl: Aus verschiedenen Distanzen und in verschiedenem Gelände das Schlaggefühl üben.

• Voraussagen: Ich putte 1 m, 50 cm … vor/hinter die Fahne.
• Bewusst zu lange, bzw. bewusst zu kurz putten.
• Schlagen, Augen schließen und sagen, wie weit bzw. wie genau der Ball (gefühlsmäßig) gerollt ist.

ⓘ Auf die Pendelbewegung achten; Blick lange auf den Ball gerichtet.

332

Einfallswinkel: Spiele Putts (immer 3 Bälle nacheinander) dem Gefälle des Greens entsprechend. Achte darauf, dass der Schlagwinkel bzw. die Schlagrichtung dem Gelände angepasst ist.

• Gerade Putts.
• Leicht schräger Winkel.
• Stark abfallende Linie.

→ Schulung des Gelände- und Linienlesens.

333

Putt-Marathon: Allein, zu zweit oder in der Gruppe: Nachdem man sich eingespielt hat, wird eine «sichere Distanz» vereinbart (z.B. 50 cm, 1 Schlägerlänge …). Jetzt beginnt der Putt-Marathon. Wem gelingt es, 42 Putts in Serie ohne Fehler zu spielen?

• Distanzen und Marathon-Zahlen erhöhen.

ⓘ Konzentrationsschulung.

334

3.4 Einlochen

Schlagroutine: Diese Übung ist als Vorbereitung gedacht. Es ist darauf zu achten, dass immer die gleiche Routine («Ritual») abläuft.

1 Zielen (Distanz schätzen, Stand zum Ball …).
2 Übungsschwünge ausführen, dann Ball ansprechen.
3 Ruhig aber mutig spielen.

! Eine immer gleiche Vorbereitung bringt regelmäßig gute Resultate (Ritual: ➔ Vgl. S. 35).

335

Zentrieren: Ziel der Übung ist es, den Ball auch bei unterschiedlichen Schwungstärken immer im Zentrum des Putters zu treffen.

• Ohne auf ein Loch zu zielen.
• Mit Ziel und Spiel auf das Loch.

➔ Verbessert das Rollen des Balles.

336

Gegensatzerfahrung: Damit du die Bahn des rollenden Balles besser verstehen und interpretieren kannst, versuchst du, eine Serie von Bällen mit dem Schlägerfuß zu schlagen und nachher eine Serie mit der Schlägerspitze. Merke dir die Erfahrungen.

• Zuerst kurze Putts nicht länger als 50 cm schlagen.
• Dann lange Putts über 100 cm ausführen.

➔ Schulung des Ballgefühls und Verstehen der Ballkurve bei unterschiedlichem Schlagimpuls.

337

1/3 zurück – 2/3 vor: Spiele 3 Serien zu 9 Bällen immer mit der gleichen Schwungstärke. 1/3 der gesamten Schwunglänge soll der Rückschwung betragen und 2/3 der Durchschwung.

• Ohne Spiel auf das Loch.
• Mit Spiel auf das Loch.

➔ Verbessert den Rhythmus der Pendelbewegung.

338

Dosierübung: Stecke ein Tee an das hintere Lochende und versuche, beim Einlochen das Tee zu treffen.

• Distanzen ändern mit verschiedenen Serien von kurz auf lang (höchstens 2 m)

➔ Verbessert das Distanzgefühl. Häufig sind die Putts zu kurz!

339

3.5 «Short-Game-Handicap» – Test

Das Geheimnis eines guten Resultats liegt nicht in besonders langen Drives, sondern im präzisen Kurzspiel. Wer mit Chip und Putt ein Par retten kann und sich keine drei Putts leistet, hat den Sieg schon halb in der Tasche.

Der Amerikaner Dave Pelz hat einen einfachen Test entworfen, der – vom Tour-Pro bis zum Anfänger – jedem Golfer aufzeigt, wie gut sein Spiel rund um das Green tatsächlich ist. Mit diesem Test ist es möglich, seine persönlichen Stärken und Schwächen zu erkennen.

Jede einzelne Übung ist nach Punktzahlen aufgeschlüsselt, die jeweils einem bestimmten Handicapbereich entsprechen. So lässt sich für jedermann sofort ersehen, ob die bei einer Übung erreichte Punktzahl seiner im Handicap ausgedrückten Spielstärke entspricht. Da die zehn ausgewählten Übungen nahezu alle Bereiche beim Spiel um und auf dem Green abdecken, erhält die Testperson detailliert Aufschluss darüber, welche Spielsituationen sie beherrscht bzw. wo Übungsbedarf besteht.

Ein zusätzlicher Reiz: Bei jeder Übung ist der Wert angegeben, den Tour-Pros in der Regel erreichen. Die Addition der Ergebnisse aus den zehn Übungen ergibt schließlich das persönliche «Short-Game-Handicap». Ist es besser als das tatsächliche Handicap, liegt die Schlussfolgerung nahe, dass Basisarbeit beim Schwung notwendig ist. Ist das «Handicap im kurzen Spiel» schlechter, gibt es Probleme im kurzen Spiel. Die genaue Analyse ergibt sich dann aus den Ergebnissen der jeweiligen Übung.

Berechnung des individuellen «Short-Game-Handicaps»:
Spiele die auf den folgenden zwei Seiten beschriebenen Spielformen und notiere die Resultate. Addiere die erreichten Punkte aus den zehn Übungen und suchen sie die Zahl unter «Score». Daneben findest du dein persönliches «Short-Game-Handicap».

(Aus: Golf-Journal, Mai 1994)

Score	Hcp	Score	Hcp	Score	Hcp
150	+ 8	83	8	42	24
145	+ 7	80	9	40	25
140	+ 6	77	10	38	26
135	+ 5	73	11	36	27
130	+ 4	70	12	34	28
125	+ 3	67	13	32	29
120	+ 2	63	14	30	30
115	+ 1	60	15	28	31
110	0	58	16	26	32
107	1	56	17	24	33
103	2	54	18	22	34
100	3	52	19	20	35
97	4	50	20	18	36
93	5	48	21	16	37
90	6	46	22	14	38
87	7	44	23	12	39

3.5 «Short-Game-Handicap» – Test

50-m-Wedge: Zehn Schläge

- 4 Punkte: Gelochter Ball
- 2 Punkte: Ein Meter und weniger zum Loch
- 1 Punkt: Ein bis drei Meter
- Tour-Durchschnitt: 10 Punkte

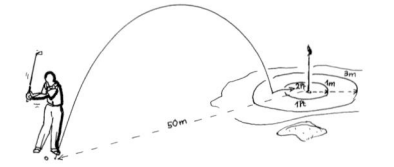

Score	Hcp
0-2	25+
2-4	25-15
4-6	15-8
6-8	7-3
8-9	2-0
9-12	Tour

330

25-m-Wedge: Zehn Schläge

- 4 Punkte   Gelochter Ball
- 2 Punkte: Ein Meter und weniger
- 1 Punkt: Ein bis drei Meter
- Tour-Durchschnitt: 13 Punkte

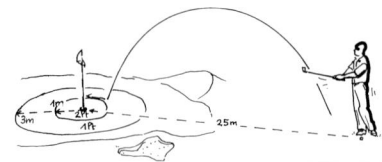

Score	Hcp
0-2	22+
2-5	22-12
5-7	12-6
7-10	6-2
10-12	2-0
12-16	Tour

331

10-m-Sandwedge: Zehnmal pitchen (nicht chippen!):

- 4 Punkte: Gelochter Ball
- 2 Punkte: Ein Meter und weniger
- 1 Punkt: Ein bis drei Meter
- Tour-Durchschnitt: 15 Punkte

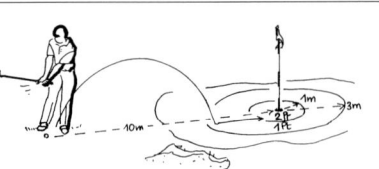

Score	Hcp
0-3	30+
3-6	30-17
6-8	17-10
8-10	10-15
10-13	5-0
13-17	Tour

332

7-m-Bunkerschlag: Zehn Schläge aus Grundbunker:

- 4 Punkte: Für jedes Einlochen
- 2 Punkte: Ein Meter und weniger
- 1 Punkt: Ein bis drei Meter
- Tour-Durchschnitt: 14 Punkte

Score	Hcp
0-2	22+
2-5	22-12
5-7	12-6
7-10	6-2
10-12	2-0
12-16	Tour

333

15-m-Bunkerschlag: Zehn Explosionsschläge aus Grünbunker:

- 4 Punkte: Für jedes Einlochen
- 2 Punkte: Ein Meter und weniger
- 1 Punkt: Ein bis drei Meter
- Tour-Durchschnitt: 12 Punkte

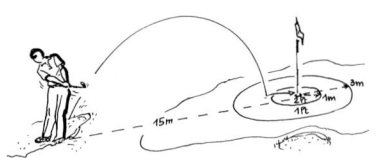

Score	Hcp
0-2	16+
2-5	16-6
5-7	6-3
7-9	3-1
9-11	1-0
11-15	Tour

334

3.5 «Short-Game-Handicap» – Test

Putten mit Break nach rechts: Wähle ein Green mit Gefälle nach links und nach rechts. Platziere 10 Bälle im 1-m-Abstand. Beginne mit dem Putt aus einem Meter Entfernung. Insgesamt 20 Putts:

- 1 Punkt: Für jeden gelochten Putt
- Tour-Durchschnitt: 6 Punkte

Score	Hcp	
0-2	30+	
2-3	30-24	
3-4	24-15	
4-5	15-7	
5-6	7-0	
6-9	Tour	

335

Putten mit Break nach links: Übungsanordnung wie oben; wiederum 20 Putts.

- 1 Punkt: Für jeden gelochten Putt
- Tour-Durchschnitt: 6 Punkte

Score	Hcp	
0-2	35+	
2-3	35-25	
3-4	25-18	
4-6	18-9	
6-7	9-0	
7-10	Tour	

336

Lange Puts: 3 Putts aus 12 Metern, 4 aus 15 Metern und 3 aus 18 Metern Entfernung auf einem ebenen Green. Score:

- 4 Punkte: Für jeden gelochten Putt
- 2 Punkte: Ein Meter und weniger
- 1 Punkt: Ein bis drei Meter
- Tour-Durchschnitt: 18 Punkte

Score	Hcp	
0-8	32+	
9-11	32-25	
11-13	25-17	
13-16	17-8	
16-18	8-0	
18-20	Tour	

337

Chip and run: Zehn Schläge vom Vorgreen aus 20 Metern.

- 4 Punkte: Für jeden gelochten Chip
- 2 Punkte: Ein Meter und weniger
- 1 Punkt: Ein bis drei Meter
- Tour-Durchschnitt: 18 Punkte

Score	Hcp	
0-6	30+	
6-9	30-22	
9-11	22-12	
11-14	12-5	
14-16	5-0	
16-20	Tour	

338

Kurzer Pitch: Zehn Schläge aus 15 Metern, zehn Meter Ballflug, fünf Meter rollen. Score:

- 4 Punkte: Für jedes Einlochen
- 2 Punkte: Ein Meter und weniger
- 1 Punkt: Ein bis drei Meter
- Tour-Durchschnitt: 16 Punkte

Score	Hcp	
0-3	33+	
3-5	33-20	
5-7	20-12	
7-9	12-7	
9-14	7-0	
14-17	Tour	

339

133

3.6 Kleine Spiele für Kinder

Kinder lernen leicht

Wenn etwas als «kinderleicht» bezeichnet wird, dann steckt die Idee dahinter, dass das, was getan werden soll, ganz einfach erscheint. Wenn man Kindern beim Lernen von Bewegungen zuschaut, dann bekommt man tatsächlich oft das Gefühl, dass sie etwas «auf Anhieb» lernen. Während Erwachsene vieles hinterfragen, packen die Kinder einfach zu.

Hier liegt die Chance im Unterricht mit Kindern. Sie lassen sich durch vielseitige und kindgemäße Formen zum spielerischen Handeln herausfordern. Mehr noch: Sie wollen es selber lernen, selber entdecken.

Kindgerechter Unterricht …

- befriedigt den Bewegungs- und Entdeckungsdrang der Kinder,
- bietet viele Lerngelegenheiten an, welche die Entwicklung eines breiten Bewegungsrepertoirs ermöglichen,
- bietet herausfordernde Lerngelegenheiten an,
- fördert gegenseitiges Beobachten zu zweit in Form von einfachen, klaren Beobachtungsaufgaben,
- pflegt Formen des Spürens und des Sich-selbst-Beobachtens,
- motiviert durch geschickte Aufgabenstellungen und Herausforderungen,
- weckt das Interesse und motiviert dadurch zum Üben,
- passt das Lerntempo den Voraussetzungen jedes einzelnen Kindes an,
- stellt nicht isolierte Bewegungen, sondern Handlungszusammenhänge ins Zentrum.

Kindgerechte Spiel- und Übungsformen

Kinder wollen sich nicht nur bewegen; sie wollen auch etwas Sinnvolles tun.

Jedes Kind hat seine eigenen Vorstellungen, Erwartungen und «Beweg-Gründe», auch wenn sie Golf spielen (➜ Vgl. dazu Kap. 1.1 «Beweg-Gründe» zum Golfspielen, S. 10 ff.). Dies sollte im Unterricht angemessen berücksichtigt werden.

Kinder möchten selber lernen. Das folgende Zitat von Maria Montessori sollte für den Unterricht mit Kindern wegleitend sein.

Hilf mir, es selbst zu tun!

Baseballschläger I: Die Kinder stehen auf einem normalen Spielplatz ca. 30 m auseinander. Der Golf-Pro gibt ihnen einen Baseballschläger mit der Aufforderung: «Führt damit nach meinem Beispiel (Aushol-Durchschwungübung) einige Luftschläge aus. Versucht von einem Baseballtee (aufgesteckter Gummischlauch o.Ä.) Tennisbälle zu schlagen. Trefft ihr die Bälle? Fliegen sie weit? Fliegen sie gerade? Wo liegen die Schwierigkeiten?»

→ Die Bewegungsverwandtschaft Baseballschlag-Golfschlag unterstützt das Erlernen des Bewegungsmusters.

! Pro als Lernberater!

340

Baseballschläger II: Nimm dein Holz 3 in die Hände. Stell dir beim Schlagen vor, dass du mit einem Baseballschläger Luftschläge ausführst. Wichtig bei dieser Übung ist, dass der Handrücken der rechten Hand am Schluss des Schwungs nach oben zeigt.

• Mit verschiedenen Schlägern probieren.
• Zeichne zu Hause diesen Schlag auf ein Blatt Papier auf.

→ Verbessert die Bewegungsvorstellung und bildet für die (später sehr wichtige) Schlägerkopfgeschwindigkeit eine gute Voraussetzung.

341

Grundschlag I: Versuche mit deinem Holz 1 einen Golfball von einem Tee, das ca. auf Hüfthöhe montiert ist, zu schlagen. Die Ausholbewegung soll ähnlich der Übung 341 sein. Wenn du dich nur auf den Schwung und nicht auf den Ball konzentrierst, dann triffst du sicher. Wetten?

• Wichtig: Versuche dir vorzustellen, *durch* den Ball zu schlagen.

⊙ Automatisiert den Grundschwung ohne das Fixieren der Augen auf den Ball. Das Tee muss vom Pro montiert werden, z.B. auf einem verstellbaren Ständer o.Ä.)

342

Grundschlag II: Jetzt schlägst du den Golfball, der ungefähr auf Kniehöhe aufgeteet ist. Dabei nimmst du dein Eisen 5. Dein Körper ist jetzt automatisch ähnlich einem Skifahrer nach vorne gebeugt. Schlage ganz locker *durch* den Ball. Es ist nicht dein Ziel, den Ball weit zu schlagen sondern *durch* den Ball zu schlagen. Du wirst sehen, du triffst ihn wieder automatisch!

→ Der Pro kontrolliert die Ansprechposition und die Körperstellung. Trifft das Kind den Ball recht gut, dann weiter zu Übung 344!

343

Grundschlag III: Der Ball wird jetzt auf einen Gummi in der Driving Range aufgeteet. Jetzt schlägst du mit dem Eisen 7 genau mit der gleichen Bewegung wie bei Nr. 343. Damit dies möglich ist, musst du dich jetzt noch mehr nach vorne beugen. Auch jetzt ist wieder das Ziel, *durch* und nicht auf den Ball zu schlagen.

• Schläge mit kleineren Eisen, z. B. 8 oder 9, spielen.

→ Ein anderes Kind kontrolliert z.B. die Ansprechposition, die Körperstellung, die Höhe der Ausholbewegung usw.

344

Der große Wurm: Die Kinder überspielen ein Hindernis, z.B. einen Kriechtunnel. Dabei soll der Ball nicht mehr als 3 m weiter rollen.

• Mit verschiedenen Schlägern
• Mit verschiedenen Bällen

→ Kurzes Überspielen eines Hindernisses mit möglichst kurzem Rollweg.

345

Via Hula-Hop ist top: Die Kinder versuchen, auf dem Chipping-green aus verschiedenen Lagen via den Hula-Hop-Reifen auf dem Vorgreen die Fahne zu treffen. Welches Kind trifft von einer vorgegebenen Position mit 5 Bällen den Ring am häufigsten?

• Einfach: aufwärts spielen; schwierig: aus gleicher Ebene spielen; sehr schwierig: von oben durch die Ringe spielen.

→ Die Idee «Chip-and-run» soll auf dem Übungsgelände ausprobiert werden.

346

Das Sektorenspiel: Die Kinder spielen aus verschiedenen Distanzen und Lagen (von einfach zu schwer) zur Fahne. Die Fahne wird mit drei Sektoren belegt. Treffer ins Loch gibt 5 Punkte. Ball im innersten Kreis: 3 Punkte. Ball im zweiten Kreis: 2 Punkte. Ball auf dem Green: 1 Pkt. Jedes Kind hat aus jeder Distanz je 3 Bälle.

→ Kann als kleiner Wettkampf für Junioren aufgezogen werden.

347

Asterix und andere: Comic-Figuren aus Sagex (vergrößert und farbig gestaltet) müssen getroffen werden.

• Je 5 Bälle aus gleicher Lage, aber mit unterschiedlicher Distanz.
• Die Lage wird geändert, die Distanz immer gleich gelassen.
• Stelle dir vor, wie dein Treffer sich anhört.
• Triffst du so genau, dass die Figur umfällt?

→ Kann auch auf einem normalen Platz gespielt werden.

348

Asterix und sein großes Maul: Wie Übung «Asterix und andere», nur haben die Asterixfiguren einen großen offenen Mund (groß = mindestens 20 cm Durchmesser). Das Kind versucht den Ball in den Mund zu spielen.

→ Die Zielgenauigkeit soll verbessert und die Schlagdosierung erfasst werden.

! Am Rand des Greens stecken!

349

3.6 Kleine Spiele für Kinder

Der Bauch von Obelix: Am Rand des Green liegt Obelix (als Sagexfigur). Er muss überspielt werden.

• Alle Kinder spielen nur mit dem Pitching Wedge.
• Der Ball soll den Bauch des Obelix knapp (nicht) berühren.
• Alle Kinder versuchen es mit dem Sand Wedge und erklären, warum ein Unterschied zwischen den beiden Schlägern besteht.

→ Das Anheben des Balles erleben.

350

Fisch im Netz: Gelingt es, den Ball ins kleine Netz zu chippen?. Stellt euch vor dem Schlag vor, wie der Ball im Netz «zappelt».

• Aus verschiedenen Distanzen.
• Mit verschiedenen Schlägern.

→ Grundtechnik verfeinern; Griffhaltung schulen.

→ Auf normalem Rasenplatz oder in der Halle (vgl. dazu Hallen-Driving-Range, S. 91).

351

«Hula-Top»: Wor trifft durch die schräg aufgestellten Hula-Hop-Reifen?

• Wie «Fisch im Netz» mit verschiedenen Ausrollstrecken, die z.B. durch ausgelegte Seile markiert sind.
• Mit verschiedenen farbigen Tees, die angespielt werden müssen.
• Stell dir die Flugbahn durch den Reifen vor!

→ Schwungvarianten erleben lassen. Ist auf allen Kinderspielplätzen möglich. In Hallen auch Soft- oder Lochbälle verwenden

352

«Chip in one»: Chipping aus verschiedenen Distanzen zur Fahne. Wird ein «Hole in One» gespielt, darf sofort die Distanz geändert werden.

• Die Kinder spielen je 3 Bälle aus der gleichen Lage und wechseln nachher selber die Distanz.
• Die Lage wird geändert, die Distanz immer gleich gelassen.

→ Distanzen besser erfassen und Zielgenauigkeit verbessern.

❗ Kann auch auf normalem Platz gespielt werden.

353

Ballon-Treffer: In einer dem Können der Kinder angepassten Distanz werden einige aufgeblasene Ballone an einem Gitter oder an der Wand befestigt. Gelingt es, einen Ballon zu treffen? Platzt er sogar?

• Distanzen und Schläger beliebig variieren.

→ Treffsicherheit verbessern.

354

137

Hand-Schlag: Die Kinder knien. Sie spielen – mit der Hand als Putter – den Ball und erleben, wie sich der Ball verhält.

- Mit der rechten und mit der linken Hand ausführen.
- Die linke Hand fixiert den rechten Unterarm während des Schlages.

→ Ursachen der Richtungsänderungen erleben und verstehen.

355

Steifer Hand-Schlag: Wie oben, aber jetzt konzentrieren wir uns auf ein steifes Handgelenk während des Schlages.

- Welchen Weg macht der Ball, wenn ich ihn «schneide», damit er sich in irgendeine Richtung dreht?
- In welche Richtung dreht der Ball und warum?
- Was muss ich tun, damit sich der Ball nicht dreht?

→ Was bedeutet der Begriff «Square»? (= senkrecht zur Schlag- bzw. Zielrichtung).

356

Holz-Putter: Die Kinder bringen ein kleines Holzbrettchen oder einen alten, abgesägten Tischtennisschläger von zu Hause mit. Mit diesem Brettchen wird jetzt geputtet.

- Beobachte zuerst die Stellung des Holzbrettes, schlage ruhig … und beobachte, in welcher Richtung der Ball rollt.
- Versuche es auch mit geschlossenen Augen.

→ «Square» (= senkrecht zur Schlag- bzw. Zielrichtung) an einem anderen Medium erleben lassen. Die Kinder staunen jeweils, wenn sie den Impuls erleben.

357

Putter-Handschlag: Halte den Putter mit der linken Hand auf halber Höhe des Schlägers und schlage dann mit der rechten Hand gegen den Putter.

- Wie muss der Schläger gehalten werden, damit der Schlägerkopf in die «square»-Position kommt?
- Den Ball mit dem Kopf bzw. dem Fuß des Schlägers treffen.

→ Durch Gegensatzerfahrungen zum richtigen Verhalten führen: Den Ball absichtlich mit dem Fuß bzw. mit dem Kopf des Schlägers spielen.

358

Schulter-Pendeluhr: Die Kinder klemmen ihren Putter mit verschränkten Armen. Jetzt bewegen sie einen Putter wie ein Pendel einer großen Uhr: nur die Schultern bewegen sich; das Uhrengehäuse (der Körper) bleibt ganz ruhig stehen.

- Gegenseitig beobachten: Bleibt das Uhrengehäuse ruhig?
- Welche Uhr muss dem Uhrenmacher gebracht werden?

→ Mit Bildern lernen!

→ Durch taktiles Erfahren die Pendelbewegung stabilisieren.

359

Putter-Metronom: Die Kinder pendeln ihren Putter zwischen zwei Gegenständen (Steine, Sporttaschen, Stühle o.Ä.). Mit dem Rhythmus des Metronoms berühren sie den Gegenstand regelmäßig links und rechts.

• 10 Bälle in eine Reihe legen und diese im oben gelernten Rhythmus hintereinander spielen.

⊖ Zu zweit: A klatscht den Metronom-Rhythmus, und B schwingt den Putter.

360

Präzisions-Rasenmäher: Die Kinder führen bzw. pendeln in korrekter Putterhaltung den Schläger knapp über das Gras. Der Schläger berührt das Gras ganz knapp; die Grasspitzen werden leicht bewegt (Selbst- und Partnerkontrolle).

• Blind: Während des leichten Pendelns mit dem Putter sich langsam an das Gras herantasten. Spürst du das Gras?

⊖ Die Kinder sollen sich oft gegenseitig kontrollieren, denn auch durch Beobachten kann gelernt werden! Konkrete Beobachtungsaufgaben erteilen!

361

Putter-Statue: Den Putter vor die Füße legen und dann die Augen schließen. Auf Kommando den Putter aufnehmen, in Schlagposition gehen und den Putter mit dem richtigen Griff fassen. Wer glaubt, richtig zu stehen bzw. den Putter richtig zu halten, bleibt wie eine Putter-Statue «versteinert» stehen und öffnet die Augen. Gegenseitig die Stellung begutachten und, wenn nötig, korrigieren.

⊖ Griffgefühl schulen und Fairness üben.

⊖ A darf die Putter-Statue B formen, bis sie richtig steht. Gegengleich.

362

Gut gezielt ist halb getroffen: Damit die Kinder erleben, wie wichtig das Ausrichten der Füße für das Putten (und alle anderen Schläge) ist, legen sie den Putter so vor ihre Fußspitzen, dass er zum Ziel zeigt.

• Gegenseitig und selber kontrollieren: Hinstehen, Schläger hinlegen, dann wegstehen und von hinten die Richtung kontrollieren.

→ Gegenseitig und sich selber kontrollieren lernen: Vgl. Kap. 1.3 «Fehler und Fehlerkorrektur»).

363

Richtungskontrolle: Zu zweit: A legt auf dem Puttinggreen den Ball in irgendeiner Distanz zum Loch bereit. B legt seinen Schläger und den Schläger von B in die «gedachten» Puttlinie auf dem Green Richtung Loch. Dann wird die Lage bzw. Putt-Richtung gemeinsam kontrolliert, diskutiert und – wenn nötig — verbessert. Wechsel. B macht bewusst einen Fehler. Findet A den Fehler heraus?

(!) Aus Fehlern kann man lernen!

364

139

Großes Ziel: Die Kinder versuchen aus etwa 2 m ein großes Loch zu treffen (als Ziel z.B. einen Plastikeimer, die Hälfte eines großen Gummiballes … eingraben) . Gelingt dies aus verschiedenen Distanzen, dann auf Kegel oder ähnliche Gegenstände spielen.

• Jeweils verschiedene Distanzen wählen.
• Durch eine Kegel- oder Ballgasse spielen.

⟶ Für Anfänger sind solche Ziele ideal.

365

Boccia-Putting: Gleich einem Bocciaspiel spielen die Kinder verschieden farbige Bälle. Das kleinste oder jüngste Kind darf den Ballino setzen. Nach fünf Durchgängen werden die Partner gewechselt.

• Auch als Einzelwettspiel möglich.

⟶ Förderung des Teamgedankens, der auch im Golfsport schon bei den Kindern gefördert werden kann.

366

Riesenlöcher: Die Kinder chippen in einen entzweigeschnittenen, eingegrabenen Medizinball. Die Möglichkeit eines Hole in one wird dadurch verbessert. Kann auch als Fun-Spielform für die Anfänger auf dem Gelände verwendet werden.

• Auf schwierigem Gelände (Hanglage) kann diese Form zu großen Erfolgserlebnissen führen.

⟶ Vergrößert das Erfolgserlebnis. Kann auch aufbauend für relativ schwach spielende Kinder eingesetzt werden.

367

Tennisball-Chipping: Die Kinder werfen (mit beiden Händen haltend) Tennisbälle Richtung Ziel. Gelingt der Bewegungsablauf, dann soll dasselbe mit einem Pitching Wedge versucht werden. Die Kinder erleben die Flugkurve des Balles auf diese Art noch besser.

• Als Variante Schweifbälle werfen und schlagen.

⟶ Schulung der Bewegungsverwandtschaft und Motivation, auch kürzere Schläge zu üben.

368

Abschlagen auf verschiedenen Höhen: Jedes Kind wählt einen Schläger aus. Es versucht mit einem sauberen Grundschlag die verschieden hoch aufgeteeten Bälle geradlinig zu schlagen. Wichtig ist nicht die Weite, sondern die Schlagrichtung (Richtung, z.B. «Richtung großer Baum» sollte vorgegeben werden) . Wer hätte den Baum getroffen, wenn der Ball weiter geflogen wäre?

(!) Üben der Differenzierungsfähigkeit. Schulung der Einsicht, dass nicht nur die Weite, sondern vor allem gerade Schläge von Bedeutung sind.

369

Kapitel 4

Auf dem Golfplatz

Jetzt geht's «richtig» los!

Mit dem Erreichen der Platzerlaubnis oder Platzreife ist ein erster, wichtiger Schritt getan: die Grundschläge sind gelernt und die notwendigen Etiketten- und Regelkenntnisse vorhanden. Jetzt kann bzw. darf «richtig» Golf gespielt werden.

Mit möglichst wenig Schlägen ins Loch

Nun beginnt beim Golfsport erst das eigentlich Faszinierende, nämlich einen Ball mit möglichst wenig Schlägen in ein bestimmtes Loch zu spielen. Damit verbunden ist das Streben nach einem (immer niedrigeren) Handicap.

Dank speziellen Golf-Spielregeln (z.B. Stableford) ist es möglich, viel stärker Spielende zu einem Wettspiel herauszufordern und vielleicht sogar zu besiegen!

Doch diese Motivation ist nicht die wichtigste. Im Golf gilt es, wie wohl in keiner anderen Sportart, sein eigenes Resultat bzw. Handicap zu verbessern.

Golfspiel – ein «Lebensspiel»

Golf setzt Ehrlichkeit, Fairness und gegenseitige Toleranz voraus. Das Golfspiel ist in einem gewissen Sinn ein «Lebensspiel». Wie das Leben sollte auch das Golfspiel Lust, Freude und Spaß machen.

Golfanlagen können auch Übungsanlagen sein

Für viele Golfspielende zählen nach dem Abschlag vom ersten Tee nur noch Wettkampf, Regeln und Etikette, selbst wenn es sich nicht um ein Turnier mit allem «Drum und Dran» handelt. BLANCHARD fordert in seinem Buch «Der Minuten-Golfer» die Golfspielenden dazu auf, ab und zu eigene, individuell angepasste Spielregeln und Spielformen zu kreieren bzw. anzuwenden, sofern dies die Umstände erlauben.Es ist in jedem Fall darauf zu achten, dass durch zusätzliche Übungsformen, welche auf dem Golfplatz durchgeführt werden, der Spielfluss anderer Flights weder verzögert noch gestört wird.

Eigene Spielformen entwickeln

Es könnte z.B. als «Vereinbarung» unter Spielenden folgende Regelung gelten: Es wird immer mit zwei Bällen gespielt, wobei der erste (oder der zweite) als Übungsball gespielt und nicht gezählt wird.

In diesem Sinn sind die Anregungen im ganzen Kapitel 4 gedacht: Ab und zu auch üben – nicht immer «nur» spielen! Viel Spaß beim Spielen und beim Üben, sei es als Loch-, Zähl- oder als «Nur-Übungs-Spiel».

Mit Freude spielen

Eine positive Haltung (Mimik, Gestik) gepaart mit einer beständigen Schlagroutine beeinflusst auch das positive Denken. Werden diese beiden Voraussetzungen miteinander verbunden, dann wird sich – früher oder später – ein erfolgreiches Golfspiel einstellen.

Als Leitsatz beim Spiel auf dem Golfplatz sollte gelten:

positiv denken!

Inhaltsverzeichnis

4.1 Aufwärmen – Abschlagen 144

4.2 Annähern 148

4.3 Aus dem Bunker 152

4.4 Einlochen 155

4.1 Aufwärmen – Abschlagen

Aufwärmen ... und erst dann Abschlagen!
In jedem Fall sollte dem Aufwärmen genügend Beachtung geschenkt werden. Oft ist es aus verschiedenen Gründen nicht möglich, sich in aller Ruhe auf der *Driving Range* einzuspielen und vorzubereiten.

Ein guter Abschlag ohne Über- und Fehlbelastungen des Bewegungsapparates ist nur möglich, wenn der Körper genügend vorbereitet, d. h. *aufgewärmt* ist. Wir verzichten in diesem Kapitel auf eine Übungsanleitung und verweisen auf das Kapitel Aufwärmen auf den Seiten 106 ff.

Das «Besondere» des Abschlages
Für viele Golfspielende bedeutet ein gelungener Abschlag das A und O für ihr Selbstvertrauen. Es ist deshalb wichtig, diesen Moment physisch und mental gut vorzubereiten.

Nach dem Aufwärmen und dem Einspielen auf der Driving Range erfolgt vor dem Abschlag ein individuelles Ritual. Es kann z. B. folgende Schritte enthalten: Ball sorgfältig und an einer geeigneten Stelle aufteen, hinter den Ball stehen und das Fairway beobachten, Ausgangsposition einnehmen, nochmals die Richtung kontrollieren, Ball ansprechen, ruhig ausholen und abschlagen.

Nimm dir genügend Zeit für dieses wichtige Ritual, insbesondere beim ersten Abschlag.

Merke:

> Nur *deine* Routine mit *deinem* Rhythmus
> führt zu deinem Erfolg!

4.1 Abschlagen

Abschlagvariationen

Warming-up-Pendelschwung: In korrekter Bereitschaftsstellung einen Schläger in der Ebene der Aushol- bzw. Schlagbewegung in einem regelmäßigen Rhythmus hin- und her pendeln, ohne vorne oder hinten anzuhalten.

• Pendelschwünge auch mit zwei Schlägern ausführen.

→ Gut geeignet zum Aufwärmen.

380

Richtig stehen: Vor dem Schlag beim Ansprechen des Balles Schritt für Schritt die Ausgangsstellung einnehmen; evtl. durch den Partner kontrollieren lassen..

• Schulterstellung, Standbreite, Fußstellung, Kniebeugung …
• Zu zweit: A geht in die Ausgangsstellung, B beobachtet und kommentiert.

→ Das Körpergefühl verbessern, z.B. durch Kontrolle von bestimmten Aspekten.

381

Ausrichten: Hinter den Ball stehen und eine imaginäre Verbindungslinie zwischen Ball und Ziel ziehen. Einen markanten Punkt ca. 50 cm vor oder hinter dem Ball festlegen, der auf dieser Linie liegt.

(!) Oft befindet sich diese Linie nicht im 90⁰-Winkel zu den seitlichen Markierungen des Abschlages.

→ Gibt Sicherheit für die Richtung beim Abschlag.

382

Coca Cola-Rhythmus: Zuerst ohne Ball: Ausgangsstellung einnehmen und ausholen. Beim Rückschwung (für sich) sprechen. «Coca!» und beim Vorschwung: «Cola!»
• Eine persönliche Lieblingsmelodie in diesem Rhythmus summen.
• Ryhthmus untermalen mit : «Tam!» (= Rückschwung) – «ta!» (= Umkehrpunkt) – «tamm!» (= Vorschwung bzw. Abschlag).

→ Schulung des Rhythmusgefühls.

383

Spiegelbild: Gegenüber einem Spiegel stehen und während eines Schlages einzelne Bewegungsmerkmale bewusst beobachten. Z.B.: Wie stark bewegt sich der Kopf seitwärts? Wie lange bleibt der eine Arm gestreckt? Wie stehe ich nach dem Schlag usw.

• Bewegungsablauf zuerst in Zeitlupe ausführen.

→ Bewegungsvorstellung bewusst machen und dadurch verbessern.

384

145

Gute Strategie: Um ein 330 m langes Par 4 zu bewältigen, spielst du wie folgt: Nimm einen Schläger, mit dem du normal 150 m spielst, und versuche in 3 Schlägen das Green zu erreichen, ohne den Schläger zu wechseln. Falls du mit 2 Putts einlochst, hast du Bogey gespielt. Für die ganze Runde würde das Handicap 18 bedeuten; wäre das nicht super?

→ Lege dir vor jedem Spiel eine kleine Strategie zurecht. Es ermöglicht bessere Resultate bei einem Wettkampf.

385

3-Bälle-Abschlag: Spiele bei jedem Abschlag mit 3 verschiedenen Schlägern, z.B. Holz 1, Holz 5 und Eisen 5. Notiere bei jedem Loch den Schläger des besten Balles.

• Wähle beim nächsten Turnier nur noch den erfolgreichsten Schläger für den Abschlag!

→ Die Schlägerwahl für den ersten Abschlag sollte schon auf der Driving Range, vor Beginn der Runde, getroffen sein.

386

Abschlagstandort: Spiele bei jedem Abschlag 3 Bälle mit dem gleichen Schläger je einmal links, einmal in die Mitte und einmal rechts vom Abschlagfeld. Überprüfe danach die beste Möglichkeit und notiere sie dir.

→ Du solltest schon vor dem Abschlag wissen, von welcher Stelle aus du den Ball schlagen willst.

387

4 Schläger-Wettkampf: Bestimme 4 Schläger deiner Wahl, z.B. Holz 5, Eisen 7, PW und Putter. Spiele damit 9 Löcher und schreibe dein Score auf. Wundere dich nicht, denn im Normalfall benötigst du nur wenige Schläge mehr als in deinem üblichen Spiel.

→ Diese Trainingsform verbessert das strategische Spielen.

388

Stör-Simulation: Setze den Ball aufs Tee. Hüpfe ca. 30 Sekunden an Ort und spiele den Ball dann unverzüglich.

• Auch mit Hampelmannbewegung, mit Hampelmannbewegungen und zusätzlichem asymmetrischen Armkreisen …
• Mit eigenen Bewegungskombinationen.

→ Auch Stress-Situationen können trainiert werden. Macht der erste Abschlag immer wieder Mühe, dann sind solche Trainingsformen hilfreich.

389

Bei starkem Wind seitwärts: Vor jedem Abschlag bestimmen, woher der Wind weht. Ein wenig Gras, das man aufwirft, hilft dabei. Die Stärke und Richtung des Windes bestimmen die Zielkorrektur.

• Spiele auch mal einen Vergleichsball, weil der Wind im Zielgebiet völlig anders als beim Abschlag wehen kann.

(!) Hohe und/oder weite Schläge sind windanfällig! Beachte die Fahne auf dem Greeen!

390

Bei Gegenwind: Versuche nicht den Gegenwind (Weitenverlust) mit schnellerem oder härterem Schlagen auszugleichen. Vergiss die verlorenen Meter und schlage wie immer.

• Versuche flacher zu spielen (Schlägerwahl, Stellung des Schlägerkopfes ändern).

● Naturphänomene wie der Wind gehören zum Spiel. Lerne den Wind zu nutzen und ihn richtig einzusetzen.

→ If it's breasy - swing it easy (→ vgl. Nr. 393)!

391

Bei Rückenwind: Besser mit dem Holz 3 abschlagen (an Stelle von Holz 1). Die höhere Flugbahn macht den Schlag länger. Der Ball kann mit viel Windunterstützung 30–50 m weiter rollen.

Überprüfe schon vor dem Schlag, ob nicht plötzlich Hindernisse (Wasser usw.) in die Quere kommen.

⊖ Jeder Golfkurs ändert seine Abschlagsrichtung: vorher Gegenwind, jetzt Rückenwind. Welch eine Chance bei kühlem Kopf!

392

If it's breasy – swing it easy: Versuche bei starkem Wind eher etwas geschlossen zu stehen um mit einem längeren Schläger und einem halben Schwung einen Draw zu spielen.

→ Taktik und gute Technik ergänzen sich immer.

393

Im starken Regen: Nicht zu stark greifen. Nur mit dem Ring- und Mittelfinger der oberen Hand fest greifen. Schauen, dass die Hände trocken und warm bleiben, damit das Gefühl für den richtigen Griff nicht verloren geht. Auch nicht schneller schwingen als gewohnt. Eher längeren Schläger wählen!

● Auch im Regen können gute Resultate gespielt werden, denn meistens haben alle Teilnehmenden eines Wettkampfs ähnliche Probleme mit dem Griff.

394

4.2 Annähern

Viele erfolgreiche Golferinnen und Golfer behaupten, dass der Annäherungsschlag zum Green, im Idealfall also der zweite Schlag, der wichtigste sei. Auf jeden Fall legt eine gute Annäherung von ungefähr 100 m zum Green einen sicheren Grundstein zu einem guten Score. Je genauer die Annäherung gelingt, desto weniger Schläge sind für das kurze Spiel nötig.

Lass dich deshalb nicht von einem misslungenen Abschlag irritieren, denn ein guter Annäherungsschlag kann vieles wieder gut machen.

Oft ist es möglich, aus einer bestimmten Lage des Balles in Abhängigkeit von der Distanz zum Green und der Bodenbeschaffenheit mit verschiedenen Schlägern zu spielen. Du wirst mit der Zeit eine eigene Strategie entwickeln. Beobachte deshalb immer wieder, welche Schläger gute Spielerinnen und Spieler in verschiedenen Situationen verwenden. Erprobe dies immer wieder für dich, indem du z. B. mit verschiedenen Schlägern aus derselben Distanz zur Fahne spielst und dabei dein Resultat mit deinem Gefühl vergleichst. Mit zunehmender Spielpraxis wirst du dadurch immer sicherer bezüglich der Schlägerwahl, und dein Selbstvertrauen wird größer.

Merke:

Ein optimaler Abschlag ist wichtig;

die genaue Annäherung ist vorentscheidend!

Pitchen oder Chippen: Vergleiche die Effizienz eines Pitchschlages mit einem Chippschlag aus derselben Distanz zur Fahne. Womit fühlst du dich sicherer? Wann wählst du welchen Schlag?

• Spiele den dritten Ball mit der Technik, mit der du dich am sichersten fühlst.

(!) Erinnere dich bei der nächsten ähnlichen Situation … und spiele so, wie es gemäß dieser Erfahrung am besten geht.
395

Zielscheibe auf dem Green: Stell dir auf dem Green eine imaginäre Zielscheibe vor und versuche, diese zu treffen. Führe zuvor 1–3 Übungsschwünge aus und stell dir vor, dass der Ball genau dort landen würde, wo du es dir vorgestellt hast. Sprich den Ball an und spiele. Beobachte das Resultat und versuche den nächsten Schlag, falls nötig, entsprechend zu korrigieren.

(→) Führe ab und zu Übungsschwünge auch mit geschlossenen Augen aus.
396

Wähle *dein* Ritual: Situation analysieren – positionieren – ein oder zwei Übungsschwünge ausführen – zum Ball stehen – Ball ansprechen – spielen. Resultat beobachten, mögliche Fehlerursachen analysieren … und dasselbe Ritual (allenfalls mit leichten Korrekturen) wiederholen.

(→) Ritual. Vgl. Kap. 1.7 «Golf in Mind», S. 35
397

Zu kurz – zu lang – zur Fahne: Spiele den ersten Ball zu kurz, den zweiten zu lange und den dritten so, dass er möglichst nahe zur Fahne rollt.

• Sage unmittelbar nach dem Schlag, während der Ball noch in der Luft fliegt, ob dein Ball zu kurz, zu lang oder gut ist. Kontrolliere deine Voraussage und merke dir dieses «Ballgefühl».

(→) Jeder Schlag fördert dein Ballgefühl, wenn du dich bewusst damit auseinandersetzt.
398

Die verflixte Schlägerwahl: Spiele in deiner Situation mit 3 Schlägern, welche sich eignen könnten. Versuche mit jedem möglichst gut zu spielen. Beobachte deine Resultate und spiele zum Schluss nochmals mit dem Schläger, der das beste Resultat ergab.

(→) Entscheide dich für einen Schläger und zweifle nicht, ob es der richtige ist!
399

Landepiste: Der Ball soll nach einem kurzen Pitch oder Chip – je nachdem, wie der Ball liegt – auf einer vorher bestimmten Landezone landen und in Richtung der Fahne rollen.

• Den ersten Ball bewusst zu kurz, den zweiten Ball zu lang spielen.
• Den dritten Ball möglichst nahe zur Fahne spielen

(!) Liegt der Ball gut, dann mehr Risiko eingehen (Pitchen); liegt er schlecht, dann das Risiko möglichst gering halten (Chippen).

400

Landeplatz: Stell dir vor dem Schlag vor, wo dein Ball landen soll. Beobachte danach die Rollbahn des Balles. Versuche den zweiten Ball so zu spielen, dass er noch näher zur Fahne rollt, indem du den Landeplatz anders wählst.

(→) Sich vor dem Schlag den Ballflug und die Landung vorstellen.

401

Ball mit Rückwärtsdrall: Spiele einen hohen Ball und versuche, dem Ball bewusst einen Rückwärtsdrall zu verleihen. Rollt er nach dem Aufprall rückwärts?

• Einmal mit, dann wieder ohne Drall spielen und die Rollbahn des Balles beobachten.

(→) Mit SW spielen.

402

Flach aber sicher: Stelle dir eine enge «Landepiste» für deinen Ball vor. Spiele deinen Ball leicht mit einer kurzen Ausholbewegung (wie mit einem Hockeystock) und beobachte die Rollbahn des Balles. Verändere beim zweiten Schlag die Schlagstärke, sofern der erste Ball zu lang oder zu kurz war.

(!) Kein Handgelenkeinsatz! Evtl. mit kurzem Griff.

403

Über das Hindernis: Platziere am Greenrand einen Gegenstand (oder stelle dir einen vor). Überspiele dieses Hindernis und versuche, den Ball in eine imaginäre Zone zu spielen. Beobachte den Ball und verschiebe danach das Hindernis nach hinten oder näher zur Fahne.

(→) Es kann hilfreich sein, sich mental vom Green zu lösen und einen anderen Ort oder Punkt zu fixieren.

404

Richtig gestanden ist halb geschlagen: Jede Hanglage hat ihre Tücken. Stelle dich deshalb bezüglich Hanglage richtig hin und führe vor dem Schlag 1–2 Übungsschwünge aus..

• Hanglage «talwärts»: Leichte Vorlage, Gewicht auf Fußballen.
• Hanglage «bergwärts»: Leichte Rücklage, Gewicht auf Fersen.
• Hanglage «seitwärts»: Gewicht in Richtung der Neigung.

❗ In verschiedenen Hanglagen diese «ungewohnten» Körperpositionen, in Verbindung mit Übungsschwüngen, bewusst üben.

405

Holz als Putter: In einer Hanglage vor dem Green kann ein Holz durchaus auch als Putter verwendet werden. Versuche, mit dem Holz 1 (evtl.mit verkürztem Griff) den Ball Richtung Green zu «putten» und entdecke, welche Schlägerwahl für dich die beste ist.

• Versuche dasselbe mit einem Eisen 7.
• Riskiere es auch mit einem SW.

⊖ Auch mit einem Eisen (z.B. Eisen 7) möglich.

406

Seitliche Hanglage – anderer Stand: In einer seitlichen Hanglage ist es wichtig, die Gewichtsverteilung und die *Fußstellung* anzupassen. Seitliche Hanglage und Neigung «talwärts»: Fußstellung bezüglich Schlagrichtung leicht geöffnet (linker Fuß weiter hinten als üblich). Seitliche Hanglage und Neigung «bergwärts»: Fußstellung bezüglich Schlagrichtung leicht geschlossen (linker Fuß weiter vorne als üblich).

❗ Vergleiche die Flugrichtung bei verschiedenen Fußstellungen!

407

Warum nicht putten? Du stehst in Hanglage oberhalb und in der Nähe des Greens. Versuche mit verschiedenen Schlägern den Ball Richtung Fahne zu spielen. Benütze dafür auch einen Putter und schlage etwas stärker als auf dem Green.

• Vergleiche mit anderen Schlägern!

❗ Der Putter ist oft eine gute Wahl – auch außerhalb des Greens.

408

Spiel ohne Schläger: Um das «Rollverhalten» und die Rolldistanz eines Balles nach dem Flug genau beobachten zu können, kann aus kurzer Distanz zum Green auch einmal ein Ball von Hand geworfen werden.

• Wie verhalten sich hochgeworfene, wie flach geworfene Bälle?

❗ Wurf mit gestrecktem Arm von unten («Boccia-Wurf»).

409

4.3 Aus dem Bunker

Bunkerspiel – ein Alptraum für viele
Der Ball fliegt in einen Bunker – das große Zittern beginnt! Wer jedoch
das Bunkerspiel auf dem Übungsgelände regelmäßig geübt, die Technik des Schlages gelernt und die Konstruktion des Wedges verstanden
hat, wird auch solche Situationen meistern.

Bunkerspiel – schwierig, aber lösbar
Die positive Einstellung, gepaart mit einigen erlernbaren Tricks, ist
eine gute Voraussetzung zum erfolgreichen Bunkerspiel. Es gilt, sich –
wie damals als Kind – mit dem Sand anzufreunden und die Gewissheit
zu stärken, dass ein Bunkerschlag zwar eine schwierige, aber lösbare
Aufgabe darstellt.

Schlägerwahl – nicht nur der SW kann die Lösung sein
Je nach Situation kann ein kurzes oder mittleres Eisen oder sogar der
Putter die richtige Schlägerwahl bedeuten.

Technik und Training bilden wichtige Voraussetzungen und stärken
das Selbstvertrauen. Gehe im Bunker gelassen auf deinen Ball zu und
stelle dir vor dem Schlag die perfekte Flugbahn des Balles vor.

Merke:

    Erfolgreiches Bunkerspiel beginnt im Kopf!

4.3 Aus dem Bunker

Kompakt-Schwung: Du bist allein unterwegs und dein Ball landet in einem Bunker. Setze in der Nähe des Balles einen zweiten Ball auf ein Tee und versuche mit einem Holz 3 diesen Ball zu schlagen. Jetzt spiele deinen ursprünglichen Ball. Vergleiche beide Bälle.

→ Schulung eines kompakten Schwunges und Stärken des Vertrauens in verschiedene Schlagmöglichkeiten.

410

Ohne Risiko geht nichts: Schlage aus dem sehr flachen Bunker mit dem Putter. Wichtig dabei ist, dass die Bewegung aus der Schulter kommt. Sinn der Übung ist es zu erfahren, dass sogar mit dem Putter aus dem Sand gespielt werden kann.

• Bei Gelegenheit auf dem Golfplatz: Übe diesen Schlag auch bei einem Spiel «unter Freunden».

→ Schlagsicherheit verstärken und neue Schlagvarianten ausprobieren. Habe keine Angst, mit vollem Schwung durch den Sand zu spielen!

411

Mittlere Spur: Drei Linien werden gemäß Zeichnung in den Sand gelegt. Ziel der Übung ist es immer die mittlere Linie zu treffen, d.h. die Schlagspur soll dort beginnen.

• Auf dem Golfplatz bei Gelegenheit: Zeichne eine Linie vor deinen Ball und versuche, bevor du den Ball schlägst, drei saubere Schlagspuren zu schlagen; erst dann spielst du den Spielball.

→ Sicherheit des Grundschlages aus dem Bunker automatisieren.

412

Explosion: Mit verschiedenen Schlägern den Ball aus dem Bunker schlagen. Wichtig ist, dass dabei nebst dem Ball auch Sand wie bei einer kleinen Explosion aus dem Bunker spritzt.

• Bei Gelegenheit auf dem Golfplatz: Bevor du aus dem Bunker schlägst, stellst du dir vor, wie beim Herausspielen des Balles viel Sand wegfliegt. Dann schlägst du – es wird gelingen!

→ Stärken des Selbstvertrauens bei korrekter Ansprechposition im Bunker.

413

Schlägerwahl: Mit Eisen 7, 6 oder 5 aus dem Bunker schlagen. Die Ansprechposition wie mit dem Sand Wedge. Bei jedem Schlag soll auch Sand aus dem Bunker fliegen.

• Bei Gelegenheit auf dem Golfplatz: In einem «friendly game» vereinbarst du mit deinem Partner, dass nur mit dem Eisen 5 aus dem Bunker geschlagen werden darf.

5er, 6er, 7er Eisen

→ Verbessern der Differenzierungsfähigkeit.

414

Sand-Divot schlagen: Aus dem Bunker sollen Divots geschlagen werden. Achte auf die gleiche Routine. • Bei Gelegenheit auf dem Golfplatz: Bevor du deinen Bunkerball spielst, schlägst du in Gedanken zwei Divots in den Sand. Schlage erst jetzt deinen Spielball.		→ Schulung der Schlagsicherheit. (!) Nur auf der Übungsanlage bewusst Divots schlagen. 415
Griffstärke: Schlagen von Bällen aus dem Bunker mit verschiedenen Griffstärken. • Bei Gelegenheit auf dem Golfplatz: Wenn du deinen Ball geschlagen hast, setze einen zweiten. Der Griff muss aber stärker sein als beim ersten Schlag. Jetzt droppe einen dritten Ball. Diesmal muss aber viel schwächer gegriffen werden. Vergleiche.		→ Das Schwunggefühl verbessern und die Griffstärke dosieren. 416
1/2 - Schwung: Du bist im steilen Bunker gelandet. Schlage außerhalb des Bunkers bewusst Probeschläge jeweils nur als 1/2-Schläge mit dem Gewicht auf dem rechten Bein (als rechtsseitiger Spieler). Erst dann gehst du in den Bunker und schlägst deinen Spielball. • Für linksseitige Spieler gegengleich.		→ Schulung der Grundtechnik im steilen Bunker mit Verbesserung der Gleichgewichtsfähigkeit. 417
Gewicht auf dem rechten Bein: Bei jedem Schlag aus der Hanglage darauf achten, dass das Gewicht vor allem auf dem rechten Bein ist. • Gewicht nur auf dem rechten Bein. • Spiele drei Bälle aus derselben Lage mit verschiedenen. Schwunggeschwindigkeiten.		→ Schulung der Bunkertechnik bei Bergauf-Lage. 418
Schulter parallel zur Hanglage: Achte bei steilem Bunkergelände, dass die Schultern parallel zur Sand- bzw. Hanglage ausgerichtet sind. • Evtl. den Schläger kürzer greifen. • Achte darauf, dass nur das untere Bein belastet ist.		→ Schulung der Körperhaltung an die Umgebung (Hang-Lage) angepasst. 419

4.4 Einlochen

Das Einlochen (Putten) setzt im Vergleich aller Golfschläge am wenigsten körperliche Anstrengung voraus, aber die mentale Belastung ist dabei enorm groß.

Wem ist es nicht schon passiert, dass nach verhältnismäßig wenigen Schlägen, ja vielleicht sogar schon nach dem Abschlag, das Green erreicht wurde und dann trotz dieser guten Voraussetzung noch drei Putts nötig waren, bis der Ball dann endlich im Loch verschwand? Welche Ironie des Schicksals: Ein Ball wird nach einem sehr gut gelungenen Abschlag von über 150 m aus 30 cm nicht eingelocht!

Tips beim Einlochen:

- Wiederhole öfters einen Putt mit deinem Trainingspartner.
- Spiel auch den kürzesten Putt noch aus.
- Angst beim Putten ist ein schlechter Berater. Ein zu kurzer Putt geht bekanntlich niemals ins Loch.
- Bist du beim Putten stark, dann kannst du deine zu kurzen Abschläge jederzeit kompensieren.
- Denk immer daran: Auch sehr gute Golfprofis haben schon kurze Putts verspielt!
- Mache deine eigenen Erfahrungen durch Rückschläge und Erfolge auf dem Green und entwickle daraus deinen eigenen Stil. Nur du spielst, niemand kann dir helfen; nur deine innere Überzeugung hilft dir selber.

Merke:

Die Entscheidung fällt auf dem Green!

Distanzgefühl: Mit drei Bällen aus einer Distanz von ca. 60 cm einlochen. Falls alle Bälle hintereinander ins Loch fallen, zur nächst weiteren Distanz gehen. Kann einer der drei Bälle nicht eingelocht werden, dann wieder bei 60 cm beginnen.

• Bei Gelegenheit auf dem Golfplatz: Ein Ball wird nicht eingelocht: Einen 10 cm längeren und einen 10 cm kürzeren spielen.

→ Sicherheit nach missglücktem Putt wieder erlangen.

420

Putten mit einem anderen Ball: Putten irgendeines Balles (Tennis-, Squashball ...). Wenn man ihn 3 x eingelocht hat, darf die Distanz um 3 Bälle verlängert werden, bis drei Schlägerlängen erreicht sind.

• Bei Gelegenheit auf dem Golfplatz: Mit Golfbällen den ersten Schlag von der letzten Position (vgl. oben) spielen.

→ Präzision und mentale Sicherheit erlangen für kurze Putts.

421

«Der Ton macht die Musik»: Distanz 50 cm zum Loch. Den Ball ansprechen - erst beim Schlagen die Augen schließen. Die Augen erst öffnen, wenn du die akustische Bestätigung gehört hast.

• Auf dem Golfplatz bei Gelegenheit: Du spielst um etwas. Die Augen dürfen nach dem Ansprechen nicht mehr geöffnet werden. Wer schafft auf den ersten 9 Löchern mehr blinde Treffer?

→ Spüren des Körpers. Training der mentalen Unterstützung durch akustische Signale (→ vgl. Kap. Golf in Mind, S. 34 ff.).

422

Einarmiges Putten: Wer näher am Loch liegt, darf nur mit einem Arm putten (Rückhand-oder Vorhandschlag). Liegt der Ball näher als 30 cm muss er von links geputtet werden.

• Schafft jemand das Einlochen direkt bzw. links, hat er für den nächsten Abschlag einen Mulligan zu gut.

→ Bewegungserfahrung. Training des Distanzgefühls. Leichte Stress-Situation.

423

Putten mit Eisen 3 oder Holz 1: Auch Schläger, die für große Distanzen geschaffen sind, lassen sich für das Putten einsetzen.

Bei einem Lochspiel darf der Führende nur mit dem Eisen 3 oder dem Holz 1 putten bis das Spiel «all square» steht.

• Abwechslungsweise mit dem Eisen 3 und dem Holz 1.

→ Ballgefühl schulen. «Fun» mit Wettkampf verbinden.

424

Abwechslung macht das Golfen süß: Das Holz oder Eisen, das beim Abschlag verwendet wird, muss auch beim Einlochen verwendet werden. • Nur wenn die Distanz zum Loch nicht mehr als 2 m beträgt.		→ Ballgefühl mit verschiedenen Schlägern schulen; taktische Varianten erproben. 425
Der weisse Faden: Abstand zum Loch ist max. 1 m. Durch einen weißen Faden gibt man eine Linie vor. Der Schlag soll immer rechtwinklig zum Ball und zur Linie sein. • Bei Gelegenheit auf dem Golfplatz: Wiederholen eines vergebenen 80-cm-Putts. Dabei ist darauf zu achten, dass die Linie besser gespielt wird als der ursprüngliche Ball.		→ Schlagvarianten-Stärken kontrolliert einsetzen. Üben des Greenlesens. 426
Die Hilfsgasse: Wenn du wieder einmal einen kurzen Putt in einer schwierigen Lage «verspielt» hast, legst du bei dieser Gelegenheit zwei Schläger ans Loch. Beobachte den Ball- bzw. den Rollweg nochmals. Die künstliche Gasse zeigt die Linie besser.		→ Schulung des Ballgefühls und Verbessern des Linienlesens. 427
Die imaginäre Gasse: Stelle dir die Gasse vor und schlage nochmals einen Ball. Hat er die richtige Linie genommen? Wenn nicht, übe vermehrt auf schwierigen Übungsgreens.		→ Schulung des Visualisierens. Vgl. dazu Kap. Golf in Mind, S. 34 ff. 428
Der Zwillingsball: Wenn du allein unterwegs bist, kannst du einen roten oder gelben Ball aus der Greenposition von Hand oder mit einem Probeschlag vorausrollen. Beobachte die Linie genau. Versuche beim zweiten Schlag den Ball näher ans Loch oder ins Loch zu spielen als beim Probeversuch.		→ Trainieren des Visualisierens bei schwierigen Lagen und Schulung des Greenlesens. 429

Kapitel 5

Wettspiele

«Einerseits nehmt ihr das Leben zu ernst ,
und andererseits nehmt ihr die Verspieltheit
nicht ernst genug.»

Auf Golfplätzen sieht man oft Leute mit verbissenen Gesichtern am Werk. Buchhalterisch wird auch der 120. Schlag noch genau notiert.

Man kann sich bei solchen Beobachtungen wirklich fragen, ob Golferinnen und Golfer dabei Spaß empfinden können.

Golf ist doch keine Strafaufgabe und sollte nichts mit Masochismus zu tun haben. Es gibt unzählige Formen, die weder Frust noch unnötigen Stress auslösen? Im Kapitel 5 Wettspiele werden über 70 bewährte Spielformen und -Spielvarianten beschrieben.

Der Autor dieses Kapitels und Illustrator des vorliegenden Buches, Edi Bachmann, hat sie nicht zuletzt für all die vom Golfspiel Begeisterten zusammengetragen, die erst in der zweiten oder dritten Lebensphase mit dem Golfspielen begonnen haben. Selbst ein «Spätberufener», lernte er in angelsächsischen Ländern viele der wunderschönen Wettspielformen im Golf kennen. Besonders die Teamspiele haben es dem passionierten Mannschaftssportler angetan. Es ist ihm ein Anliegen, dass dieser große Fundus in den Clubs vermehrt gepflegt wird.

Vielleicht wird auch der eine oder andere Turniersponsor an Wettspielen ermuntert, einmal eine ausgefallene Wettspielform für sein Turnier auszuwählen.

Also liebe Golferinnen und Golfer, gebt euch etwas der Verspieltheit hin. Ihr «Rabbits» wisst möglicherweise nicht, was noch an Schönem auf euch zukommt, und ihr «Tigers» wisst vielleicht noch gar nicht, was ihr an Schönem bis jetzt verpasst habt.

Inhaltsverzeichnis

5.1 Erklärungen und Wertungen 162

5.2 Allein 164

5.3 Zu zweit 166

5.4 Zu dritt 170

5.5 Zu viert als Zählspiel 174

5.6 Zu viert als Lochspiel 180

5.7 Fun-Spiele 185

5.8 Spezialwertungen 193

5.9 Golfspiel-Börse 197

5.1 Erklärungen und Wertungen

Erklärungen:
(In Klammer werden englische Begriffe aufgeführt, sofern sie von den deutschen abweichen).

Partei: Eine Partei (Side) besteht aus einem, zwei oder mehreren Spielenden, die Partner sind. Wir sprechen in unserem Buch dann von einem Team.

Bewerber: Ein Bewerber (Competitor) ist ein Spielender in einem Zählspiel (Strokeplay competition).

Mitbewerber: Mitbewerber (Fellow-competitor) sind Konkurrenten, mit denen zusammen gespielt wird.

Partner: Mit Partner sind Spielende gemeint, die mit einem oder mehreren anderen Spielenden eine Partei, eben ein Team, bilden.

Zweier: Ein Zweier (Single) ist eine Wettspielform (Match), in der einer gegen einen anderen spielt.

Dreier: Ein Dreier (Threesome) ist eine Wettspielform (Match), in der jemand alleine gegen zwei andere spielt. Dabei hat jede Partei nur je einen Ball.

Vierer: Ein Vierer (Foursome) ist eine Wettspielform (Match), in der zwei gegen zwei andere spielen. Dabei hat wiederum jedes Team nur je einen Ball.

Dreiball: Ein Dreiball (Three-ball) ist eine Lochwettspielform (Matchplay Competition), in der drei Spielende gegeneinander spielen, alle mit ihrem eigenen Ball. Alle drei spielen also unabhängig voneinander Lochspiele.

Bestball: Ein Bestball (Best-ball) ist eine Wettspielform (Match), in der ein Spieler oder eine Spielerin gegen den besseren Ball von zwei oder drei anderen spielt.

Vierball: Ein Vierball (Four-ball) ist eine Wettspielform (Match), in der die zwei Spielende ihren besseren Ball gegen den besseren Ball von zwei anderen spielen.

Handicap: Das Handicap drückt die Spielstärke eines Golfspielers bzw. einer Golfspielerin aus und wird in +2, +1, 0 und von −1 bis −36 eingeteilt. Das Handicap ist die Differenz zwischen dem Par des Platzes und der durchschnittlichen Zahl von Schlägen, welche die Spielenden für diesen Platz benötigen (Neue HCP-Methode: → Vgl. S. 208).

Wertungen:

Lochspiel: Bei einem Lochspiel (Matchplay Competition oder kurz: Matchplay) wird auf jeder einzelnen der 18 Spielbahnen um deren Gewinn gespielt. Zwei Spielende oder Parteien spielen Loch für Loch gegeneinander. Der Spieler bzw. die Spielerin oder die Partei mit der niedrigsten Anzahl Schläge hat das Loch gewonnen. Bei gleicher Schlagzahl halbiert oder teilt man das Loch. Je nachdem ist man 1 «Auf», «Even Par» oder 1 «Down».

Zählspiel: In einem Zählspiel (Strokeplay) wird über alle 18 Löcher eines Golfkurses die Anzahl der Schläge im Total festgehalten und gewertet.

Strokeplay: Jeder einzelne Schlag, vom Abschlag bis ins Loch über alle Spielbahnen, wird gezählt und stellt das Bruttoergebnis dar. Sobald das Handicap in Verrechnung kommt, spricht man vom Nettoergebnis. In vielen Turnieren spielt man aus Zeitgründen nur bis Handicap 18 Strokeplay.

Stableford: Stableford ist ein besonders beliebtes Zählspiel, das nach Punkten bewertet wird. Seit die Wertung nach Stableford die offizielle Golfwertung ist, hat sie ihren Siegeszug bei den Wettspielarten für Golfeinsteiger mit Platzreife bis zum Handicap-19-Spieler über die ganze Welt angetreten. Da die Punktewertung pro Loch erfolgt, sind größere Einbrüche und Missgeschicke nicht von so großer Tragweite wie beim Strokeplay. Dazu kommt eine wesentliche Zeitersparnis, da – wenn kein Punkt mehr erzielt werden kann – der Ball aufgehoben wird.

Die **Punktewertung** sieht wie folgt aus:

• 1 Schlag über Par (**Bogie**)	=	1 Pt.
• Genau das Handicap des Platzes (**Par**)	=	2 Pt.
• 1 Schlag unter Par (**Birdie**)	=	3 Pt.
• 2 Schläge unter Par (**Eagle**)	=	4 Pt.
• 3 Schläge unter Par (**Albatros**)	=	5 Pt.

(➜ Vgl. dazu auch «Kleines Golf-A-B-C, S. 204)

Das Total dieser Punkte über 18 Löcher stellt dann das Bruttoergebnis dar und ist wichtig zur Ermittlung des Bruttosiegers. Je nach Handicap des Spielers bzw. des Teams und der Vorgabe der Spielbahn kommen 1 bis 2 Schläge pro Loch hinzu (z.B. bei HCP 18, resp. 36), man spricht dann vom Nettoergebnis. Die Person oder das Team mit dem höchsten Punktetotal über die vorgeschriebene Anzahl Löcher ist Nettosieger.

Gegen das Par des Platzes: Diese harte Zählspielart gegen das Par des Platzes sieht folgende Punktewertung pro Loch vor:

• Bei besserem Resultat als Netto- Par	=	+
• Bei halbiertem Loch	=	O
• Bei Lochverlust	=	–

Natürlich kommt das übliche Vorgabesystem zur Anwendung. Hat z.B. Laura mit HCP 18 auf einem Par 5 Loch eine 5 erzielt, hat sie dieses Loch gegen Par gewonnen und markiert ein «+»; mit 6 hätte sie halbiert (0), mit 7 hätte sie verloren und ein «–» geschrieben.

Gliederung der «Wettspiele» in diesem Buch:
Eine strenge «Klassierung» bzw. Zuteilung der verschiedenen Wettspielformen ist kaum möglich. So können einzelne Spiele, je nach Voraussetzung und Zielsetzung der Spielenden, sowohl allein, zu zweit, zu dritt und/oder zu viert ausgetragen werden.

Als Orientierungshilfe wurde folgende Kapiteleinteilung gewählt:

Wettspielformen ...

... allein
... zu zweit
... zu dritt
... zu viert als Zählspiel
... zu viert als Lochspiel
... als Fun-Spiele
... Spezialwertungen an Turnieren und unter Freunden
... Golfspiel-Börse

Ergänzungen zu diesen Vorschläge sind natürlich möglich, ja geradezu erwünscht! So bist du in der Golfspiel-Börse (➜ vgl. S.197) aufgefordert, selbst Spiele zu kreieren. Machst du mit?

Und nun viel Spaß oder eben Fun
bei den vielen Wettspielformen!

5.2 Allein

Auch alleine kann Golf großes Vergnügen bereiten. Der größte Gegner ist sich – so oder so – jeder selbst.

Sich ein Ziel zu setzen ist, gerade wenn man allein spielt, besonders wichtig, sei es für eine kleine oder große Runde. Dabei können sowohl technische, und mentale Aspekte bzw. Akzente im Vordergrund stehen, z.B. Spiel gegen sein bestes Resultat, gegen das Resultat der vergangenen Woche, gegen ein selbstbestimmtes Handicap usw. All dies kann im Trainingsbuch festgehalten werden.

Das wichtigste Ziel sollte der Spass an der Runde sein. Es sollten viele Schläge als positives Ergebnis (und Erlebnis) auf der mentalen «Haben-Seite» verbucht werden können. Dies stärkt das Selbstvertrauen und wird in der Wettkampfsituation wieder von Nutzen sein.

Nicht speziell aufgeführt sind Einzelwertungen von Wettspielformen. Sie sind, falls eine Einzelwertung möglich ist, fett herausgehoben.

Auch wenn du alleine spielst, denke immer daran:

Golf ist ein Spiel und soll Spaß machen.

Normales Strokeplay: Spiel über die halbe oder ganze Runde. Ziel ist es, ohne Stress über die Spielbahn zu gehen und sich genügend Zeit zu lassen für ein gutes «Kursmanagement».

• In kritischen Situationen jeweils einen Alternativschlag als Variante ausführen.
• Auf dem Green jeweils zwei Bälle putten.

430

Texas Scramble alleine: Spiel mit jeweils 2 Bällen (2 verschiedene Farben oder Marken). Das Spiel bei jedem Schlag von der besseren Lage aus fortsetzen.

• Mit jeweils 3 verschiedenen Bällen spielen.

→ Texas Scramble: Vgl. Nr. 452

! Bei 3 Bällen: Zeitfaktor und aufrückende Flights beachten!

431

Greensome alleine: Jeweils zwei Abschläge vom Tee, evtl. mit verschiedenen Schlägern. Weiterfahren von der besseren Lage aus (normal, Strokeplay oder nach Stableford).

• Erster Abschlag mit einem Holz, Zweiter Abschlag mit einem Eisen …

→ Greensome: Vgl. Nr. 450

432

Normales Stableford unter Zeitdruck: Wenn wenig Zeit zur Verfügung steht und sich keine Flights stauen (z.B. frühmorgens oder bei schlechtem Wetter), sich das Ziel setzen, während einer (kurzen) Zeit einen Parcours konzentriert durchzuspielen, z.B 18 Löcher unter 3 Stunden, also in 10 Minuten pro Loch.

• Ohne Handicapwertung wie ein «Scratchplayer» spielen.

! Gute physische und psychische Vorbereitung bereits zu Hause.

433

Four Clubs: Mit nur 4 Schlägern (z.B. Holz 3, Eisen 7 und PW sowie dem Putter) ausgerüstet über die Spielbahn gehen. Sicher ergeben sich dabei auf der Runde ganz andere taktische und technische Probleme, deren Lösung ihren speziellen Reiz hat.

Auch das Resultat kann überraschen.

→ Quartett; Fourclub als Einzelwettspiel nach Stableford und Portugiesischer One Club. Vgl. Spiel Nr. 458

434

5.3 Zu zweit

Die gemütliche Runde zu zweit, falls dies der Andrang auf dem Platz zulässt, ist wohl die häufigste Spielform und auch die erste direkte Herausforderung mit einer echten Wettspielsituation.

So sind viele der Wettspiele zu dritt (Kap. 5.4) oder zu viert (Kap. 5.5 und 5.6) natürlich auch als Zähl- oder Lochspiel zu zweit möglich.

Es macht Spaß, sich gegenseitig herauszufordern, sich zu messen, aber auch sich gegenseitig zu unterstützen und Mut zu machen.

Ungleich zu den meisten anderen Sportarten bietet – «Golf sei Dank» – die Handicapregelung die faire Möglichkeit eines ausgeglichenen Spielverlaufs, auch bei einem Match zwischen dir und … warum nicht: Tiger Woods?

Für jede Golfgelegenheit,
gibts gute Spiele, auch zu zweit!

Zweier mit vereinfachtem Handicap: A und B spielen zusammen. Wer das höhere Handicap hat, wird auf 0 gesetzt. Das Handicap des anderen Spielers bzw. der anderen Spielerin ist einfach die Differenz. Beispiel: Wenn A mit Handicap 16 auf Null gesetzt wird, dann hätte B mit Handicap 22 demnach 6 Schläge auf den entsprechenden Löchern als Vorgabe.

Diese in England sehr beliebte Form wird speziell auch in Dreier- und Viererspielformen angewandt.

⊖ Auch als Lochspiel.

435

Normaler Zweier: Zwei Spielende gehen zusammen über den Platz. Beide spielen ihren Ball bis ins Loch. Bei diesem Zählspiel werden die vollen Handicaps angerechnet. Es wird nach Strokeplay oder nach Stableford gespielt.

• Mit einem «Mulligan» auf dem ersten Abschlag oder mit einem Mulligan über die ganze Runde, d.h. ein Fehlschlag darf wiederholt werden.
• Gegen das Par des Platzes.

⊖ Auch als Lochspiel.

436

Zweier mit nur einem Ball: Die Spielenden sollten für diese Spielform etwa gleiche Spielstärke aufweisen. Steht wenig Zeit zur Verfügung und/oder ist kein Andrang auf dem Platz (z.B. frühmorgens) lassen sich 18 Löcher bei zwei gut Spielenden in ca. zwei Stunden spielen, wenn wie beim «Foursome» vorgegangen wird, d.h. abwechslungsweise geschlagen wird.

Der bzw. die eine schlägt auf allen ungeraden Löchern ab, der bzw. die andere auf allen geraden. Beide spielen immer nur *einen* Ball, also quasi einen «Twosome»! Da bleibt viel Zeit zum Plaudern!

➔ Foursome: Vgl. Nr. 448

437

Sunningdale Zweier: Thomas und Linda spielen gegeneinander. Das Loch gewinnt, wer dafür am wenigsten Schläge benötigt. Wenn aber Thomas zwei Schläge «Auf» ist, muss Linda beim nächsten Loch ein Schlag Vorgabe gewährt werden. Wird das nächste Loch geteilt oder verloren, bleibt die Vorgabe so lange weiterbestehen, bis der Spielstand weniger als zwei «Auf» ist. Gewonnen hat, wer mehr Löcher «Auf» ist als noch zu spielen sind.

➔ Sunningdale Vierer: Vgl. 456

Zweier mit Lochvorgabe bei Spielbeginn: Am Anfang des Spiels wird für den Spieler bzw. die Spielerin mit dem höheren Handicap ein Spielstand (z.B. 1 «Auf» oder 2 «Auf») vereinbart. Es werden sonst für die 18 Löcher keine weiteren Vorgaben gewährt.

Gewonnen hat, wer mehr Löcher «Auf» ist als noch zu spielen sind.

➔ Dreier oder Vierer mit Lochvorgabe.

Zweier als Lochspiel: Wer hat nicht schon Bilder vom Ryder-Cup gesehen? Bei diesem Matchplay Contest geht es darum, das Loch zu gewinnen.

Wenn auf der ersten Spielbahn Pauline eine 4 und Max eine 5 bei gleichem Handicap spielen, dann ist Pauline 1 «auf» usw.

Gewonnen hat, wer mehr Löcher «Auf» ist als noch zu spielen sind.

➔ Three-ball: Vgl. Nr. 444; Lochspiel Vierer: Vgl. Nr. 453

438

439

440

Tiger and Rabbit zu zweit: Der «Neueinsteiger», eben der «Rabbit», darf auf dem Green jeweils die Bälle einlochen.

Alle anderen Schläge werden vom «Tiger», einem guten Spieler oder einer guten Spielerin, mindestens mit Platzreife, ausgeführt.

Auf diese Weise lernt man auf eine unbeschwerte Art die Schönheiten des Golfsportes und die Natur schätzen. Diese ideale Spielform kann als Motivation für Golf dienen.

➔ Tiger and Rabbit zu viert: Vgl. Nr. 460

Immer schön locker putten

441

Texas Scramble zu zweit: Nach jedem Schlag – es spielen immer beide ihren Ball – wird innerhalb einer Schlägerlänge des besseren Balles weitergespielt (auf dem Green innerhalb einer Schlägerkopflänge).

So kommen auch weniger stark Spielende mit guten Spielerinnen und Spielern gemeinsam zu einem tollen Golferlebnis. Und gelegentlich sind die Bälle des Rabbits gar besser als jene des Tigers!

(!) Bei diesem Spiel spielen die Stärkeverhältnisse keine Rolle.

➔ Texas Scramble: Vgl. Nr. 452

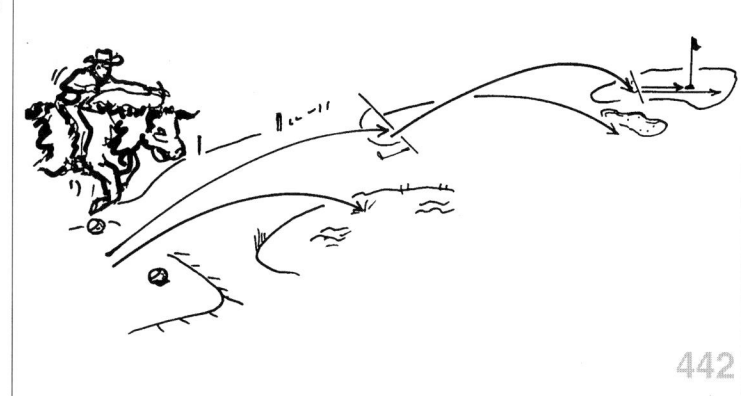

442

5.4 Zu dritt

Es gibt Sportarten, bei denen eine dritte Person nur als Ersatz, als «drittes Rad am Wagen», fungiert.

Der Golfsport bietet viele Teamwettspiele an, die sich zu dritt mit großem Vergnügen spielen lassen. Es macht Sinn, auch diese Formen zu pflegen, zumal man sich oft zufällig oder gewollt in Dreier Flights beim Start zu einer Golfrunde zusammenfindet.

Auch Stärkeunterschiede müssen dabei keine Rolle spielen. So gibt es beispielsweise Spiele, bei denen sich jemand alleine gegen den besseren Ball zweier anderer, z. B. weniger starker Golfer, behaupten muss (vgl. Treesome).

Aus Platzgründen werden hier nur wenige spezielle Dreierformen aufgeführt. Verweise auf Wettspiele zu dritt finden sich bei den «Fun-Spielen» oder bei den Wettspielen zu viert.

Es gibt gar die Möglichkeit in einem Matchplay unabhängig voneinander zwei Wettspiele auszutragen, jeder gegen jeden (vgl. Three-ball).

Natürlich haben auch die üblichen Vorgaben ihre Gültigkeit.

Auch zu dritt ist Golf ein Hit!

5.4 Zu dritt als Zählspiel oder Lochspiel

Threesome oder «Dreier»: Threesome ist eine populäre Variante von Foursome, wobei zwei Partner als Team gegen einen Einzelspieler wetteifern, und jede Partei nur einen Ball spielt.

Während Michael all seine Bälle normal über den Kurs spielt, schlagen seine Gegner wie beim Foursome den Ball abwechselnd über die Spielbahn. Auch der Abschlag muss abwechselnd erfolgen: Laura schlägt bei den ungeraden, Henry bei den geraden Löchern ab.

Strafschläge beeinflussen die Spielreihenfolge nicht. Das Handicap des Einzelspielers vergleicht sich mit den zwei halbierten Spielvorgaben der beiden Gegner.

Wenn z. B. Laura HCP 18 (18 : 2 = 9) und ihr Partner Henry HCP 24 (24 : 2 = 12) hat so ergibt dies für das Team HCP 21, hat jetzt Michael HCP 16 wird die Differenz von 5 Schlägen auf den entsprechenden Spielbahnen wirksam. Beim Lochspiel wird nur 3/4 des Unterschiedes der Vorgabe gerechnet, die beiden Partner haben dann aufgerundet 4 Schläge vor.

Beim Strokeplay oder nach Stableford gilt:
Sieger ist die Partei mit dem besten Nettoscore.

Beim Threesome als Matchplay resp. Lochspiel gilt:
Sieger ist die Partei, die mehr Löcher «Auf» ist, als noch zu spielen sind.

➔ Foursome als Zählspiel: Vgl. Nr. 448
➔ Foursome als Lochspiel: Vgl. Nr. 453

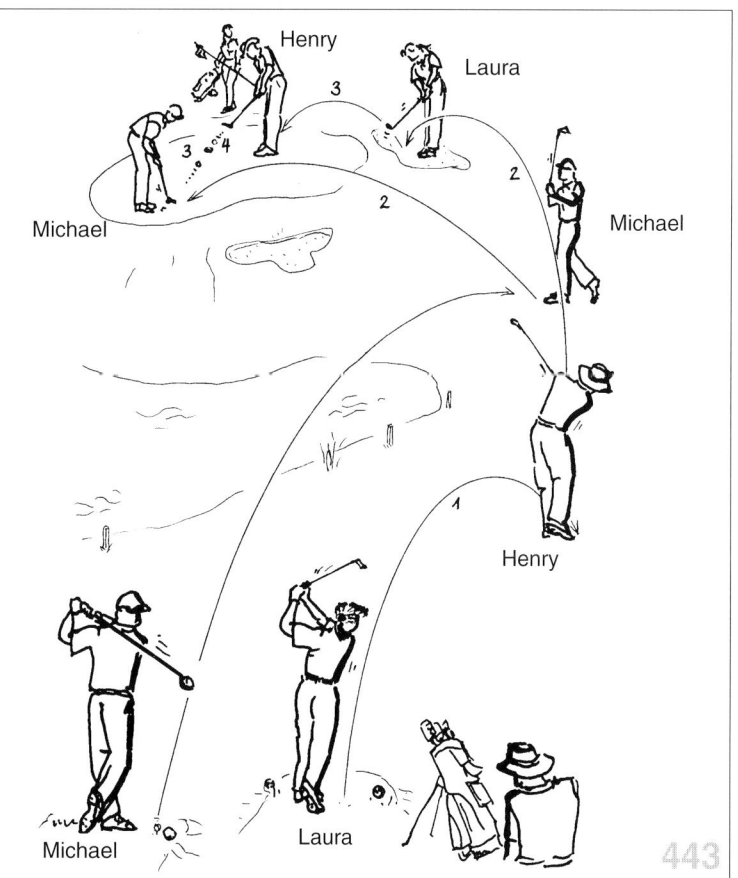

Orange Ball: Die Orange Ball Competition ist ein Wettkampf von 3er-Teams, wobei immer 2 Spielende für die Teamwertung pro Loch zählen. Wer den orangen Ball hat, zählt immer; von den beiden anderen zählt das bessere Resultat.

Der «Orange Ball» wird den einzelnen wie folgt zugeteilt:

• A spielt ihn auf den Löchern 1/4/7/10/13/16.
• B auf den Löchern 2/5/8/11/14/17.
• C auf den Löchern 3/6/9/12/15/18.

Gewonnen hat das Team mit dem besten Bruttoscore.

⚠ Reizvoller Teamwettkampf unter 3er-Teams, in dem man abwechselnd unter Stress spielen muss und es danach wieder etwas lockerer nehmen kann. Ist auch als Fun-Game-Spiel möglich.

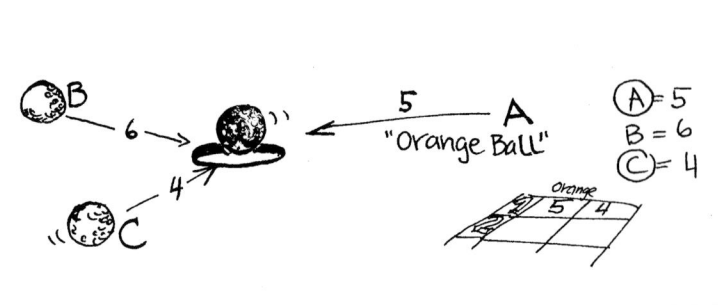

444

Dreiball Best Ball (Three-Ball Best Ball)**:** Three-Ball Best Ball ist ein Wettkampf, in dem ein einzelner seinen Ball gegen den besten Ball zweier anderer Spieler, die ein Team bilden, spielt.

Wie beim 4 BBB spielt jeder seinen Ball individuell vom Abschlag bis ins Loch. Das Resultat netto eines Einzelspielers wird mit dem besseren Nettoergebnis der beiden anderen Spielenden verglichen, wobei 3/4 des Handicaps der beiden Parteien zur Anrechnung kommen. A spielt hier eine 3, während B + C zusammen eine 4 schreiben.

Beim *Zählspiel* gewinnt die Partei mit dem besseren Nettoscore.

Beim *Lochspiel* gewinnt die Partei, welche mehr Löcher «Auf» ist, als noch zu spielen sind.

➔ 4 BBB als Lochspiel: Vgl. Nr. 454

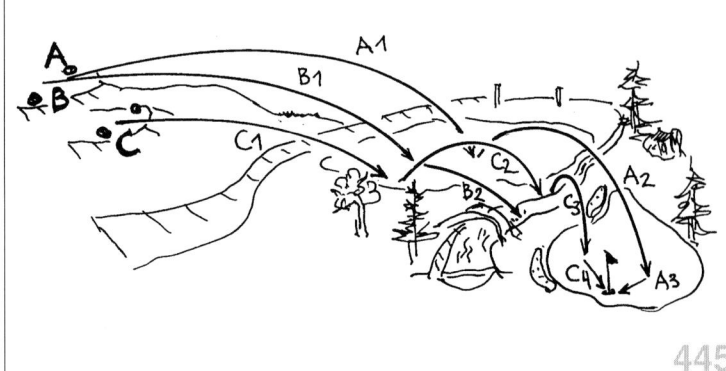

445

5.4 Zu dritt als Lochspiel

Dreiball Lochspiel (Three-Ball): Diese klassische Wettspielform hat insofern ihren Reiz, als alle der drei Spielenden gegeneinander spielen, also zwei voneinander unabhängige Lochspiele austragen.

Bei dieser Matchplay Competition spielen alle ihren eigenen Ball ohne «Schenken» bis ins Loch, außer jemand hat das Loch schon verloren. In diesem Fall wird dieser Ball aufgehoben.

Es werden 3/4 des Handicaps angerechnet und nach dem Vorgabeschlüssel auf die Löcher verteilt.

Beispiel: Wenn also am 17. Loch alle drei (mit demselben Handicap) gleichauf liegen und Doris eine 4, Peter eine 5 und Laura eine 6 spielt, so ist Doris gegen Peter 1 «Auf» und gegen Laura 2 «Auf», hat also beide Lochspiele gewonnen. Peter ist gegen Doris 1 "Down" und gegen Laura 1 «Auf», hat also ein Lochspiel gewonnen und eines verloren; Laura hingegen hat gegen beide verloren.

Amerikanischer Stableford oder «Baracuda»: Bei dieser Wettspielform zu dritt untereinander werden pro Loch jeweils 6 Punkte vergeben. Das beste Nettoscore wir mit 4 Pt., das zweitbeste noch mit 2 Pt. belohnt, der oder die Letzte geht leer aus.

Gibt es 2 Nettosieger, erhalten beide 3 Pt., bei 3 Nettosiegern erhalten alle 2 Pt. Sind zwei auf dem 2. Rang, erhalten sie je 1 Pt.

Die Vorgabe untereinander berechnet man, indem der Spieler oder die Spielerin mit dem niedrigsten HCP die Vorgabe 0 erhält, die andern erhalten 3/4 der Differenz zum oder zur Besten entsprechend auf die Löcher verteilt.

Gewonnen hat, wer am meisten Punkte erzielt hat.

⊖ Spielvarianten mit mehreren Dreierflights: Einzelsiegerin oder Einzelsieger ist, wer von allen am meisten Punkte erzielt hat.

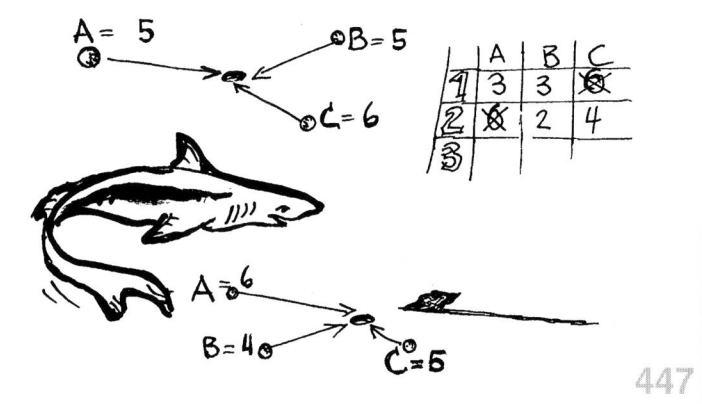

5.5 Zu viert als Zählspiel (Strokeplay oder nach Stableford)

Eine Runde Golf in Zweier-Teams in einem gut harmonierenden Viererflight gehört zu den schönsten Erlebnissen, die der Golfsport zu bieten hat.

Deshalb wird den folgenden Wettspielen zu viert besonders viel Platz eingeräumt, ob als Zählspiel oder als Lochspiel. Es lohnt sich, alle vorgeschlagenen Formen auszuprobieren. Natürlich gibt es noch einige mehr.

Hier werden nur Teamwettspiele aufgeführt, also eine Partei gegen eine andere. Auf Wettspielformen, die sich auch für eine Einzelwertung eignen, wird lediglich verwiesen. Für die Einzelwertung wird aber analog verfahren.

Es ist gut, wenn bei mehrmaligem Spielen im gleichen Viererflight die Zusammensetzungen oft gewechselt, die Spielstärken gemischt oder manchmal auch bewusst auseinandergehalten werden.

Selbst eine schlechte Runde Golf kann in einem guten Viererflight fantastisch sein!

174

Foursome oder «Klassischer Vierer»: In einem Viererflight bilden jeweils zwei Spieler oder Spielerinnen ein Team. Natürlich sind bei dieser sehr beliebten Spielform auch gemischte Teams möglich.

Das Spezielle beim Foursome ist, dass nur ein Ball pro Team im Spiel ist, wobei dieser Ball abwechselnd von beiden Partnern gespielt werden muss, bis er eingelocht ist.

Weitere Eigenheit des Klassischen Vierers ist, dass die Partner abwechselnd abschlagen müssen, also z. B. Peter von allen ungeraden Spielbahnen 1, 3, 5 etc., Anne von den geraden Löchern 2, 4, 6 auf ihren entsprechenden Tees.

Beim «gemischten Foursome» kann es bei einem ins Out gespielten oder verlorenen Abschlag des männlichen Partners vorkommen, dass die Partnerin nun den 3. Ball vom Männer-Tee abschlagen muss oder umgekehrt.

Strafschläge haben keinen Einfluss auf die Spielreihenfolge, werden allerdings zum Spielresultat dazugezählt. Bei falscher Reihenfolge des Spiels werden 2 Strafschläge verrechnet

Das Droppen eines Balles – wenn er z.B. in einem Wasserhindernis liegt – wird von dem Spieler vorgenommen, der den nächsten Schlag ausführt.

Als Teamhandicap addiert man die Hälfte der beiden Spielerhandicaps z. B. Peter: HCP 20, 20:2 = 10, Anne: HCP 14, 14:2 = 7 d.h. das Teamhandicap beträgt 10 plus 7 also **17**.

Sieger ist die Mannschaft mit dem besten Nettoscore.

Weitere Spielvarianten von Foursome:

• Foursome als Lochspiel: Vgl. Nr. 453

⊖ Hoher Unterhaltungswert; braucht wenig Zeit für eine Spielrunde, dafür aber gute Nerven!

ⓘ Die Spielenden sollten sich gut kennen!

⊖ Threesome oder Klassischer Dreier 2:1 mit je einem Ball: vgl. Spiel Nr. 443).

448

Four Ball Best Ball oder 4 BBB: In einem Viererflight spielt beim 4 BBB jeder Spieler der beiden 2er-Teams seinen Ball vom Abschlag bis ins Loch.

Das bessere Nettoergebnis der beiden Spielenden pro Loch zählt für das Mannschaftsscore, wobei jedem Golfer oder jeder Golferin 3/4 des Handicaps angerechnet wird.

Der Name dieser sehr beliebten Spielform ist daher eigentlich falsch und müsste logischerweise etwa «Two Balls Better Ball» heissen. Aber was ist schon Logik gegen Tradition?

Zurück zum «4 BBB» mit einem konkreten Beispiel:

Doris mit HCP 26 benötigt auf der Par-4-Spielbahn mit dem Handicap 1 vier Schläge; Paul mit HCP 18 liegt mit drei Schlägen auf dem Green. Da Doris hier Paul einen Schlag vor hat, zählt also ihr Score für das Teamresultat auf diesem Loch. Paul spielt daher seinen Ball nicht fertig, sondern nimmt ihn auf.

Gewonnen hat das Team mit dem besten Nettoscore.

Weitere Spielvarianten von 4 BBB:

• Vierball «Best- und Schlechtest Ball» als Lochspiel:
  ➔ Vgl. Spiel Nr. 455
• 4 BBB als Lochspiel: ➔ Vgl. Spiel Nr. 454

ⓘ 4 BBB ist eine sehr beliebte Turnierform für Zweierteams aber braucht viel Zeit beim Modus nach Strokeplay.

Die Durchführung nach Stableford verkürzt die Spieldauer etwas und wird daher meistens bevorzugt.

Aus Zeitersparnisgründen soll – wenn das bessere Resultat innerhalb des 2er-Teams steht – das Resultat des anderen Partners nicht fertig gespielt werden. Das Einzelergebnis eines Spielers kann, da es sich um ein Teamspiel mit gegenseitigem Coaching handelt, sowieso nicht handicapwirksam werden.

449

Greensome oder «Vierer mit Auswahldrive»: «Greensome» ist weltweit eine sehr populäre Spiel- und Turnierform für Zweierteams in Viererflights, die nicht sehr zeitintensiv ist und dennoch einen hohen Unterhaltungswert bietet. Im Gegensatz zum «Foursome» dürfen hier beide Partner eines Teams abschlagen. Danach entscheiden sie sich für den Ball, den sie dann abwechselnd bis ins Loch weiterspielen möchten. Daher stammt auch der deutsche Name «Vierer mit Auswahldrive». Der andere Ball wird bis zum nächsten Abschlag aufgehoben.

Paul und Anne bilden ein Team (auf die Darstellung des anderen Zweierteams wird hier verzichtet). Paul hat in unserem Beispiel seinen Abschlag ins Rough verzogen. Deshalb entscheiden sie sich für den Ball von Anne, obwohl der kürzer liegt. Daher ist jetzt auch die Reihe an Paul, der den zweiten Ball spielt. Danach ist wieder Anne an der Reihe usw., bis der Ball eingelocht ist. Im dargestellten Beispiel wird auf der Scorekarte eine 4 vermerkt.

Falls der Ball ins Out geht oder sonst Strafschläge resultieren, hat das keinen Einfluss auf die Spielreihenfolge. Selbstverständlich werden aber Strafschläge verrechnet.

Beim Greensome darf, anders als in anderen Partnerspielformen, nur für *einen* der beiden Abschläge ein provisorischer Ball gespielt werden.

Für das Teamhandicap wird wie folgt verfahren: 0.4 x höheres HC plus 0.6 x das niedrigere HC. Auf- oder abgerundet ergibt dies das Teamhandicap.

Sieger ist die Mannschaft mit dem niedrigsten Nettoscore.

Weitere Spielvarianten von Greensome:

• Greensome gegen das Par des Platzes.
• Greensome als Lochspiel.

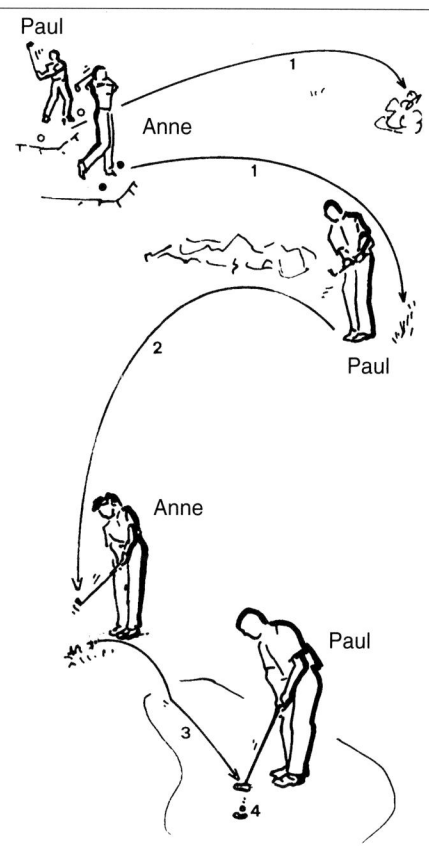

→ Beliebte Spielform mit hohem Unterhaltungswert (besonders auch für Mixed Teams).

→ Braucht für die Turnierdurchführung wenig Zeit.

450

177

Chapman Vierer: Der Chapman Vierer ist eine sehr unterhaltsame Spielform von zwei Zweiermannschaften in einem Viererflight. Peter und Anne bilden das eine Team, ein weiteres Paar das andere. Hier wird die Spielform für die Mannschaft von Anne und Peter erklärt.

Beide Teampartner schlagen ihren Ball von ihrem jeweiligen Tee ab. Beim zweiten Schlag spielt Anne den Ball von Peter und Peter denjenigen von Anne.

Vor dem dritten Schlag müssen sich beide entscheiden, welchen Ball sie weiterspielen möchten. Sie haben sich hier für Annes Ball entschieden, der besser liegt. Der übriggebliebene Ball – hier Peters zweiter Ball – wird bis zum nächsten Abschlag aufgehoben.

Ab jetzt wird nur noch dieser «bessere» Ball abwechselnd bis zum Einlochen gespielt. Peter spielt daher den dritten Ball und Anne locht den vierten Ball ein. Sie notieren auf ihrer Scorekarte also eine Vier. Wenn Peter ins Out spielt oder der Ball verloren geht, resultiert ein Strafschlag, und Anne ist für den nächsten Schlag an der Reihe.

Sollte aus Versehen Peter den Ball zweimal hintereinander schlagen, resultieren daraus zwei Strafschläge. Als Teamhandicap beim Zählspiel addiert man die Hälfte der beiden Spielerhandicaps.

Sieger ist die Mannschaft mit dem besten Nettoscore.

Weitere Spielvarianten des Chapman Vierers:

• Gegen das Par des Platzes (Teamhandicap, d.h. die Addition des 1/2 Handicaps beider Spielenden).
• Als Lochspiel (nur 3/8 des Teamhandicaps).
• Nach Stableford, lochweise (Teamhandicap, d.h. die Addition des 1/2 Handicaps beider Spielenden).

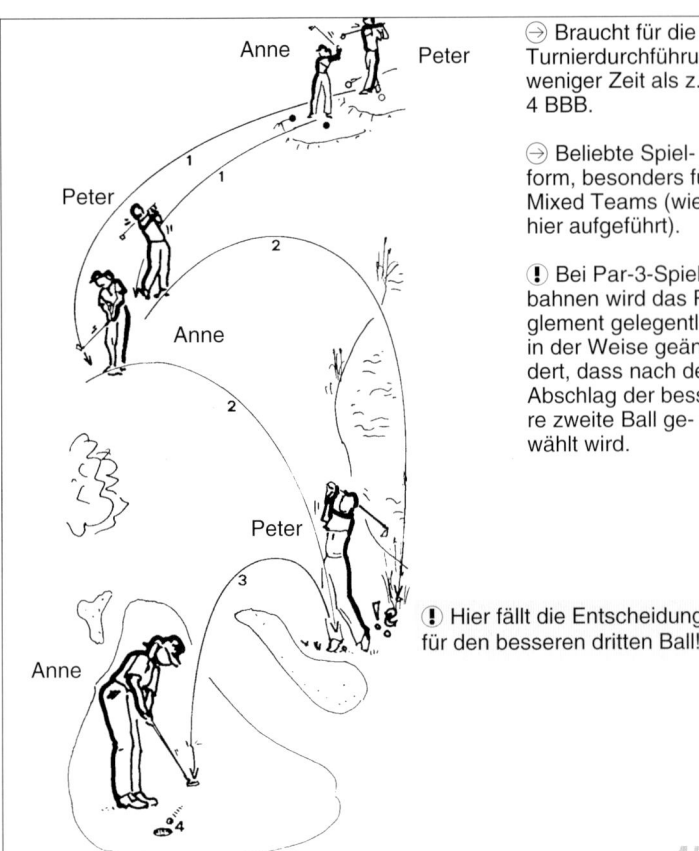

⊖ Braucht für die Turnierdurchführung weniger Zeit als z.B. 4 BBB.

⊖ Beliebte Spielform, besonders für Mixed Teams (wie hier aufgeführt).

(!) Bei Par-3-Spielbahnen wird das Reglement gelegentlich in der Weise geändert, dass nach dem Abschlag der bessere zweite Ball gewählt wird.

(!) Hier fällt die Entscheidung für den besseren dritten Ball!

451

Texas Scramble oder «Captain's Choice»: «Texas Scramble» oder in England eher bekannt als «Captain's Choice» ist eine sehr populäre Mannschaftsspielform zu zweit, zu dritt oder zu viert, die weltweit mit großer Begeisterung gespielt wird. Jedes Team bildet seinen eigenen Flight, wählt einen Captain und schon kann «Texas Scramble» beginnen.

Alle Spieler einer Mannschaft schlagen von ihrem entsprechenden Tee ab. Der Captain wählt nun von allen Abschlägen den Ball aus, der am besten liegt – eben «Captain's Choice». Die Bälle der übrigen Spieler werden aufgenommen und dort, wo der ausgewählte Ball liegt, innerhalb einer Schlägerlänge und nicht näher zur Fahne gedroppt. Alle Spieler schlagen dann von dort ihren 2. Ball. Wiederum wird der günstigste Ball ausgewählt oder wie man sagt «gechoist», und so geht es weiter bis aufs Grün.

Auf dem Green wird wiederum ausgewählt, allerdings werden die Bälle bei der besten Lage nicht gedroppt, sondern innerhalb einer Schlägerkopflänge des Putters und nicht näher zum Loch hingelegt. Die Bälle werden nun geputtet, evtl. wieder gechoist usw. bis schließlich eingelocht ist. Das Mannschaftsresultat wird auf der Scorekarte festgehalten, wobei sich das Teamhandicap beim Viererteam aus allen addierten Vorgaben mal 1/8 errechnet.

Sieger ist das Team mit dem niedrigsten Nettoscore.

Auch wenn «Texas Scramble» mehrere Teams und auch etwas mehr Zeit zur Durchführung benötigt, ist diese Spielform ideal für bunt zusammen gemischte Teams von geübten Spielerinnen und Spielern (Tigers) und noch wenig geübten (Rabbits), für Neueinsteiger und Könner, da alle ihren Spaß haben und auf ihre Rechnung kommen.

Weitere Spielvarianten von Texas Scramble:

• Zu zweit oder zu dritt: ➔ Vgl. Spiel Nr. 442

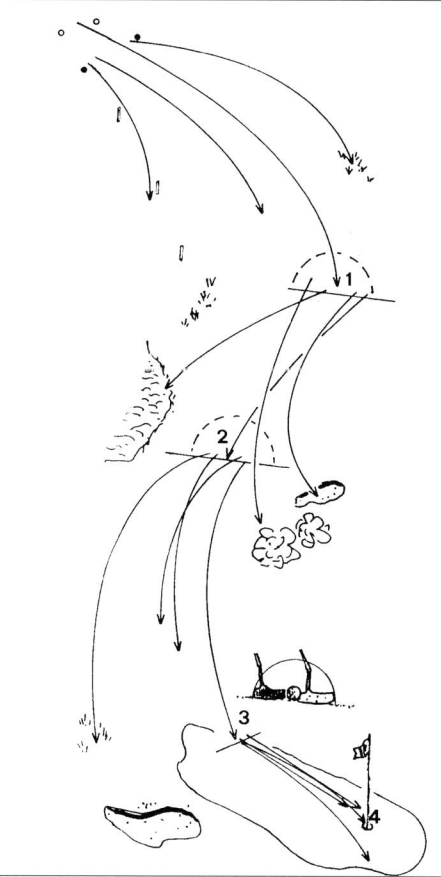

➔ Hoher Unterhaltungswert.

➔ Gute Spielform, um sich gegenseitig kennen zu lernen, z.B. in Kursen und/oder neuen Golfclubs.

❗ Braucht nicht unbedingt viel Zeit zur Durchführung, da praktisch keine Bälle gesucht werden müssen!

452

5.6 Zu viert als Lochspiel (Matchplay)

Viele der Teamwettspielformen, die als Zählspiel (Strokeplay oder nach Stableford) rund um den Erdball mit Begeisterung gespielt werden, finden auch als Lochwettspiel eine große Anhängerschaft und haben zweifellos ihren besonderen Reiz.

Die Grundstrafe für den Verstoß gegen eine Regel, die beim Zählspiel zu jeweils zwei Strafpunkten führt, bedeutet beim Matchplay Lochverlust (vgl. Regel 2–6).

Ein Spieler oder eine Partei darf ein Loch oder das Lochspiel schenken. Das Schenken darf weder zurückgewiesen noch widerrufen werden (vgl. Regel 2–4).

Besonders spannend ist natürlich, wenn der Match bis zum letzten Loch offen ist. Andernfalls ist der Match entschieden, sobald ein Team oder eine Partei mehr Löcher «Auf» ist als noch zu spielen sind.

Sich im Matchplay gut ergänzen,
endet oft mit Freudentänzen!

Foursome oder «Lochspiel Vierer»: In einem Viererflight bilden jeweils zwei Spielende ein Team. Selbstverständlich sind auch gemischte Teams möglich.

Wie beim Zählspiel ist pro Team nur ein Ball im Spiel, der abwechselnd von beiden Partnern geschlagen werden muss, bis er eingelocht ist. Als weitere Eigenheit gilt, dass die Partner abwechselnd abschlagen müssen. Der/die eine von den geraden Löchern, der/die andere von den ungeraden von den entsprechenden Tees.

Das Teamhandicap errechnet sich aus der Differenz der addierten Handicaps von A1+A2 und B1+B2 multipliziert mit dem Faktor 3/8.

Wenn z.B. A1+A2 Handicap 40, B1+B2 das Handicap 48 haben, dann ist die Differenz acht.

8 x 3/8 = 3, d.h. das Team B hat auf den drei schwierigsten Spielbahnen jeweils einen Schlag vor.

Sieger ist die Mannschaft, die mehr Löcher «Auf» ist; d.h. mehr Lochgewinne im Vorsprung ist.

Weitere Spielvarianten des Lochspiel Vierers:

• Foursome Matchplay gegen Par.
• Foursome Matchplay nach Stableford.
• Chapman Vierer als Lochspiel.
• Greensome (Vierer mit Auswahldrive) als Lochspiel.

• Chapmann Vierer als Zählspiel: ➔ Vgl. Spiel Nr. 451
• Greensome als Zählspiel: ➔ Vgl. Spiel Nr. 450

453

4 BBB oder «Four-Ball Best ball» (Vierball Lochspiel, Best Ball):
Das «4 BBB» Matchplay ist ein Wettspiel, in welchem zwei Spieler einer Mannschaft ihren besseren Ball gegen den besseren Ball zweier Spieler der anderen Mannschaft werten.

Jedes Teammitglied spielt seinen Ball vom Abschlagen bis zum Einlochen individuell. Das bessere Score der beiden Partner des Teams A wird dem besseren Score der beiden Spieler des Teams B entgegengehalten.

Das Spiel kann auch beginnen, wenn beide Teams noch nicht komplett sind. Es zählt dann halt nur das Ergebnis des einzelnen Spielers für das Team und das Streich-Ergebnis entfällt dann solange.

Jeder Spieler erhält 3/4 seines Handicaps. Das bessere Nettoergebnis des Teams pro Loch nach dem Verteilungsschlüssel auf der Scorekarte ergibt, ob das Loch gewonnen, halbiert oder verloren ist.

Sieger ist die Mannschaft, die mehr Löcher «Auf» ist als noch zu spielen sind.

Weitere Spielvarianten von 4 BBB:

• 4 BBB als Zählspiel, Strokeplay oder nach Stableford:
  ➔ Vgl. Nr. 449
• Best Ball Aggregatspiel.

➔ Diese Spielform eignet sich gut für Anfänger, da kein Druck besteht, auch wenn man mit jemandem spielt, der viel besser ist.

➔ Braucht nicht unbedingt viel Zeit, da Bälle aufgelesen, bzw. «geschenkt» werden können.

Gratuliere, das war ein Superputt! Da wir bestenfalls eine 5 erreichen können, geht das Loch an euch. .... Ihr seid jetzt 2 "Auf"

454

Vierball Best- und Schlechtest-Ball: Pro Loch wird innerhalb des Flights eine Kombinationswertung erstellt, deren Ergebnis entscheidet, welche Partei das Loch gewonnen oder verloren hat.

Natürlich kann auch geteilt werden.

Es werden Punkte nach folgendem Schlüssel verteilt:
• 1 Pt. für das Team, das den besten Ball pro Loch gespielt hat (kein Punkt, wenn es geteilt wird).
• 1 Pt. für das Team, das nicht den schlechtesten Ball pro Loch gespielt hat (kein Punkt, wenn es geteilt wird). Diese Variante wird eher mal zur Abwechslung gespielt.

Für die Handicapwertung gilt 3/8 der Differenz der beiden Teamhandicaps.

Gewonnen hat das Team, welches mehr Löcher «Auf» ist als noch zu spielen sind.

Weitere Spielvarianten von Vierball Best- und Schlechtest-Ball:

• 4 BBB Lochspiel: Vgl. Nr. 454

(!) Diese Spielform braucht viel Zeit, da alle Bälle ausgespielt werden!

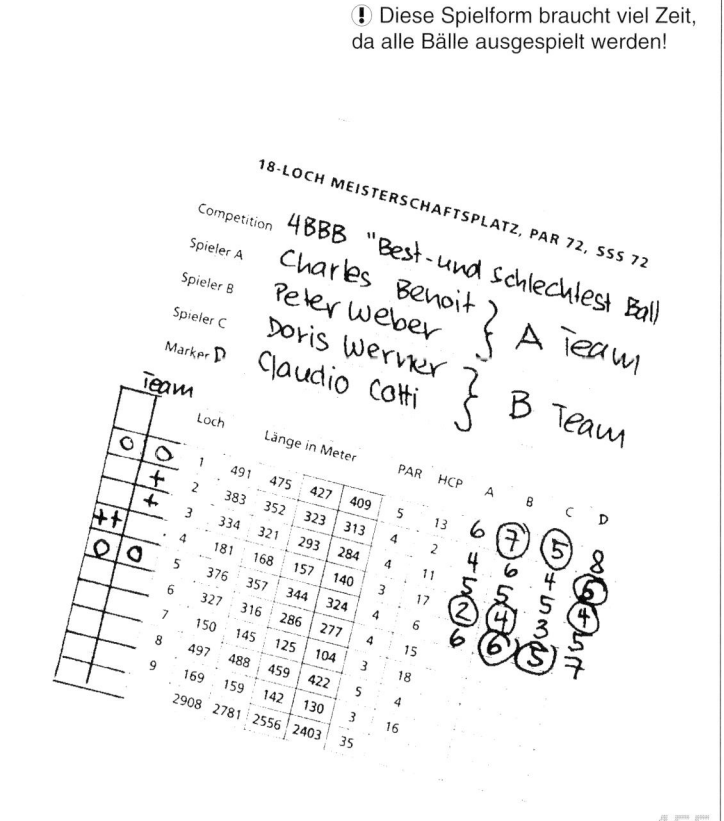

455

183

Sunningdale Vierer: Bei diesem beliebten Teamwettspiel, das nach einer Viererspielform (Foursome, Greensome, oder Chapman Vierer) zur Austragung kommt, wird ohne Handicap gespielt, d.h. das Team mit dem niedrigsten Bruttoscore gewinnt das Loch.

Allerdings kommt beim Sunningdale Vierer eine besondere Regelung zur Anwendung, die für ausgleichende Wirkung sorgt.

Wenn nämlich z.B. beim 12. Loch das Team A zwei «Auf» ist, muss dem Team B auf dem nächsten Loch ein Schlag Vorgabe gewährt werden. Falls dann Team A dieses 13. Loch verliert, geht der Sunningdale Vierer normal ohne Vorgabe weiter.

Halbiert oder gewinnt das Team A trotzdem dieses 13. Loch, wird auf den kommenden Spielbahnen solange dieser Vorgabeschlag gegeben, wie der Spielstand zwei oder mehr «Auf» ist.

Sieger ist das Team, das mehr Löcher «Auf» ist, als noch zu spielen sind.

Weitere Spielvarianten des Sunningdale Vierers:

• Sunningdale Zweier: Vgl. Nr. 438
• Sunningdale Dreier

⚠ Es ist bei der Zusammenstellung auf möglichst ausgeglichene Teams zu achten.

5.7 Fun-Spiele («Fun Games»)

Der Mensch ist nur dann ganz Mensch,
wenn er spielt!

Schiller

Was ist schöner als «Fun», «Spaß» oder auf Schweizerdeutsch «Plausch» zu haben?

Die große Palette der Fun-Spiele zeigt auch, wie verspielt der Mensch sein kann. Spielen um des Spielens Willen ist hier das Ziel, denn jedes dieser Wettspiele hat irgend eine Besonderheit, welche diese Verspieltheit ausdrückt.

Natürlich kann bei einzelnen Formen gewettet werden – die Angelsachsen sind halt vernarrte Wetter – auch wenn der Betrag eher symbolisch gemeint ist.

Quartett: Beim Quartett handelt es sich nicht etwa um ein Kartenspiel, sondern darum, dass vier Spieler, die ein Team bilden, je einen Schläger erhalten und einen Ball abwechslungsweise in möglichst wenig Schlägen ins Loch spielen.

Ein Spieler erhält den Driver zugeteilt, ein zweiter den Putter. Die anderen beiden Schläger werden von den zwei übrigen Teammitgliedern frei gewählt.

Auf dem Abschlag kommt der Driver zum Zug, auf dem Green darf nur der Putter eingesetzt werden. Im Zwischengelände, auf den Fairways, aus dem Rough und den Hindernissen muss strikt abwechselnd gespielt werden 1/4 der Einzelhandicaps ergeben addiert das Teamhandicap; beim Stableford zählen 3/4 davon. Es wird nur eine Scorekarte pro Team benötigt.

Sieger ist die Mannschaft mit dem besten Nettoscore.

Weitere Spielvarianten von Quartett:

• **Fourclub als Einzelwettspiel,** nach Stableford, wobei nur vier Schläger über den Platz mitgenommen werden dürfen, die dann situativ entsprechend eingesetzt werden (3/8 Handicap bei Stablefordwertung).

• **Portugiesischer One Club:** Die Spielreihenfolge der Schläger und Spieler muss über die ganzen 18 Löcher strikt abgewechselt werden, d.h. es muss evtl. mit dem Putter aus dem Sand gespielt oder mit dem Driver geputtet werden. Für das Teamhandicap zählen 3/8 der addierten Gesamtspielvorgabe (pro Spieler x 4).

⊖ Auch als Einzelspiel möglich.

457

Flaggenwettspiel Vierer: Der Flaggenwettspiel Vierer ist eine Variante des Foursome. Es ist also pro Team nur ein Ball im Spiel, der abwechselnd bis ins Loch geschlagen werden muss.

Ein Partner schlägt von den ungeraden (1, 3, 5, 7 etc.), der andere Partner von den geraden Spielbahnen(2, 4, 6, 8 etc.) ab. Jedes der beiden Teams in einem Viererflight erhält ein Fähnchen, das am Ende des Wettspiels, nach dem letzten Schlag auf der Spielbahn, einzustecken ist. Der Flaggenwettspiel Vierer eignet sich in Golf Clubs für besondere Gelegenheiten, z.B. zum Nationalfeiertag.

Sieger ist das Team das mit seiner Anzahl Schlägen am weitesten über die 18 Löcher kommt.

Wann ist nun der letzte Schlag und wie viele Schläge erhält jede Mannschaft?

Doris hat Handicap 26, Max hat Handicap 14. Die Summe halbiert ergibt 20. Da der Platzstandard 72 beträgt haben Doris und Max 92 Schläge zugute, um möglichst weit über den Platz zu kommen.

Doris hat, da sie bei den ungeraden Löchern an der Reihe war, bei der Spielbahn 17 abgeschlagen. Es war der 92. Schlag, deshalb markiert Max die Lage des Balles.

Weitere Spielvariante des Flaggenwettspiel Vierers:

• Flaggenwettspiel auch als **Einzelwettkampf** bei speziellen Gelegenheiten spielen; in der Schweiz z. B. am Nationalfeiertag (1. August).

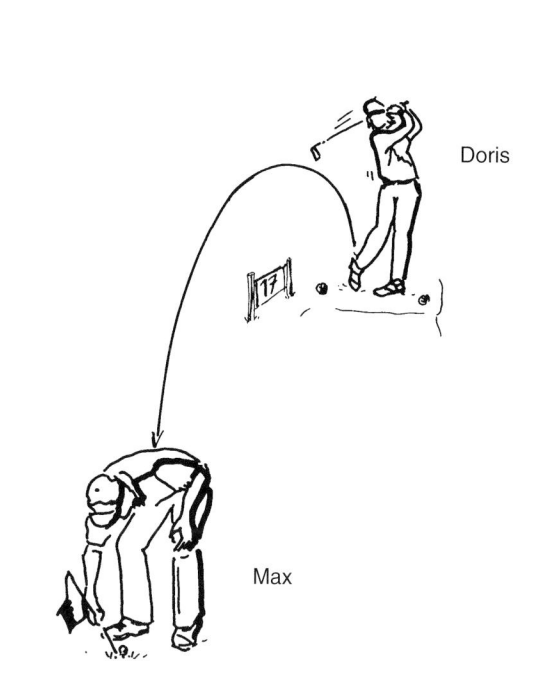

Doris

Max

458

Shanghai Vierer: Shanghaien ist ein Ausdruck aus der Seemannssprache und bedeutet in etwa jemanden «kidnappen» und als Crew auf sein Schiff verschleppen.

Bei dieser boshaften Variante von Greensome (Vierer mit Auswahldrive) dürfen die Gegner nach dem Abschlag entscheiden, welchen Ball die andere Partei weiterspielen muss.

Unschwer kann man sich vorstellen, dass beim Shanghai Vierer nur die verzwicktesten Lagen ausgewählt werden. Nun gut, dann sind «die Messer halt gewetzt», um bei der nächsten Gelegenheit am Gegner Revanche zu nehmen.

Weitere Spielvarianten des Shanghai Vierers:

• Shanghai Vierer als Lochspiel.
• Chapman Vierer als Shanghai Vierer, als Zähl- oder Lochspiel.

→ Rache ist süß …

459

Tiger & Rabbit: «Tiger & Rabbit» ist eine schöne Partnerspielform besonders in jungen Golfclubs, wo es viele Golfeinsteiger, eben *Rabbits* hat. Diese können hier von der Erfahrung stärkerer Golfer, den *Tigers,* profitieren.

Sieger ist die Mannschaft mit dem besten Nettoscore.

Viele der bekannten Wettspielformen können als Zählspiel zum Einsatz kommen. Wie wäre es als Beispiel mit folgendem Wettspiel: Die Tigers spielen alle Bälle bis aufs Green, die Rabbits putten ein. Eine gute Spielform, um neue Anhänger für den Golfsport zu begeistern. Diese Spielform wird auch etwa «Golfers and Guests» genannt.

Weitere Spielvariante von Tiger an Rabbit:

• Tiger and Rabbit als Chapman Vierer.
• Tiger and Rabbit als Greensome.

→ Beim Tiger and Rabbit können alle Arten von Vierer-Wettspielen angewandt werden, z.B.: Foursome, Greensome, Chapman Vierer, Texas Scramble, 4 BBB etc. als Zählspiel (Strokeplay oder Stableford) seltener auch als Lochspiel.

460

La change-Spiel (Viererwettspiel mit Partnerwechsel): In dieser unterhaltsamen Spielform innerhalb eines Viererflights ergeben sich für die vier Spieler A, B, C und D jeweils 3 Wettspiele, da nach sechs Löchern die Partner wechseln. Beispiel:

Spiel 1	Loch 1–6	A + B gegen C + D
Spiel 2	Loch 7–12	A + C gegen B + D
Spiel 3	Loch 13–18	A + D gegen B + C

Es kann somit dreimal gewertet und natürlich auch gewettet werden. Pro Wettspiel setzt jeder Spieler 1 Ball, d.h. total stehen von allen Spielern 4 x 3 Bälle = 12 Bälle zur Verteilung.

Die Gewinner des jeweiligen Spiels erhalten je 2 Bälle = 4 Bälle, bei 3 Wettspielen = 12. Die drei Wettspiele können aus der Palette der Viererspiele beliebig ausgewählt werden z.B. Foursome, 4 BBB, Greensome, etc, Strokeplay oder nach Stableford.

Sieger ist der Spieler, der nach dem 3. Spiel am meisten Bälle hat.

Diese speziell in den USA populäre Spielform ist besonders bei vier ausgeglichenen Golfern und Golferinnen geeignet, die oft miteinander spielen und daher die Abwechslung schätzen, eben: *la change*.

Weitere Spielvariante von La change:

• Wenn nur Viererwettspielarten gespielt werden, in denen jeder Spieler seinen eigenen Ball einlocht, kann über alle 18 Spielbahnen auch noch eine **Einzelwertung** erstellt werden. Es kann dann noch ein vierter Ball pro Spieler eingesetzt werden, dieser Jackpot fällt dann vollumfänglich an den Sieger.

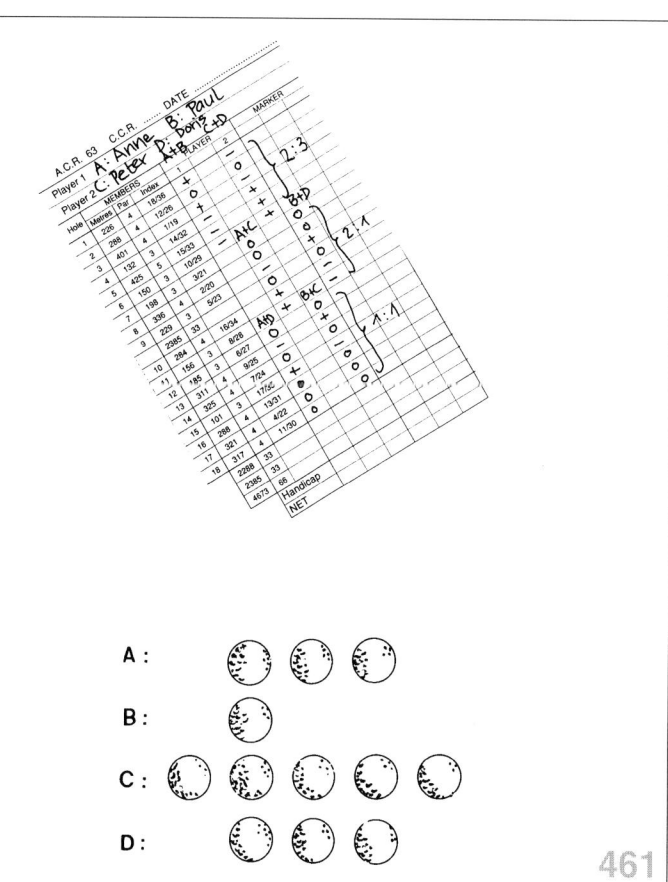

461

Bindfaden Vierer: Bei dieser Spielvariante von Foursome, Greensome oder des Chapman Vierers erhält jedes Zweierteam einen Bindfaden.

Auf den 18 Spielbahnen darf dieser Faden Stück für Stück eingesetzt werden, um sich aus einer schlechten Situation zu befreien, seine Lage zu verbessern oder gar ins Loch zu gelangen. Man schneidet ein Stück des Fadens in jener Länge ab, um die man den Ball besser legt. Ausgenommen davon sind Lagen im Wasserhindernis oder «Out of Bounds». Die Länge des Bindfadens errechnet sich aus dem addierten Handicap der beiden Spielpartner. Pro Punkt des Handicaps wird von der Turnierleitung ein Meter Bindfaden ausgemessen und zusammen mit einer Schere dem Team abgegeben. Jedes abgeschnittene Stück entspricht einem Schlag. Welchem Team gelingt es nun, seinen Bindfaden am besten über die 18 Löcher einzuteilen?

Sieger ist die Mannschaft mit dem besten Nettoscore.

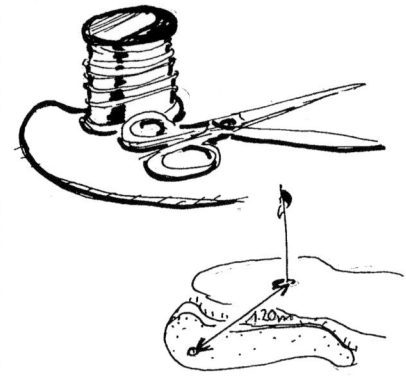

! Der Bindfaden Vierer ist eine sehr zeitintensive Spielform!

→ Weitere Spielvarianten des Bindfaden Vierers:

• Bindfaden Vierer als Foursome, Greensome oder Chapman Vierer.

• Bindfadenspiel als *Einzelwettspiel* (Zählspiel).

Blind hole: In einem Viererflight spielen die beiden Zweierteams eine der bewährten Wettspielarten wie Foursome oder Greensome, Strokeplay oder nach Stableford über 18 Löcher. Dabei wird das Bruttoergebnis des Teams aufgeschrieben.

Nach dem Wettkampf lost die Spielleitung im Clubhouse 9 Löcher aus. Daher der Name «Blind Hole». Diese 9 Löcher kommen in die Wertung, die andern neun fallen weg. Natürlich spielt hier das Glück eine Rolle, aber das macht den Reiz dieser Spielform eben aus. Das Teamhandicap errechnet sich aus der Vorgaberegelung der gewählten Spielform multipliziert mit 1/2.

Sieger ist die Partei mit dem besten Nettoscore.

Weitere Spielvariante von Blind hole:

• Blind Hole als **Einzelwettspiel**

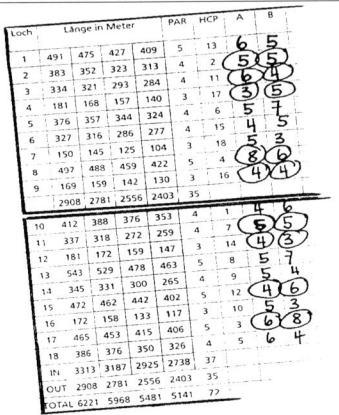

Loch	Länge in Meter				PAR	HCP	A	B
1	491	475	427	409	5	13	6	5
2	383	352	323	313	4	2	5	4
3	334	328	293	284	4	15	6	4
4	181	168	157	140	3	6	5	5
5	376	357	344	324	4	4	5	5
6	327	316	286	277	4	15	4	3
7	150	145	125	104	3	11	5	4
8	497	488	459	422	5	3	8	6
9	169	159	142	130	3	16	4	4
OUT	2908	2781	2556	2403	35			
10	412	388	376	353	4	1	4	6
11	337	318	272	259	4	7	5	5
12	172	159	142	147	3	12	4	3
13	543	529	478	463	5	4	5	4
14	346	331	300	265	4	2	4	5
15	472	462	442	402	5	5	5	3
16	172	158	133	117	3	13	6	5
17	465	453	415	406	5	6	6	8
18	386	376	350	326	4	8	6	4
IN	3313	3187	2925	2738	37			
OUT	2908	2781	2556	2403	35			
TOTAL	6221	5968	5481	5141	72			

463

Syndikat oder Skins: Dies ist ein Fun-Spiel für wettfreudige Golferinnen und Golfer, als Zweier, Dreiball oder Vierball Best Ball in anderer Zusammensetzung. Pro Loch wird ein Einzel- oder Teameinsatz bestimmt. Der alleinige Bestball, das Nettoscore gerechnet, gewinnt den gesamten Spieleinsatz auf der jeweiligen Spielbahn.

Wird das Loch halbiert, wird der gesamte Einsatz solange dem nächsten Loch zugeschrieben (Carry-Over), bis ein Spieler oder Team mit alleinigem bestem Nettoresultat den ganzen, natürlich kumulierten Einsatz gewinnt. Wird am 18. Loch geteilt, gibt es ein Stechen. Im Allgemeinen wird so weitergespielt, bis jemand allein oder als Team den alleinigen besten Ball erzielt hat. Am besten wird unter etwa gleich stark Spielenden ohne Handicap, also «offen», gespielt. Sonst gilt bei Einzelspielern 3/4 Vorgabe-Unterschied zum bzw. zur Besten oder 3/8 des Unterschieds Team A zu Team B.

➔ Dreiball: Vgl. Nr. 446; Vierball Best Ball: Vgl. Nr. 454

464

Press: In diesem Matchplay Competition gilt, dass wenn eines der Zweierteams 2 «Down» ist, die Möglichkeit besteht, die andere Partei zu «pressen». Das alte Spiel läuft weiter, und es beginnt das 2. Spiel neu. Wenn also Team A nach 4 Löchern 2 «Down» ist und die nächsten 4 Löcher gewinnt, dann ist Team A im 1. Match «All square» und im 2. Spiel 2 «Auf». Hätte Team A aber auch das 2. Match verloren, wäre es im 1. Spiel 4 «Down» und im 2. Match 2 «Down». Natürlich besteht wiederum die Möglichkeit zu pressen für ein drittes Spiel usw. bis zum 18. Loch, wo der Endstand aller Spiele festgestellt und die Wetten ausbezahlt werden.

Beim 17. Loch kann der «Last Hole Press» (Generalpress) angeboten werden, d.h.: Gewinnt dann die pressende Mannschaft, so ist der ganze Verlust hinfällig, der Match «All Square»; andernfalls muss der doppelte Einsatz bezahlt werden.

Im Gegensatz zum «Press» muss der «Last Hole Press» nicht angenommen werden. Sieger ist das Team mit dem besten Endstand aus allen Matches.

➔ Für wett- und nervenstarke Golferinnen und Golfer.

465

Bingle, Bangle, Bungle: Bei diesem sehr beliebten Fun Game, das sehr abwechslungsreich ist, kommt es nicht darauf an, mit möglichst wenigen Schlägen einzulochen.

Es werden 3 Punkte verteilt. Einen Punkt gewinnt, wer zuerst auf dem Green ist (bingle), am nächsten zur Fahne liegt (bangle) oder zuerst einlocht (bungle).

Es kann also durchaus sein, dass man an einem Loch Punkte gewinnt, obwohl man 6 oder 7 Schläge benötigt hat. Alle, ob «Tiger» oder «Rabbit», können somit im gleichen Flight ihren Spaß haben. Handicaps kommen hier nicht zur Anwendung.

Gewonnen hat, wer nach 18 Löchern am meisten Punkte erzielt hat.

⊖ Sehr unterhaltsame Spielform ohne Handicap – aber die Regeln haben es in sich!

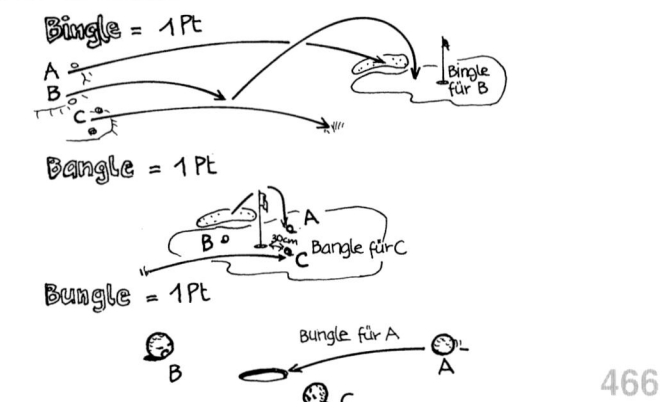

Nassau Vierer (Zwei-Dollar-Nassau): Bei dieser Wettspielart wird um 3x2 Dollar (oder natürlich auch um andere Wetteinsätze) gespielt.

Gewertet und mit 2 Dollar belohnt wird das Ergebnis der ersten 9 Löcher (Front-Nine), sodann die zweiten 9 (Back-Nine) und das Ergebnis der gesamten 18 Löcher (Total).

Es wird mit voller Vorgabe gespielt.

Mögliche Spielvarianten:

• Nassau nach Stableford oder gegen das Par des Platzes.
• Nassau Zweier.
• Nassau Dreier.
• Auch als «Press» gern gespielt; ⊖ vgl. Nr. 465

⊖ Für wettfreudige Golferinnen und Golfer.

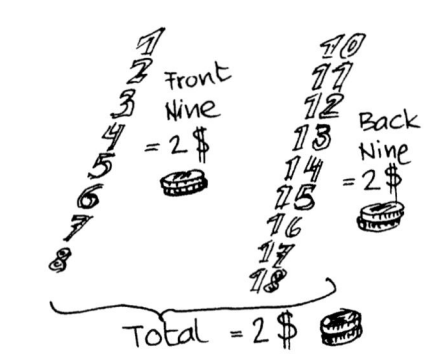

5.8 Spezialwertungen

Bei Turnieren

Die Rosinen in einem guten Golfturnier sind die Spezialwertungen. Da hat jede Golferin bzw. jeder Golfer eine kleine Chance – hohes Handicap hin oder her!

Spezialwertungen erhöhen die Spannung sowohl im Spiel … und während der Rangverkündigung.

Zudem ermöglicht diese Form den Sponsoren, sich mit vielen Preisen und Geschenken den Teilnehmenden nachhaltig in Erinnerung zu rufen.

«Unter Freunden»

Einige Spezialwertungen sind im Golfsport «ungeschriebenes Gesetz» für den ganzen Flight, deren Einlösung, z.B. mit einem Drink, absolute Ehrensache ist.

In ganz speziellen Situationen kann bei einem missglückten Schlag auch einmal ein Auge zugedrückt werden, eben …

«unter Freunden»!

Sowohl bei Turnieren wie unter Freunden gilt:

Immer schön locker bleiben
und nicht zu viel wollen!

Nearest to the Pin: Diese beliebte Spezialwertung bei Par-3-Löchern gewinnt, wer nach dem Abschlag auf dem Green am nächsten zur Fahne spielt, bzw. dessen Ball sich eben «Nearest to the Pin» befindet.

Es wird bei der Spielbahn unmittelbar neben dem Green auf einer kleinen Stecktafel nur die aktuell nächste Position mit Namen festgehalten. Das Messen (Distanz vom Lochrand bis zum Ballrand) mit dem Messband, das ebenfalls neben dem Green liegt, übernimmt immer ein anderes Mitglied des Flights, um allfällige Messfehler möglichst zu umgehen.

Bei einem größeren Turnier kann es 1–3 solcher Spezialwertungen geben. Eine zusätzliche Spannung bei der Rangverkündigung ist dadurch im Voraus gesichert!

(!) Nur auf dem Green!

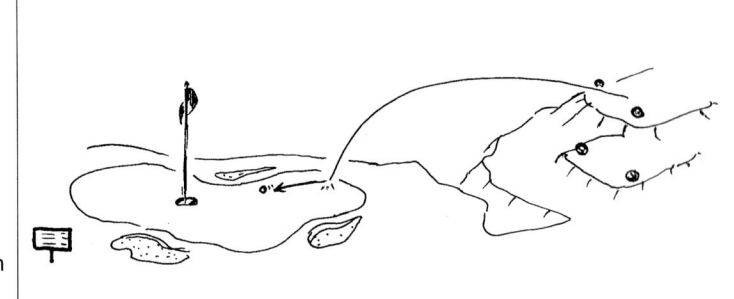

468

Longest Drive: Den longest Drive, gewertet jeweils ab dem Men's Tee und Ladies-Tee, gewinnt, wer mit dem Abschlag die größte Distanz zurückgelegt hat.

Es wird auf dem Fairway eine kleine Tafel beim aktuell weitesten Abschlag (Damen und Herren getrennt) gesteckt und der Name des bzw. der Glücklichen mit der größten Weite vermerkt.

Diese Spezialwertung ist natürlich etwas für Longhitter, die hier ihre allfälligen Mängel und Schwächen im kurzen Spiel kompensieren können.

⊖ Bei geeigneten Par-4- oder Par-5-Löchern.

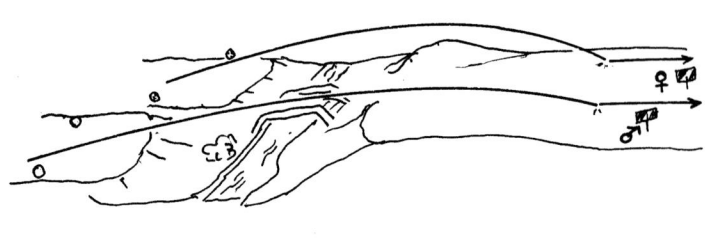

469

5.8 Spezialwertungen

Hole-in-One oder As: Auf Pro-Turnieren und vermehrt auch bei Amateurturnieren wird an einem bestimmten Par-3-Loch für ein As ein Auto oder ein anderer hochdotierter Preis ausgesetzt.

Warum einige nationale Golfverbände etwas dagegen haben, ist eigentlich nur schwer einsehbar, handelt es sich doch bei einem Hole-in-One wirklich um einen Glücks- bzw. «Lotterie-Schlag».

Verglichen mit einem Lotto-Gewinn sind die Chancen bei einem As mit 1:45 000 natürlich etwas grösser. Dennoch kommt niemand zu Schaden, denn das seltene Ereignis kann gut versichert werden.

Für die Mitbewerber fällt bei solch einem Glücksfall wohl sicher die eine oder andere Runde an edlen Getränken ab ...

Abschluss einer

«Hole-in-One-Versicherung» für sFr. 50.-
(für Golf&Country-Abonnenten) bei:

vip media Verlag

Alte Landstrasse 19

CH-8596 **Scherzingen**

Fax 071 686 50 66

(➔) vgl. S. 229)

470

Ladiestee: Gelingt es einem Spieler von seinem (Männer-)Abschlag aus nicht, über das markierte Ladiestee zu schlagen, dann löst dies – ganz klarer Fall – am «19. Loch» eine Runde aus!

Weitere Spielvarianten zu Ladiestee:

• Auch weitere Runden im Wiederholungsfall werden gerne akzeptiert oder «gutgeschrieben».

(!) Nur Männer zahlen!

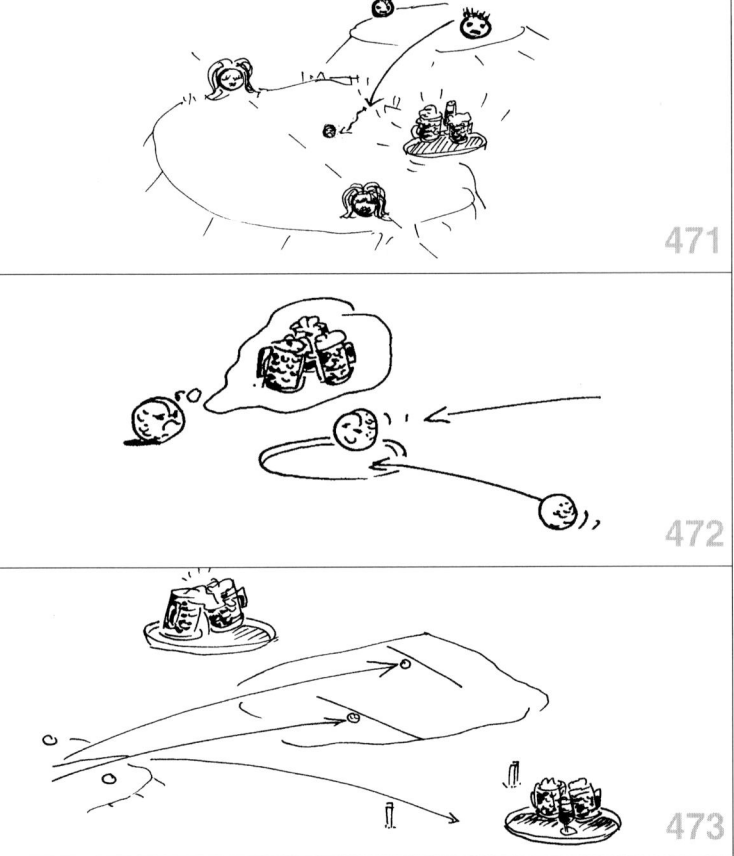

Am 18. Loch – Schwarzer Peter oder «Last In»: In einem Flight unter Freunden oder wenn speziell vereinbart, muss, wer zuletzt einlocht, die obligate Runde im «19. Loch» übernehmen. Dabei wird natürlich streng nach geltenden Spielregeln vorgegangen, d.h.: Wer am weitesten vom Loch entfernt liegt, muss zuerst spielen.

Es gibt keine «geschenkten» Bälle oder vorgezogene Puts. Pech ist natürlich, wenn ein Put am Lochrand hängen bleibt. Doch darüber werden sich die andern nicht ärgern …

(!) Ein Birdie- oder Par-Resultat verschont nicht vor dem Schwarzen Peter!

Am 18. Loch – Bierdrive: Wer den kürzesten Abschlag auf dem Men's Tee bzw. auf dem Ladies' Tee spielt, löst das «Problem» mit einer Runde Bier am «19. Loch».

Auch Bälle im «Out of Bounds» werden von den Mitspielenden sicher ebenfalls dankend vermerkt. Die Erinnerung daran lässt sich sowieso am besten mit einem kühlen Bier wegschwemmen …

(!) Für einstellige Handicaps: Bälle müssen auf dem Fairway liegen.

5.9 Golfspiel-Börse

Es gibt noch mehr Ideen

Haben dich einige der vorgestellten Spielideen begeistert? Viele kanntest du bestimmt bereits. Es gibt noch viele andere wie z.B. die folgenden:

- *Midnight-Golf:* Anlässlich einer Party wird ein «Midnight-Golf-Spiel» mit Leuchtbällen organisiert. Je nach Platzverhältnissen wird geputtet, gechippt oder sogar auf einer Driving Range abgeschlagen. Wessen Ball landet am genauesten an der beleuchteten Stelle?

- *Fern-Golf:* Auf diversen Golfplätzen an verschiedenen Orten oder sogar in verschiedenen Ländern starten zur selben Zeit 2er-, 3er- odor 4er-Flights zu einer Golfrunde. Vorgängig wird der Spielmodus bis ins Detail vereinbart und von allen Teilnehmenden akzeptiert. Nach der Runde melden alle Teams ihre Resultate per Fax oder via E-mail an eine zentrale Stelle. Dort werden die Resultate ausgewertet und wiederum per Fax oder E-Mail an die Teilnehmenden zurückgemeldet oder in einer anderen Form veröffentlicht.

Wer macht mit?

Wie wäre es, wenn du eigene Wettspielformen erfändest? Kennst du eine, welche auch andere Golfspielerinnen und Golfspieler begeistern würde? Gibst du diese Lieblingsspielform sogar bekannt? Es kann sich durchaus auch um eine ganz einfache Form handeln!

Die folgende Seite ist dafür reserviert! Notiere gute Ideen, probiere sie aus ... und schicke sie ein. Findet sie Anklang, wird sie in einer nächsten Auflage im Anhang dieses Buches unter deinem Namen veröffentlicht. Die beste Idee wird mit einer Aktie prämiert!

Mach mit!

Auf diesem Weg bist du aufgefordert, für die nächste Auflage dieses Buches Vorschläge, Verbesserungen, Varianten, Korrekturen und neue Ideen mitzuteilen. Besten Dank!

Kontaktstellen

Walter Bucher	E-Mail:	bupro@bluewin.ch
	Fax:	071 455 11 32
Edi Bachmann	Fax:	041 920 14 59

Wir freuen uns auf deine Nachricht!

		1.
		2.
		3.

Kapitel 6

Wissenswertes über Golf

Es gibt immer mehr
Golf-Plätze «für alle»!

Im Sommer 1999 wurde,
gleichzeitig mit dem Erscheinen
des vorliegenden Buches
«484 Spiel- und Übungsformen
im Golf», eine neue
Anlage eröffnet:

Golfpark Waldkirch

Autobahn A1
Zürich – St. Gallen
Ausfahrt Gossau/Arnegg

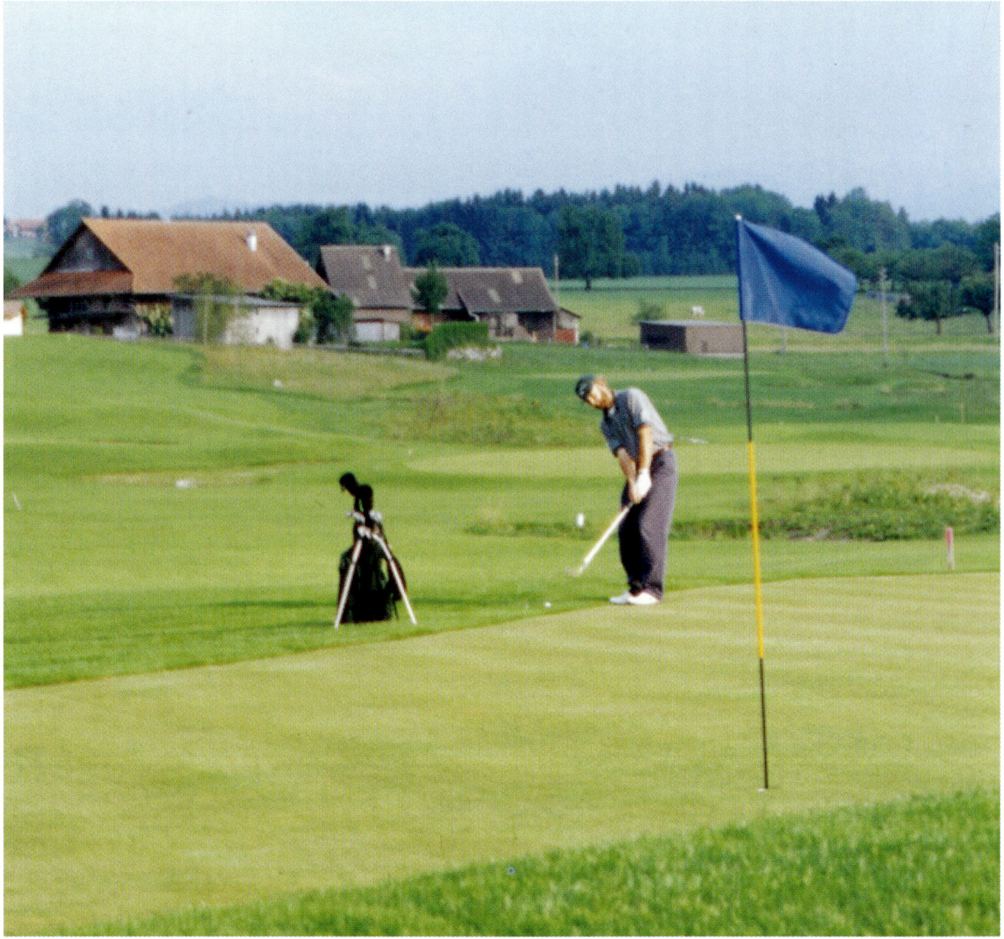

Inhaltsverzeichnis

6.1 Etikette und Regeln 202

6.2 Kleines «Golf-ABC» 204

6.3 Neue Handicapmethode 208

6.4 Golfplatz 209

6.5 Golfschläger und Golfball 211

6.6 Einige Regeltestfragen … auch für dich! 212

6.7 Vom Freizeitgolfer zum «Freien Golfer» 214

6.1 Etikette und Regeln

Für das Golfspiel sind im Laufe der Zeit eine Menge Regeln erstellt worden, denn die möglichen Vorfälle auf einem Golfplatz sind zahlreich.

Die Regeln werden alle vier Jahre neu überarbeitet. Der Royal and Ancient Golf Club of St. Andrews und die United States Golf Associates sind für die alle vier Jahre erfolgende Überarbeitung der Regeln verantwortlich. Der Deutsche Golf Verband (DGV) übersetzt diese Regeln und bringt sie in Form eines kleinen Büchleins heraus. Da es unsinnig ist, alle Regeln auswendig zu lernen, sollte jeder dieses Büchlein in seiner Golftasche haben, um auf dem Platz unklare Regelfragen nachlesen zu können. Die wichtigsten Grundregeln allerdings muss jeder Golfspieler kennen.

Das Regelbuch ist in drei Hauptabschnitte eingeteilt:

Etikette
Erklärungen
Regeln

Die *Erklärungen* sind die Voraussetzung für das Verständnis der Regeln, da sie festlegen, was z.B. ein Loch, der Platz, ein Zähler, lose Gegenstände, Hindernisse, Hemmnisse usw. sind.

Insgesamt gibt es 34 Regeln und einen Anhang, der uns jedoch weniger interessiert. Die Regeln haben ungefähr den Wortlaut eines Gesetzbuches. Alle Abschnitte sind exakt formuliert, und jedes Wort ist wichtig. Generell wird zwischen *Zähl- und Lochspiel* unterschieden.

Im *Zählspiel* wird die Summe der Schläge über eine festgelegte Anzahl Löcher (meist 18) gewertet. Jeder spielt also gegen jeden.

Beim *Lochspiel* findet ein Spiel «Mann gegen Mann» über eine festgelegte Runde statt. Nur wer gewinnt, kommt weiter. Die Wertung erfolgt beim Lochspiel, wie der Name sagt, pro Loch; die Gesamtzahl der Schläge ist uninteressant. Benötigt eine Person ein oder mehrere Schläge weniger als ihr Gegner, hat sie das Loch gewonnen. Die Bezeichnungen sind ein oder mehrere Löcher *auf* (besser), *all square* (Gleichstand) oder ein oder mehrere Löcher *down* (schlechter). Gewonnen hat, wer mehr Löcher auf ist als noch zu spielen sind. So kann das Spiel z.B. schon am 12. Loch beendet sein, wenn der Gegner schon 7 Löcher *auf* ist. Im Zählspiel erfolgt die Wertung immer über die volle, festgelegte Anzahl der Löcher.

Die Bezeichnung *Partner* ist beim Loch und Zählspiel gleich. Spielen z. B. in einer besonderen Spielform zwei Personen zusammen, so ist jeder Partner des anderen.

Alle *Regelfälle* würden ein ganzes Buch füllen. So darf man z. B. niemals den Ball schieben oder löffeln, er muss immer geschlagen werden. Aber weitere Erklärungen würden ins Endlose führen und sind für den Anfänger nur verwirrend. Mit der Zeit wird sich automatisch mehr Regelwissen anhäufen. Wirklich bewusst lernt man die Regeln erst, wenn man sie anwenden muss. Beim Zählspiel kann man im Fall einer Unsicherheit grundsätzlich einen zweiten Ball ins Spiel bringen und diesen dann unter einer anderen Regelauslegung zu Ende spielen. Beide Ergebnisse werden notiert und bevor die Zählkarte abgegeben wird, entscheidet das Schiedsgericht, welche Zählweise gelten soll.

Beim *Lochspiel* muss sofort entschieden werden. Wichtig ist nur, dass man sich dem etwas trockenen Thema *Regeln* zuwendet. Denn es ist immer peinlich, aus Versehen gegen eine Regel zu verstoßen. Der Mitspieler oder Gegner hat dann das volle Recht, einem dafür die vorgesehene Strafe aufzuerlegen, und die muss akzeptiert werden.

Die *Etikette* beschreibt nichts anderes als das sportliche Verhalten auf dem Platz. Die Nichtbeachtung der Etikette zieht zwar keine Strafschläge, dafür den Ärger der Mitspieler nach sich. Ohne die Einhaltung der Etikette kann kein flüssiges und sportlich faires Spiel stattfinden.

Die Etikette dient auch dazu, den Platz bestmöglichst zu schonen. Hier in Stichworten die wichtigsten Punkte:

• Das Spiel soll ohne unnötige Verzögerung ablaufen.

• Wenn man einen Ball länger als 5 Minuten suchen muss, sollen nachfolgende, wartende Partien durchspielen können (ein kurzer Wink genügt).

• Man darf erst spielen, wenn die Spiele außer Schlagreichweite sind.

• Ist eine Spielbahn vollständig frei und warten hinten Spieler, so sollte man zur Seite gehen und diese durchlassen.

• Nach dem Einlochen verlässt man so schnell wie möglich das Grün und schreibt das Spielergebnis erst am nächsten Abschlag auf.

• Nimmt der Mitspieler oder Gegner seine Ansprechposition ein, darf man weder sprechen noch sich bewegen.

• Mitspieler oder Golftaschen stehen immer gegenüber vom Spieler. Positionen seitlich oder hinter dem Rücken des Spielers stören und behindern die Konzentration.

• Jede Partie, die in ordnungsgemäßer Reihenfolge die Bahnen spielt, hat das Vorrecht gegenüber anderen Partien, die irgendwo dazwischen gekommen sind (v.a. nach 9 Löchern).

• Man darf höchstens zu viert spielen. Bei Andrang, insbesondere am Wochenende, sollte man es vermeiden, alleine zu spielen.

• Im Sandhindernis müssen alle Spuren mit dem dafür vorgesehenen Rechen eingeebnet werden.

• Herausgeschlagene Rasenstücke (Divots) müssen wieder zurückgelegt und festgetreten werden.

• Auf dem Grün müssen die Einschlaglöcher (Pitchmarken), verursacht durch hart aufschlagende Bälle, ausgebessert werden.

• Die Fahne muss wieder ins Loch zurückgesteckt werden. Es ist darauf zu achten, dass der Lochrand nicht beschädigt wird.

• Die Golftaschen dürfen nicht auf das Grün gelegt werden. Es ist auch nicht erlaubt, das Grün mit dem Caddiewagen zu überqueren.

• Bei Probeschwüngen ist darauf zu achten, dass der Rasen auf dem Abschlag nicht zerstört wird.

• Man darf nicht auf die Puttlinie des Mitspielers oder Gegners treten (Puttlinie = Linie zwischen Ball und Loch).

6.2 Kleines «Golf-ABC»

Abschlag
Erhöhte Rasenfläche, von der aus der erste Schlag auf das jeweilige Loch ausgeführt wird. Es gibt Abschläge für Damen, Herren und Pros. Sie unterscheiden sich durch verschiedene Abstände zur Fahne, wobei der Pro-Abschlag am weitesten entfernt ist.

Albatros
Drei Schläge unter Par des Loches.

All square
Die Gegner liegen gleich.

Ansprechen
Ansprechen nennt man die Sekunden der Ruhe, in denen sich der Golfer auf seinen Schlag konzentriert. In diesen Momenten herrscht absolutes Sprechverbot, sogar sich zu bewegen wird vermieden.

Annäherung
Sind Schläge aus mittlerer bis kurzer Entfernung zum Loch.

Approach
Annäherungsschlag zum Grün.

As
Wer mit einem Schlag vom Abschlag ins Loch trifft, schlägt ein As. Dieser Glücksfall wird nach Spielende mit einer Runde an die Mitspieler im Clubhaus am «19. Loch» bezahlt.

Backspin
Rückwärtsdrall des Balles, der durch die Rillen des Schlägerkopfs erzeugt wird.

Bag
Bag nennt man die Tasche, in der die Schläger transportiert werden.

Birdie
Spielt man ein Loch mit einem Schlag unter Par, z. B. an einem Vierer-Loch mit drei Schlägen, so nennt man das Birdie.

Bogey
Ein in einem Schlag über Par gespieltes Loch.

Bunker
Oft künstliche Bodenvertiefungen, die mit Sand ausgefüllt sind.

Brutto
Der Brutto-Sieger ist derjenige, der über 18 Löcher am wenigsten Schläge braucht, ohne die Vorgabe (Handicap) zu berücksichtigen.

Caddie
Er trägt die Golftasche bzw. zieht den Wagen und soll den Spieler bei der Auswahl des Schlägers beraten können. Zusätzlich muss er genau beobachten, wohin der Golfball fliegt, um ihn wiederzufinden.

Chip
Kurzer Annäherungsschlag.

Club
Das ist nicht nur der Verein, dem man angehört, sondern auch das englische Wort für Schläger.

Divot
Ein Rasenstück, das bei einem Schlag herausgerissen wird.

Course Rating (CR)
Widerspiegelt den Schwierigkeitsgrad eines Platzes für einen Scratch-Spieler (Hcp 0).

Dimples
Einbuchtungen im Golfball.

Dogleg
Ein Fairway, das eine Abbiegung nach links oder rechts aufweist.

Doppelbogey
Ein in zwei Schlägen über Par gespieltes Loch.

Draw
Ein Schlag, der in gerader Linie leicht nach rechts vom Ziel geht und dann nach links abbiegt.

Driver
Als Driver wird das Holz 1 bezeichnet.

Driving Range
Der Übungsplatz, auf dem man alle Schläge lernen und trainieren kann.

Droppen
Braucht z.B. ein Spieler während des Spiels einen neuen Ball, so muss er ihn droppen, das heißt: Aufrecht stehen, den Ball mit ausgestrecktem Arm in Schulterhöhe halten und ihn fallen lassen.

Eagle
Zwei Schläge unter Par des Loches.

Ehre
Die Ehre hat derjenige Spieler, der mit den wenigsten Schlägen eingelocht hat und somit am folgenden Loch als erster abschlagen darf.

Eisen
Schläger mit Stahlschlagfläche. Sie sind je nach Neigungswinkel der Schlagfläche von 1–11 nummeriert.

Etikette
Neben den Regeln, die den Spielverlauf festlegen, gibt es die Etikette, die auch das Verhalten der einzelnen Spieler zueinander ordnet.

Fade
Der Ball geht zunächst leicht nach links und schwenkt dann nach rechts (vgl. Draw).

Fahne
Sie hängt an einer Stange im Loch und signalisiert, wohin man spielen muss.

Fairway
Spielbahn.

Flight
Eine Golfgruppe (max. 4 Personen), die zusammen spielt.

Fore
Warnruf, falls anderen Spielenden durch einen misslungenen Schlag Gefahr droht (Sprich: «Foor!»)

Green
Besonders gepflegte, kurzgeschnittene Rasenfläche um das Loch.

Greenfee
Gebühr, die Spieler entrichten müssen, wenn sie nicht auf ihrem Heimplatz, sondern auf einem fremden Platz spielen.

Grün
Siehe Green.

Handicap
Zu deutsch: Vorgabe. Die Vorgabe wird vom Spielausschuss des Clubs für jeden Spieler anhand seiner Wettspielergebnisse festgelegt. Gerechnet wird dabei die Zahl der Schläge über dem Platzstandard. Diese Mehr-Schläge ergeben dann die Vorgabezahl des Spielers. Also: Wenn ein Platz einen Standard von 72 Schlägen hat und ein Spieler braucht tatsächlich nur 72 Schläge für alle 18 Löcher, dann erhält er die Vorgabe (Handicap) 0 (scratch). Hat er aber 84 Schläge gebraucht, dann ist sein Handicap 84 weniger 72, also 12. Die Handicap-Scala reicht von 0–36.

(«Neue Handicapmethode»: ➔ Vgl. Kap. 6.3, S. 208)

Hindernis

Im Golf-Englisch «Hazard» genannt. Jene Geländeveränderungen, die Golfplatzarchitekten in die Fairways einbauen, um das Spiel interessanter zu machen. Das können Bäume sein, die mitten auf dem Fairway stehen, Bunker oder kleine Seen.

Holz

Die Köpfe dieser Schläger sind aus speziell bearbeitetem Holz oder Metall hergestellt. Ihre Schäfte sind länger. Sie werden beim Abschlag (Drive) und für die weiten Schläge auf dem Fairway benutzt. Die klassische Aufteilung reicht von Nummer 1 (Driver) bis zu Holz-Nummer 7, dessen stark angewinkelte Schlagfläche einen Holzschlag auch aus unebenen Lagen ermöglicht. Heute wird statt Holz meistens Metall, Graphit oder Titan als Grundlage verwendet.

Hook (für Rechtshänder)

In scharfer Kurve nach links geschlagener Ball.

Loch

Englisch «hole». Für Golfer hat das «Loch» zwei Bedeutungen. Einmal bezeichnet man damit jene runde Öffnung im Boden, in die der Ball eingelocht werden muss. Es befindet sich auf dem «Grün» und ist schon von weitem durch eine Stange mit Fahne zu erkennen. Sein Durchmesser beträgt 10,8 Zentimeter. Zweitens nennt man das Loch auch die gesamte zu spielende Fläche zwischen Abschlag und dem eigentlichen Loch auf dem Grün.

Lochspiel

Eine Spielart, bei der nicht die Gesamtzahl der Schläge für alle 18 Löcher zusammengezählt wird, sondern nur die Schläge, die man für die einzelnen Löcher benötigt.

Netto

Die Zahl der Schläge nach Abzug der Vorgabe. Der Spieler hat z.B. eine Vorgabe (Handicap) von 20, der Platz hat eine Einheit (Standard) von 72, also muss der Spieler, wenn er sein Handicap spielt, mit 92 Schlägen alle 18 Löcher spielen. Braucht er aber nun 98 Schläge, dann zieht man seine Vorgabe (20) davon ab, und er hat die Runde in Netto 78 gespielt.

Open

Offene Meisterschaft. Ein Meisterschaftswettspiel, an dem sich sowohl Berufsspieler (Pros) als auch Amateure beteiligen können. Es werden keine Vorgaben berücksichtigt.

Par

Auf jedem Platz hat der Spielausschuss festgelegt, wie viele Schläge ein Scratch-Spieler braucht, um vom Abschlag den Ball ins Loch zu bringen. Diese Zahl nennt man Par. Das Minimum sind drei, das Maximum für lange Löcher sind fünf Schläge, wobei jeweils zwei Schläge für die Putts auf dem Grün eingerechnet sind. Die Summe der Par-Zahlen von 18 Löchern ergibt den Standard des gesamten Platzes.

Pin

Internationaler Ausdruck für den Fahnenstock.

Pitch

Ein hoher Annäherungsschlag aus einer Distanz von 50–100 m.

Pitch marks

Einschlaglöcher auf dem Grün, die der Verursacher mit der «Pitch-Gabel» ausbessern muss

Platzreife

Die Platzreife ist eine Art «Golf-Führerschein». Die Anforderungen variieren von Golfclub zu Golfclub. Die Platzreifeprüfung besteht aus einem theoretischen und einem praktischen Teil. Im Theorieteil wird im Bereich der Regeln und Etikette ein minimales Grundwissen geprüft; bei der praktischen Prüfung muss meistens eine gewisse Anzahl Stablefordpunkte auf 9 bzw. 6 Löchern erspielt werden.

Weiter Informationen bezüglich Platzreife sind z.B. über die Sekretariate der Golfverbände in den einzelnen Ländern erhältlich (➔ vgl. dazu Kap. 6.7 Vom Freizeitgolfer zum Freien Golfer, S. 214).

Pro (shop)

Berufsgolfspieler und Golflehrer. Der ProShop befindet sich meistens im Clubhaus. Hier erhält jeder Spieler, was er zum Golfspiel braucht.

Probeschlag
Vor dem eigentlichen Schlag werden absichtlich Probe-Luftschläge ausgeführt, das heißt, der Ball wird nicht getroffen.

Pull
Gerader Schlag, bei dem die Flugbahn des Balles links vom Ziel endet.

Push
Gerader Schlag, bei dem die Flugbahn des Balles rechts vom Ziel endet.

Putter
Man benutzt ihn, um auf dem Grün den Ball ins Loch rollen zu lassen.

Putting Green
Eine Grünfläche mit mehreren Löchern, auf der man das Putten üben kann.

Rough
Das rauhe, nicht gemähte Gebiet links und rechts vom Fairway. Für das Spiel aus dem Rauhen gelten die allgemeinen Regeln. Aber fairerweise macht man im Rough keine Probeschläge in Richtung Fahne, weil man dadurch die Schlagbahn für den eigentlichen Schlag von Grasbüscheln säubern könnte, was ein unerlaubter Vorteil wäre.

Runde
Ein Spiel über achtzehn Löcher.

Sand Wedge
Spezieller Schläger für Sandhindernisse (Bunker) und für kurze Annäherungsschläge.

Stableford
Wettspiel nach Punkten.

Score-Karte
Spielkarte mit Informationen und speziellen Regeln. Alle Schläge, die jemand auf 18 Löchern braucht, werden zusammengezählt. So erhält man sein Gesamtergebnis, den Score. Er wird auf der Score-Karte registriert.

Slope Rating (SR)
Widerspiegelt den Schwierigkeitsgrad eines Platzes für einen mittleren Spieler bzw. für eine mittlere Spielerin. Der Durchschnittswert beträgt 113.

Slope System
Methode, um den Schwierigkeitsgrad eines Platzes anhand des Course Ratings und des Slope Ratings zu erfassen.

Slice (für Rechtshänder)
Ball mit einer Flugbahn nach rechts.

Tee
Mit Tee kann sowohl jene Stelle gemeint sein, von der man den ersten Schlag (Drive) aufs Loch ausführt, als auch der kleine Holz- oder Plastikstift, auf den man den Ball für den ersten Schlag legt.

Texas Wedge
Ausdruck für den Gebrauch des Putters außerhalb des Grüns, besonders aus dem Bunker.

Timing
Zeitlich-rhythmische Koordination der Schwungbewegung.

«Tot» legen
So nahe an die Fahne schlagen, dass man sicher mit dem nächsten Schlag einlochen kann.

Wedge
Ein Spezialschläger für Schläge über kurze Distanzen.

Zählwettspiel
Bei dieser Wettspielart werden alle Schläge zusammengezählt, die ein Spieler für 18 Löcher braucht. Wer die wenigsten Schläge benötigt, hat gewonnen.

6.3 Neue Handicapmethode

Das Slope System

Ab dem Jahr 2000 wird eine neue Methode zur Berechnung des Handicaps mit der Bezeichung «Slope System» eingeführt. Das alte System, das mit Par und Standard Scratch Score operiert, lässt die Schwierigkeiten eines Golfplatzes (Hindernisse etc.) in ungebührender Weise außer Betracht. Über das Prinzip des «Course Rating» werden nun die Schwierigkeiten eines Platzes bewertet, und zwar für jeden Abschlag eines Platzes (Loch für Loch) für zwei Spielertypen (Scratch-Spieler mit Hcp 0 und Bogey-Spieler mit Hcp 18–22) und noch getrennt nach Geschlechtern. Für jedes einzelne Loch bewertet man die Wichtigkeit der folgenden 10 Elemente:

- Topografie des Geländes
- Fairway
- Green als Ziel
- Rough
- Bunker
- Out-of-Bounds
- Wasserhindernisse
- Bäume
- Greenoberfläche und
- der Faktor Psychologie

Daraus entnehmen sich 2 Größen, die einen Golfplatz für einen gegebenen Abschlag charakterisieren:

- Course Rating (CR)   =   Scratch Course Rating
- Slope Rating (SR)   =   Bogey Course Rating minus Scratch course Rating

Das Course Rating (CR) kommt dem heutigen SSS (Standard Scratch Score) sehr nahe.

Das Slope Rating

Die Feinanalyse gemäß den beschriebenen 10 Elementen ermöglicht es, jedem Platz einen bestimmten Schwierigkeitsgrad zuzuordnen. Dieser Index, «Slope Rating» (SR), ist umso höher, je größer die Differenz zwischen den Schwierigkeiten für den Bogey- und für den Scratch-Spieler ist. Der mittlere Wert des SR ist 113. Wenn der Spieler auf einem schwierigeren oder leichteren Platz (als Mittelwert 113) spielt, wird sein Handicap erhöht bzw. herabgesetzt.

Das Handicap

Ziel dieses neuen Systems ist es, den Spielenden das Handicap zu geben, das ihren Spielstärken tatsächlich entspricht. Zu diesem Zweck werden alle Wettspielresultate in Stablefordpunkte umgerechnet. Für die Rangliste zählt natürlich weiterhin das Strokeplayresultat.

Alle Spielenden haben ein «Exact-Handicap», welches ihrem Spielniveau auf einem Platz mit SR 113 (mittlerer Wert) entspricht. Das «Playing Handicap» auf einem anderen Platz wird berechnet aus der Summe des

- angepassten Handicaps an die Schwierigkeiten des Platzes und
- des Korrekturwertes Course Rating minus Par.

Dies erscheint vorerst sehr kompliziert, doch alle Plätze werden die Playing Handicaps auf einer übersichtlichen Tabelle auflisten und sowohl im Clubsekretariat als auch am Abschlag aufhängen.

Das Handicap wird zu einer variablen Größe, abhängig vom Schwierigkeitsgrad des jeweiligen Platzes, was vor allem den mittelmäßig bis schwach spielenden Golferinnen und Golfern sehr entgegenkommen wird.

6.4 Golfplatz

Ein Golfplatz erstreckt sich über 5–7 km und hat max. 18 Löcher.

Wann immer vom 19. Loch gesprochen wird, dann ist von der Clubbar die Rede.

In unmittelbarer Nähe des Clubhauses befindet sich ein Hinweisschild: 1. Tee. Es handelt sich dabei nicht um einen Wegweiser zu einem Teehäuschen, sondern er führt zum ersten Abschlag.

Die eigentliche Spielbahn beginnt ca. 50 m nach dem Tee, ist kurz gemäht und heisst Fairway.

Wer vom Fairway abweicht, befindet sich im hohen, ungemähten Gras, genannt Rough, oder in einem Hindernis auf dem Platz. Das kann entweder ein Wasserhindernis oder ein Bunker sein.

Zielstrebig nähern sich die Spielenden dem Green und dem darauf befindlichen Loch.

Ist dies vom Abschlag max. 220 m entfernt, handelt es sich um ein Par-3-Loch. Löcher zwischen 200 m bis 450 m Länge (mit leichtem Schwierigkeitsgrad) sind Par-4-Löcher und jene ab 400 m Länge (mit hohem Schwierigkeitsgrad) sind Par-5-Löcher.

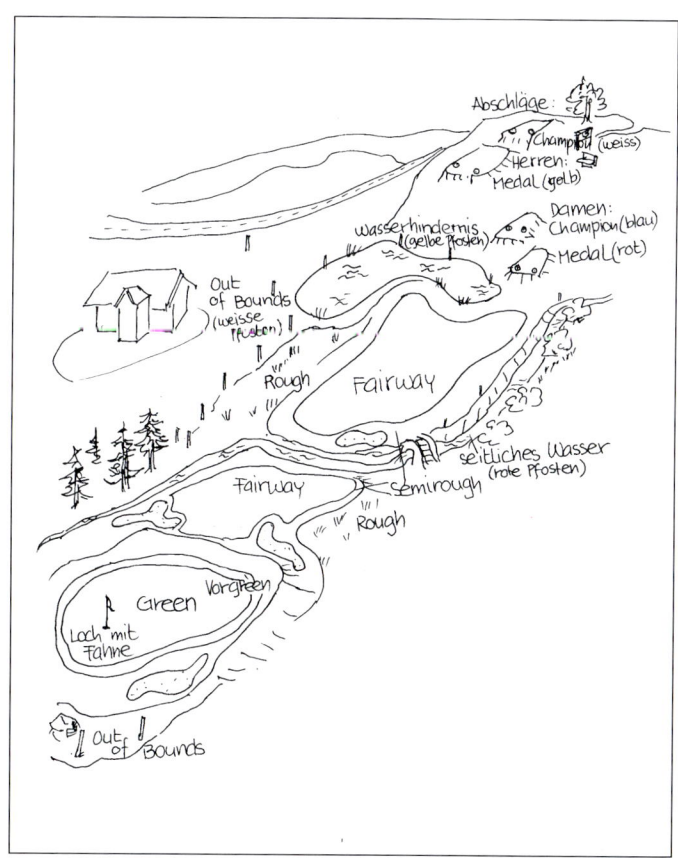

Weisst du, welchen Schläger Ernie Ells spielt?

TaylorMade

6.5 Golfschläger und Golfball

Golfschläger

Warum so viele Schläger? Du hast dich vielleicht schon gefragt, wozu man denn 14 Schläger in der Golftasche mitschleppt. Doch jeder der 14 Schläger erfüllt seinen Zweck. Mehr mitzunehmen verbieten die Regeln.

Wir unterscheiden sogenannte «Hölzer» (heute sind es meistens große Metall-Woods) und «Eisen». Wenn man sich ein Golf-Set kauft, besteht es in der Regel aus 3 Hölzern (Driver, 3er Holz und 5er Holz) und 7 Eisen (meist 3–9), einem Pitching-Wedge, einem Sand-Wedge und einem Putter.

Reichweite und mögliche Schlagdistanzen

Die Reichweite der einzelnen Schläger unterscheidet sich je nach Neigungswinkel des Schlägerblattes (Loft) und nach der Länge des Schafts.

Qual der Wahl

Mit welchem Schläger in bestimmten Situationen gespielt werden soll, ist weitgehend eine Frage der Routine. Jeder Schläger hat spezielle Eigenschaften:
- Der Driver, das Holz für die weitesten Abschläge, hat den längsten Schaft und den steilsten Winkel (= Loft). Dieser Loft beträgt beim Holz 1 ca. 10°. Mit diesem Holz 1 können Frauen bis 195 m und Herren bis 270 m weit schlagen.
- Mit einem Eisen 3 (Loft ca. 24°) können Frauen bis ca.150 m und Herren bis ca. 180 m weit schlagen..
- Der Pitching-Wedge, prädestiniert für hohe, kurze Annäherungsschläge, weist den flachsten Loft (ca. 520) und den kürzesten Schaft auf. Mit diesem Schläger spielen gute Spielerinnen bis 80 und geübte Spieler bis 110 m weit.

Golfball

An einen Golfball werden sehr hohe Anforderungen gestellt. Er besteht vorwiegend aus Hartgummi und wird in verschiedenen Härtegraden hergestellt. Für einen langsameren Schwung ist ein eher weicher, für einen schnelleren Schwung ein härterer Ball zu empfehlen.

Golfball: außen und innen

Der Golfball ist entweder aus zwei oder drei Teilen zusammengesetzt. Der zweiteilige besteht aus einer speziellen Gummimischung, die in eine Form gespritzt und dann mit einer Schale umgeben wird. Der dreiteilige wird in einem komplizierten Verfahren hergestellt. Das «Innenleben» kann gut an einem defekten Ball betrachtet werden.

Außen hat der Golfball 250–500 kleine Vertiefungen («Dimple»). Diese sorgen für gute Flugeigenschaften und für das Einhalten der Flugbahn.

Wem gehört der Ball?

Den Golfball gibt es normalerweise in der Standardfarbe weiß oder in den Leuchtfarben gelb und rot. Die Zahlen auf dem Ball dienen lediglich dazu, den eigenen Ball von anderen Bällen derselben Marke zu unterscheiden. Es ist deshalb vor Beginn eines Golfspiels wichtig, dass alle wissen, wer mit welchem Ball spielt (Ballmarke und Nummer bekannt geben). Zur Sicherheit können alle ein eigenes Smilie oder Logo auf ihre Bälle zeichnen.

Deine Lieblingsmarke

Zu Beginn wirst du kaum Unterschiede zwischen den einzelnen Marken feststellen. Mit der Zeit wirst du dich aber für eine «Lieblingsmarke» entscheiden.

6.6 Einige Regeltestfragen ...

1. Die Gesamtheit des Terrains, auf dem das Golfspiel gestattet ist, wird in den Golfregeln bezeichnet als ...

A Golfplatz
B Golfgelände

2. Bei welchen der folgenden Situationen ist dein Ball entsprechend der Definition «im Spiel»

A Der Ball ist auf dem Abschlag aufgeteet, aber du hast noch keinen Schlag gemacht.
B Beim Spielen eines Loches liegt der Ball irgendwo im Gelände.
C Beim Spielen eines Loches liegt der Ball in einem Bunker.
D Der Ball ist eingelocht.
E Beim Spielen eines Loches liegt der Ball im «out».
F Der Ball ist in der Hand des Spielers, nachdem er ihn auf dem Green markiert und aufgehoben hat.
G Ein Ball ist hinter einem Wasserhindernis regelkonform für einen im Hindernis verlorenen Ball gedroppt worden.

3. Was ist zu tun, wenn du ein Loch zu Ende gespielt hast und du siehst, dass eine andere Partie hinter dir wartet?

A Du lässt alles, wie es ist, und verlässt schnell das Green.
B Bevor du das Green verlässt, zählst du die Schläge.
C Nachdem du die Fahne ins Loch zurückgesetzt hast, die Pitchlöcher und Spikemarks ausgebessert hast, gehst du möglichst schnell zum nächsten Abschlag. Erst dort schreibst du deine Schläge und schreibst sie in die Scorekarte.

4. Welche der folgenden Gegenstände sind Hemmnisse?

A Ein abgestorbener Ast
B Ein Kartonteller
C Eine Flasche
D Ein Tannzapfen

5. In einem Stroke Play teest du deinen Ball außerhalb der Abschlagmarkierung auf und spielst von dort. Wie wirst du bestraft?

A 2 Strafschläge, und du musst einen anderen Ball von innerhalb der Markierung spielen.
B 1 Strafschlag, und du musst deinen ersten Ball von dort weiterspielen, wo er liegt.
C 1 Strafschlag, und du musst einen anderen Ball von innerhalb der Markierung spielen.

6. In einem Stroke Play liegt dein Ball im Gelände gegen eine weggeworfene Flasche. Bevor du spielst, entfernst du die Flasche, wobei sich dadurch der Ball bewegt.

A Du erhältst einen Strafschlag und musst deinen Ball zurücklegen.
B Du erhältst einen Strafschlag und spielst den Ball von dort, wo er liegt.
C Du wirst nicht bestraft und musst deinen Ball zurücklegen.

7. In einem Match Play bemerkst du, dass hinter deinem Ball, der im Gelände liegt, sich etwas Sand befindet, der dich stört. Bevor du spielst, wischt du diesen Sand weg.

A Du wirst nicht bestraft.
B Du verlierst das Loch.
C Du bekommst 2 Strafschläge.

8. Du spielst deinen zweiten Schlag auf einem Loch ins «out». Du droppst einen neuen Ball dort, wo du den zweiten Ball gespielt hattest. Mit einem Strafschlag spielst du jetzt ...

A den dritten Schlag
B den vierten Schlag
C den fünften Schlag

Richtige Antworten: 1: A; 2: A/C/G; 3: C; 4: B/C; 5: A; 6: C; 7: B; 8: B

... auch für dich!

9. Entsprechend einer gültigen Golfregel musst du einen Ball droppen, und du tust dies vorschriftsgemäß. Nachdem der so gedroppte Ball den Boden berührt, rollt er weg und berührt deinen Fuß.

A Du musst nochmals droppen mit einem Strafschlag.

B Du musst nochmals droppen, straflos.

C Du hast die Wahl, nochmals zu droppen oder den Ball zu spielen, wie er liegt.

10. In einem Stroke Play liegt dein Ball gut sichtbar auf dem Fairway. Dein Mitbewerber bewegt ihn zufällig, indem er mit seinem Golfwagen darüber fährt.

A Dein Mitbewerber erhält 1 Strafschlag und du musst deinen Ball an den ursprünglichen Ort zurücklegen.

B Keine Strafe. Du musst deinen Ball spielen, wie er liegt.

C Keine Strafe für deinen Mitbewerber. Du musst deinen Ball an den ursprünglichen Ort zurücklegen.

11. Dein Ball liegt sehr nahe bei einer fixierten Sitzbank. Du wirst durch diese Bank in deinem Stand und in deinem Schwung behindert. Darfst du – regelkonform – straflos einen Ball droppen, um dieser Behinderung auszuweichen?

A Ja

B Nein

12. In einem Stroke Play liegt dein Ball auf dem Green. Du puttest, und während dein Ball noch in Bewegung ist, trifft er einen anderen Ball, der auch auf dem Green liegt.

A Du bekommst 1 Strafschlag und musst den Ball spielen, wie er liegt.

B Du bekommst 2 Strafschläge und musst deinen Ball spielen, wie er liegt.

C Du wirst nicht bestraft.

13. Du spielst vom Abschlag deinen Ball in ein hohes Rough und findest ihn nicht mehr. Du gehst auf den Abschlag zurück und bringst einen neuen Ball ins Spiel.

A Der zweite Ball ist «im Spiel», sobald er auf dem Abschlag aufgeteet worden ist.

B Der zweite Ball ist erst dann «im Spiel», wenn du einen Schlag zum Ball gemacht hast.

14. Dein Ball liegt ganz nahe an einem Bunker. Im Bunker liegt ein Tannenzapfen, welcher dich in deiner Spiellinie stört. Darfst du diesen Tannzapfen wegnehmen?

A Ja

B Nein

15. In einem Stroke Play wirst du durch einen Out-Pfosten bei der Ausführung deines Schlages behindert. Du entfernst den Pfosten, spielst deinen Ball und steckst den Pfosten nach dem Schlag wieder zurück.

A Du wirst nicht bestraft, weil der Pfosten beweglich ist und entfernt werden konnte.

B Du erhälst einen Strafschlag, weil der Pfosten kein Hemmnis ist.

C Du erhälst 2 Strafschläge, weil ein Out-Pfosten kein Hemmnis ist.

16. Dein Ball liegt an einem Zaun, der gleichzeitig die Out-Zone darstellt, und er kann nicht gespielt werden.

A Du droppst innerhalb einer Schlägerlänge, straflos.

B Du droppst innerhalb zwei Schlägerlängen, straflos.

C Du erklärst den Ball als unspielbar.

D Du bestimmst den nächsten Punkt, wo du durch den Zaun nicht mehr behindert wirst, und droppst deinen Ball entsprechend der Regel «unbewegliche Hemmnisse», straflos.

Richtige Antworten: 9: B; 10: C; 11: A; 12: B; 13: B; 14: A; 15: C; 16: C

6.7 Vom Freizeitgolfer zum «Freien Golfer»

Golf für alle!

Für viele Freizeitgolfer ist der Beitritt zu einem Golfclub oft mit großen Schwierigkeiten verbunden, nicht zuletzt wegen der z.T. hohen Eintritts- und Jahresgebühren. Glücklicherweise gibt es in der Schweiz und in Deutschland Vereinigungen, welche für diese Situationen andere Möglichkeiten anbieten.

In der Schweiz

In der Schweiz bietet die Vereinigung der «Freien Golfer» (Association suisse des golfeurs indépendants ASGI) die Möglichkeit, ohne Clubzugehörigkeit trotzdem in vielen Clubs der Schweiz und im Ausland Golf spielen zu können. Die Statuten der ASGI regeln das Funktionieren der Vereinigung.

Wer Mitglied bei der ASGI werden möchte, informiert sich beim Sekretariat der ASGI über die Aufnahmebedingungen.

Secrétariat ASGI
Z.I. En Rambuz
CH-1037 **Etagnières-Lausanne**

Telefon   021 732 13 16
Fax   021 732 13 17

Die ASGI entscheidet über die Aufnahme. Der aufgenommene Interessent erhält nach Bezahlung des Jahresbeitrages eine Mitgliederkarte. Die Mitglieder der ASGI verpflichten sich, die Statuten und die internen Reglemente der ASGI sowie die lokalen Reglemente und Regeln zu respektieren.

In Deutschland

Die Vereinigung clubfreier Golfspieler im DGV e.V. (VcG) bietet die Möglichkeit, Golf genauer kennenzulernen, den Golfsport auszuüben, ohne gleich einem Club beitreten zu müssen.

Man zahlt einen relativ niedrigen Jahresbeitrag (Erwachsene: DM 430.–; Jugendliche: DM 230.–; Kinder: DM 100.–; Stand 1999) und erhält einen Mitgliedausweis, mit dem man auf zur Zeit 477 Golfanlagen in Deutschland gegen Gebühr spielen kann.

Während man die Übungsanlage (Driving Range, Putting- und Chipping-Green) ohne Prüfung benützen darf, kann man den Course natürlich erst nach bestandener Green Card-Prüfung spielen. Dies ist die Platzerlaubnisprüfung der VcG, in der man nachweist, dass man über die notwendigen theoretischen und praktischen Fähigkeiten verfügt.

Wenn du dich entscheidest, mit der VcG in die Lifetime-Sportart einzusteigen, forderst du einen Aufnahmeantrag unter folgender Adresse an:

VEREINIGUNG CLUBFREIER GOLFSPIELER
im Deutschen Golf Verband e.V.
Postfach 21 06
D-65011 **Wiesbaden**

Telefon   06 11 9 90 20 51
Fax   06 11 9 90 20 55
E-mail   vcg@dgv.golf.de

Kapitel 7

Anhang

Inhaltsverzeichnis

7.1 VIA – Die Software für den Sportunterricht ... jetzt auch mit Golf! 218

7.2 Home-Driving-Range «do it yourself» 220

7.3 Übungsgeräte für den Schul- und Freizeitsport 224

7.4 Angebote – Bezugsquellen – Kontaktstellen 226

7.5 Projekt-Team 227

7.6 Gründe, die *gegen* Golf sprechen 228

7.7 Glossar 229

7.8 Verwendete und weiterführende Literatur / Medien 230

7.1 VIA 1000 – die Software für den Sportunterricht…

VIA - der Weg
«VIA 1000» besteht aus Spiel- und Übungsformen, die nach bestimmten Kriterien gesucht, geordnet, zu Lektionen zusammengestellt und schließlich ausgedruckt werden können. Dieses System erleichtert die mühsame Suche nach Spiel- und Übungsformen und ermöglicht Kombinationen innerhalb verschiedener Sportfachbereiche.

Der Herausgeber der Buchreihe «1000 Spiel- und Übungsformen in verschiedenen Sportarten» und Autor dieses Golfbuches hat diese Idee zusammen mit dem Hofmann-Verlag in Schorndorf in den vergangenen Jahren schrittweise realisiert. Auf einer ersten VIA-1000-CD wurden 5 Bände der 1000er-Buchreihe erfasst (Aufwärmen, Schwimmen, Volleyball, Gerätturnen, Sport für Behinderte). In einem zweiten Schritt folgen Fußball, Leichtathletik und *Golf.*

Suchkriterien anklicken
In allen Bänden gelten als Basis dieselben drei Suchkriterien:
V – I – A (= Suchweg).

V   **Voraussetzungen:** Situation, Material, Zielgruppe, Organisation … z.B. in der Halle, im Freien, mit Partner … plus sportfachspezifische Voraussetzungen, z.B. für Volleyball, Schwimmen und jetzt neu auch für **Golf!**

I   **Inhalte / Idee:** Allgemeine Tätigkeiten wie Laufen, Hüpfen, Dehnen … oder sportfachspezifische Tätigkeiten im Schwimmen (z.B. Kraulschwimmen), im Volleyball (z.B. oberes Zuspiel), im Gerätturnen (z.B. Klettern) und im **Golf** (z.B. zum Aufwärmen und Einspielen).

A   Akzent: Mögliche Akzentuierungen aus
• 6 Sinnrichtungen wie z.B. «erfahren und entdecken»
• 3 koordinative Anforderungen (gering – mittel – hoch)
• 3 konditionelle Belastungen (gering – mittel – hoch)
• 3 Lehr-Lernformen (fremd-, mit- oder selbstbestimmt)

Entscheiden – ausdrucken – spielen
Nach Eingabe dieser Suchkriterien durch Anklicken präsentiert der Computer eine ganze Palette passender Spiel- und Übungsformen, exakt zugeschnitten auf die individuellen Wünsche.

Es können eine oder mehrere Freischaltungen der Bücher bestellt und mittels der entsprechenden Seriennummer geöffnet werden. Auch sind zusätzliche Freischaltungen zu einem späteren Zeitpunkt möglich.

Bezugsquellen (ab 1. Januar 2000):

Schweiz: bupro
Weiherstrasse 13
CH-9305 **Berg** SG
Fax 071 455 11 32;
E-Mail: bupro@bluewin.ch

Deutschland: Verlag Karl Hofmann,
Postfach 1360
D-73603 **Schorndorf**
Tel. 07181 402 - 125
Fax 07181 402 - 111

... jetzt auch mit Golf

V Voraussetzungen

Situation / Umfeld		
		Alternative Golfanlage
		Golf-Übungsgelände; Halle
		Golfplatz

Material / Geräte		
		Ohne Gerät
		Mit Swin-Golf-Material
		Golfschläger und altern. Bälle
		Golfschläger und Tennisball
		Eisen 3–5 und Golfball
		Eisen 6–8 und Golfball
		Eisen 9; SW; P und Golfball
		Hölzer und Golfball
		Driving-Netz; -Käfig

Zielgruppe		
		Allein
		Zu zweit
		Im Team (3er, 4er)
		Für Kinder
		Für Gruppen / Klassen

I Ideen / Inhalte

Tätigkeiten		
		Aufwärmen
		Golf-Gymnastik allg.
		Einspielen
		Mentale Übungsformen
		kleine Spielformen
		Alternative Golf-Spiele
		Golf-Parcoursformen
		Abschlagen
		Annähern
		Spiel im Bunker
		Spiel in Hanglagen
		Einlochen

Organisation		
		Einfach / wenig Aufwand
		Komplex / viel Aufwand
		Besondere Sicherheitsaspekte

A Akzente

Sinnrichtungen / «Beweg-Gründe»		
		Erfahren und entdecken
		Gestalten und darstellen
		Üben und leisten
		Herausfordern und wetteifern
		Dazugehören und «Fun» erleben
		Sich gsound und wohl fühlen

Koordinative Anforderungen		
		Gering
		Mittel
		Hoch

Konditionelle Belastung		
		Gering
		Mittel
		Hoch

Lehr-Lernform / Methode		
		Fremdbestimmt
		Mitbestimmt
		Selbstbestimmt

7.2 Home-Driving-Range «do it yourself»

Ohne Fleiß – kein Preis!
Das gilt besonders auch im Golf. Das stetige Üben der einzelnen Schläge gibt Sicherheit und Vertrauen. Die eigene «Home-Driving-Range» macht es möglich!

Mit einigen Handgriffen steht in wenigen Minuten eine Übungsanlage bereit und schon kann das Spiel beginnen. Es wurden folgende 2 Standardausführungen entwickelt:

• *Golf-Driving-Netz:* 6 m hoch und 12 m breit.
• *Golf-Driving-Käfig:* 4 m hoch, 4 m breit und 6 m tief.

Das Golf-Driving-Netz
Das Netz ist beim Aufbau so auszurichten, dass bei allfälligen Fehlschlägen – und das ist auch bei geübten Spielern immer wieder möglich – keine Personen gefährdet sind.

Grundausrüstung
• 2 Krinner-Bodendübel © mit Drehstangen und Deckel
• 6 Aluminium-Stangen, je 2 m lang mit Verbindungs-Elementen
• Nylon-Netz, Maschenweite 20 mm, 2 mm dick, geknotet, weiss oder grün, mit stabiler Ränderfassung, 6 m hoch und 12 m breit; kann in der Halle oder im Freien verwendet werden
• Heringe und Spannleinen
• 1 Abschlagteppich mit Gummi-Tee

Bodenhülsen setzen
Zuerst muss sichergestellt sein, dass die Umgebungs-Abstände zur Seite und nach hinten genügend groß sind. Dann werden die Krinner-Dübel © senkrecht bis zur gewünschten Tiefe eingedreht.

Kurzfristig oder für längere Zeit?
Wenn das Netz nur kurzfristig verwendet wird, müssen die Dübel nicht bis unter die Bodenebene eingedreht werden. Sollen jedoch die Bodendübel längere Zeit am gleichen Ort bleiben (z. B. für eine permanente Anlage), dann müssen sie so weit eingedreht werden, dass sie samt Deckel unter der Rasenebene liegen.

Auf diese Weise kann der Rasen problemlos gemäht werden und es besteht keine Verletzungsgefahr.

Aufbau der Anlage
Damit die Rohre leicht verpackt und transportiert werden können, wurden 2-m-Elemente und Verbindungsrohre konstruiert. Mit einem Handgriff können die Rohre zusammengesteckt werden.

Nach dem Zusammenstecken werden die Spannseile eingezogen: Die inneren zwei Spannseile dienen dem Hochziehen des Netzes, die äußeren vier dem seitlichen Fixieren an Heringen oder anderen Objekten (wie eine Zeltschnur spannen!).

Jetzt werden die Stangen in die Krinner-Bodendübel © eingesteckt. Es macht nichts, wenn die Stangen (noch) nicht genau senkrecht stehen. Dies kann durch das Spannen der Spannseile («Zeltschnüre») korrigiert werden. Es ist wichtig, dass die Spannseile an soliden Verankerungen (Baum, Haus, starke Heringe …) befestigt werden, denn der Zug ist groß.

Netz hochziehen

Nachher wird das Netz ausgelegt, an den dafür speziell vorgesehenen Ösen mittels Haken eingehängt und sorgfältig hochgezogen. Wenn dies nur von einer Person alleine ausgeführt wird, dann empfiehlt es sich, das Hochziehen des Netzes etappenweise links und rechts bzw. beim Golf-Driving-Käfig vorne und hinten vorzunehmen. Es ist jedoch einfacher, wenn zwei Personen das Netz gleichzeitig links und rechts bzw. vorne und hinten hochziehen.

Damit keine Bälle unter dem Netz durchrollen können, wird das Netz am Boden in regelmäßigen Abständen mit kleinen Heringen fixiert.

Das Spiel mit dem Driving-Netz

Obwohl das 72 m² große Netz eine hohe Sicherheit verspricht, wird empfohlen, anfänglich sehr nahe (2–4 m) vor dem Netz abzuschlagen. Wer schon auf einer Driving-Range gespielt hat weiß, wie Bälle oft – sogar von gut spielenden Golferinnen und Golfern – in die verschiedensten Richtungen fliegen können! Dies muss beim Aufstellen des Netzes berücksichtigt werden.

⚽ In keinem Fall darf im Moment eines Schlages jemand hinter bzw. näher zum Netz stehen, als der zu spielende Ball liegt.

Die eigene Home-Driving-Range – «Driving-Netz»

Driving-Netz – auch in einer (Sport-)Halle

Das Driving-Netz kann ohne großen Aufwand auch in Hallen (z.B. auf Fabrikarealen, in Sporthallen …) aufgehängt werden. An beiden Wand- bzw. Deckenseiten wird auf ca. 5–6 m Höhe je eine Rolle fixiert und ein Seil eingezogen. Dann wird das Netz hochgezogen, seitlich und am Boden fixiert, damit keine Bälle hinter das Netz fallen bzw. rollen.

⚽ Aus Sicherheitsgründen wird empfohlen, das Driving-Netz im Abstand von ca. 1 m vor eine Wand zu hängen.

Der Golf-Driving-Käfig

Mit 4 Zusatzstangen und einem speziellen Netz («Käfig») ist in kurzer Zeit ein auf alle Seiten gesichertes Abspielnetz aufgestellt. Voraussetzung ist eine Grundfläche von ca 5 m x 7 m.

Vorgehängtes Ballfangnetz – größte Sicherheit

Vor der Rückwand des Driving-Käfigs wird ein zusätzliches Netz als eigentliches Ballfangnetz aufgehängt. Dieses Netz bildet eine zusätzliche Sicherheit: Die Bälle werden weich und sicher abgefangen. Ein Durchschlagen ist auch bei harten Schlägen und bei stark strapazierten Anlagen kaum möglich. Die Bälle prallen nicht gegen die hinteren Stangen und springen nicht vom Netz der Rückwand zurück.

⚽ Dieses System bietet bezüglich Fehlschlägen größte Sicherheit.

Rasen schonen

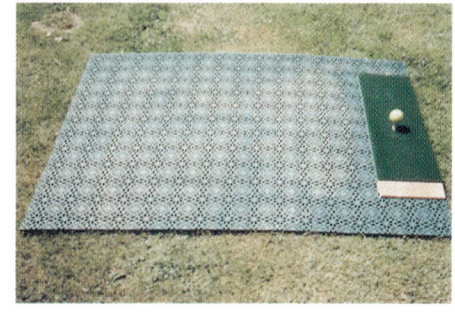

Es wird empfohlen, die Abschlagfläche mit einer Holzplatte, einem Teppich, mit zusammensteckbaren Kunststoff-Gitter-Elementen o. Ä. abzudecken und dadurch die stark strapazierten Stellen zu schonen. Empfohlene Größe: 1.4 m x 1.4 m. Darauf wird dann der eigentliche Abschlagteppich mit dem Gummi-Tee befestigt.

Da die Grundfläche des Käfigs rechteckig ist, kann die Anlage z. B. je nach Sonnenstand oder bei stark strapaziertem Rasen immer wieder um 180⁰ gedreht werden, so dass die am meisten belasteten Rasenflächen (z. B. Abschlagplatz) gewechselt werden kann.

Die eigene Home-Driving-Range – «Driving-Käfig»

Driving-Käfig – auch in einer (Sport-)Halle

Der Driving-Käfig kann in Hallen (Sporthallen, Fabrikhallen, Ausstellungsräumen usw.) verwendet werden. In der Verlängerung der beiden Diagonalen des Käfig-Daches werden an den Wänden auf ca. 4–5 m Höhe vier Aufzugsrollen montiert und Seile eingezogen. Mittels dieser 4 Seile wird der Driving-Käfig aufgezogen und fixiert. Für das vorgehängte Ballfangnetz sind zusätzliche Aufhängungen nötig, damit dieses Netz genügend gespannt werden kann.

Verschiedene Netzgrößen

Andere als die hier beschriebenen Netzgrößen können gegen Aufpreis geliefert werden.

➔ Bezugsquelle/Prospekte/Beratung: Vgl. S. 226

Zonentreffer: Am Netz werden zwei Leinen/Bänder («Schreck-band» o.Ä.) im Abstand von ca. 1 m befestigt und zum Boden ge-spannt. Abspiel vom Tee oder Brett. Aus naher Distanz zum Netz versuchen, möglichst alle Bälle innerhalb dieser Zone zu platzieren.

• 1. Serie mit Eisen 7
• 2. Serie mit Eisen …
• Gelingen 10 Treffer in Serie?

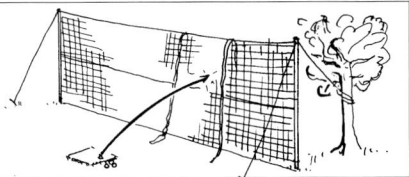

! Für Netz und Käfig

! Markierband hinter dem Netz spannen.

⚽ Sicherheitsabstand gewährleisten

474

Glückstreffer: Unmittelbar vor dem Netz wird ein Behälter (Eimer, Kiste, Fangnetz o.Ä.) platziert. Abspiel vom Tee oder vom Ab-schlagteppich ins Netz. Trifft der Ball genau über dem Behälter ins Netz, plumpst er hinein - Treffer!

• Wie viele Treffer gelingen in Serie?
• Aus verschiedenen Abschlagdistanzen.
• Mit Pitchen usw.

→ Für Netz und Käfig

! Behälter aus weichem Mate-rial wählen (Bruchgefahr bei ei-nem zu tiefen Treffer!)

475

Zielscheibe: Ein Plastikreifen (Elektro-Installationsrohr o.Ä.) wird mit einer Schnur, welche über die obere Netzkante gelegt wird, auf verschiedenen Höhen fixiert. Gelingt es, den Ring zu treffen?

• Eine Trefferserie (z.B. 3-mal) mit dem gleichen Schläger
• Eine Trefferserie mit verschiedenen Schlägern
• Eigene Formen entwickeln

→ Für Netz und Käfig

→ Bei jedem Schlag an einen Technik-Merkpunkt denken, z.B. Griff, Blick zum Ball, ruhi-ger Rückschwung …

476

Höhe variieren: Die Höhenmarken werden mit Leinen, Bändern markiert. Durch Variieren des Schlägers versuchen, in verschiede-nen Höhen ins Netz zu treffen.

• Mit dem Pitcher
• Mit dem Eisen Nr. …
• Eigene Spielregeln

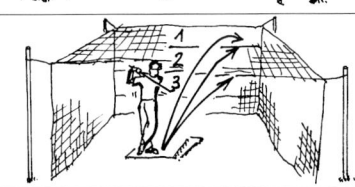

! Nur für Käfig

→ Hinter der Rückwand des Käfigs können Gegenstände als Ziele aufgestellt oder aufge-hängt werden.

477

Auf das Dach: In einem Abstand von 5–10 m zum tiefer aufge-hängten Käfig mit dem Pitching Wedge den Ball im leichten Bogen an die Seitenwand spielen. Höhe bzw. Schlagstärke steigern, bis die Bälle auf das Käfig-Dach fliegen und dort oben bleiben.

• Distanz zum Käfig – je nach individuellem Können und nach den situativen Gegebenheiten – systematisch verlängern.

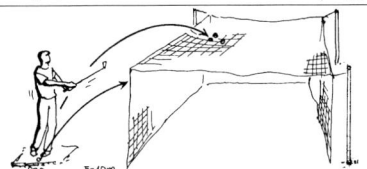

! Nur für Käfig

⚽ Sicherheitsabstand nach hinten gewährleisten (niemand steht hinter dem Käfig)!

478

7.3 Übungsgeräte für den Schul- und Freizeitsport

Mini-Übungsnetz – Golf auf kleinstem Raum
Widerstandfähiges, kleines Übungsnetz. Gestänge aus Fiberglas.
✿ Sicherheitsabstände zur Seite und nach hinten gewährleisten!

Instant-Screen-Netz – in 1 Minute spielbereit
Das Instant Screen ist ein leichtes, zusammenklappbares Netz, welches sich für das Training der Golfschläge zu Hause oder im Sportunterricht gut eignet. Mit wenigen Handgriffen ist es (wie ein Iglu-Zelt) aufgestellt und auf kleinstem Raum wieder versorgt. Es wird empfohlen, nahe am Netz zu schlagen. In jedem Fall ist darauf zu achten, dass sich hinter dem Netz keine Personen aufhalten. Im Idealfall wird das Netz vor einer Wand aufgestellt.

Das Netz kann auch verwendet werden für Baseball, Street-Hockey, Aufschlagtraining beim Tennis oder als Torersatz für Handball, Fußball, Uni-Hockey und andere Spiele.

Golf-Schulset für Gruppenunterricht
4 Eisen (3 rechts, 1 links), 4 Wedges (3 rechts, 1 links), 3 Putter (2 rechts, 1 links), 8 Abschlagmatten mit Gummi-Tees, 24 Hallen-Golf-Bälle, 20 Range-Golfbälle. Tragtasche.
ⓘ Sonderpreis solange Vorrat: sFr. 759.–

Das Hallen-Driving-Netz «do it yourself» ergänzt das Golf-Schulset geradezu ideal (➔ vgl. Seite 221) .

Boden schonen – Abspiel ab Matte oder Teppich
Für das Abschlagen wird zwecks Schonung des Hallenbodens oder des Rasens empfohlen, von einer Matte (umgedrehte Turnmatte, Golfabschlagmatte oder Teppichfliese) zu spielen.

Prospekte/Bezugsquellen/Kontaktpersonen für diese Golf-Spielgeräte u.a.m.: ➔ Vgl. S. 226

Das Golf-Schulset

Der volle Schwung: Im Abstand von ca. 2 m liegt ein Teppich mit einem Gummi-Tee. Anfänglich mit geringer Intensität den vollen Schwung mit verschiedenen Eisen ausführen. • Krafteinsatz steigern. • Das kleine Netz im Zentrum treffen.		✪ Hallen-Golfball verwenden und sehr nahe schlagen. Mit der Zeit Distanz verlängern. 479
Gerader Schlag: Vor dem Netz wird ein «Tunnel» aufgestellt (z.B. Kastenelement hochgestellt) oder ein Reifen aufgehängt. Der Ball muss immer durch den «Tunnel» gespielt werden. Je «enger» der Tunnel, desto schwieriger. Abschlag mit oder ohne Tee. • Wem gelingt die längste Treffer-Serie ohne Fehler?		⊖ Distanz dem Können anpassen. Empfohlener Ball: Hallen-Golfball. ❗ Für Könner: ohne Tee! 480
Schlag-Serien: Auf der Matte liegen 4 Bälle nebeneinander. In einem regelmäßigen Rhythmus alle Bälle hintereinander ins Netz spielen. • Einmal hart schlagen, einmal weich. • Von weich (= 1. Ball) bis hart (= 4. Ball).		✪ Matte ohne Tee. 481
Bilateral-Schläge: Abschlag vom Tee nur mit einer Hand: einmal nur mit der rechten Hand (Forehand); einmal nur mit der linken Hand (Backhand). • Beidhandschläge auch von der anderen Seite ausführen. • Bei Beidhandschlägen bewusst die eine Hand führen lassen.		⊖ Erfolg mit beiden Seiten – auch im Golf: Kap. 1.5, S. 30 ff. ❗ «Linke» Eisen bereitstellen. 482
Chippen: Aus verschiedenen Distanzen – je nach Können – Bälle ins Netz chippen. • Auf verschiedene Ziele chippen; das hinterste Ziel ist das Netz • Chipp-Serien: 10 aus 5 m; 10 aus 10 m; 10 aus 15 m usw.		❗ Abschlag vom Teppich ohne Tee. 483
Büchsenschießen: Hinter dem Netz wird an der Oberkante des Netzrahmens mit einer Schnur eine Blechbüchse aufgehängt, so dass sie genau im Zentrum des Netzes frei hängt. Ziel ist es, diese Büchse zu treffen. Wer wird Büchsen-Schützenkönig(in)?		❗ Büchse freischwebend hinter dem Netz aufhängen wegen Beschädigung des Netzes. 484

7.4 Angebote – Bezugsquellen – Kontaktstellen

Aus- und Fortbildung	Adresse:	Tel. / Fax / E-Mail	Bemerkungen:
Golfkurse für Lehrpersonen	Martin Bachmann, Hertizentrum 12, CH-6300 **Zug**	T: 041 711 86 64	Kontakt aufnehmen
Ferienkurse in Kombination mit Golf u.a.	Peter Kistler, St. Gallerstrasse 87, CH-9230 **Flawil**	T: 071 393 51 01 http://hello.to/golf-pedro	Prospekte anfordern
«Golf in Mind» (mentales Training im Golf)	Rolf Stauffer, Robert Seifdel-Hof 73,	T: 01 433 28 88	Prospekte anfordern
Tennis und Golf bilateral	CH-8048 Zürich	T: 01 940 46 39	S. 30 ff.; Ganzheitliche Ausbildung im Sport und im Alltag
Swin-Golf	Pierre Conus, CH-1114 **Colombier**	T: 021 869 93 86 F: 021 869 93 05	S. 77 ff.; Prospekte verlangen

Golf-Material	Adresse:	Tel. / Fax:	Bemerkungen:
DiscGolf	ART Direction Disc Sports Promotion Trollstrasse 28, CH-8400 **Winterthur**	T: 052 212 32 51	S. 46 ff.; Prospekte anfordern
Hallengolf-Zubehör u.a.m.	Martin Bachmann, Hertizentrum 12, CH-6300 **Zug**	T: 041 711 86 64	S.88 ff.; Prospekte verlangen
Home-Driving-Range «do it yourself»	Bruno Banzer, Sportgeräte, Rebmatt 18, CH-3617 **Oberwil**	T: 041 710 27 09	S. 91 und S. 220 ff.: Drivingnetz und -käfig; Beratung; Prospekte anfordern
Alles für den Golfsport	«Golfers Paradise» Zentrale: Birkenstrasse 39, CH-6343 **Rotkreuz.** Shops: Zürich, Bern, Rotkreuz, Holhäusern, Erlen, Domat-Ems, Pratteln	T: 041 799 71 71 F: 041 790 06 72	Prospekte anfordern

Beratung	Adresse:	Tel. / Fax:	Bemerkungen:
Golfplatzbau; alternative Golfanlagen u.a.m.	Peter Kessler und Pascal Greder Schweizergasse 6, CH-4011 **Basel**	T: 061 281 01 32	S. 92 ff.; Beratung alternative Golfanlagen u.a.m.

Diverses	Adresse:	Tel. / Fax:	Bemerkungen:
Triple-Golf	Curd Lammerer, Bordercross, Marketing & Consolting, Kirchplatz 1, D-82049 **Pullach**	T: 0049/89/74481029 F: 0049/89/74481050	S. 98 ff.; Turnierorganisation, Score-Karten usw.
Projekte	**bupro** Walter Bucher, Weiherstrasse 13, CH-9305 **Berg** SG	T: 071 455 11 69 F: 071 455 11 69 bupro@bluewin.ch	Projektmanagement im Bereich Bewegung, Sport und Didaktik

7.5 Projekt-Team

Name	Berufliche Tätigkeit	Funktion
Altorfer Rolf	Sportlehrer; Fachleiter ESSM	Autor Kap. 1.4
Bachmann Edi	Sport- und Englischlehrer	Illustrator; Redaktions-Team; Autor Kap. 5; Co-Autor Kap. 2.3 u.a.m;
Bachmann Martin	Sport- und Geografielehrer	Redaktions-Team ; Redaktion Kap. 3 und 4; Co-Autor Kap. 2.7 / 3.6 u.a.,m.
Banzer Bruno	Dr. phil., Sportlehrer	Mitarbeit Kap. 2.1; Schlusslektorat
Bär Serge	Jurist	Mitarbeit Kap. 3 und 4
Baumann Max	Papier-Fachmann / Manager	Sponsoring ; Beratung
Brechbühler Silvio	Hochschulsportlehrer ASVZ	Autor Kap. 6
Brun Olivier	Golf-Pro in Frankreich	Mitarbeit Kap. 1 / 3 / 4 / 5
Bucher Walter	Projektleiter; ehem. Hochschuldozent für Sport und Didaktik	Projektleitung; Grafische Gestaltung; Gesamt-redaktion; Autor Kap. 1.1 / 1.2 / 2.3; Co-Autor Kap.1–7
Conus Pierre	Sportlehrer	Autor Kap. 2.6
Egger Martin	Architekt / Leiter Zorro-Golf	Mitarbeit Kap. 3 / 4 / 5
Ernst Karl	Sport- und Sprachlehrer	Lektorat
Greder Pascal	Landschaftsarchitekt	Co-Autor Kap. 2.8
Griss Bruno	Golf-Pro	Mitarbeit Kap. 3 und 4
Haudte Urs	Disc Sports Promoter	Autor Kap. 2.1
Kessler Peter	Landschaftsarchitekt	Co-Autor Kap. 2.8
Kistler Peter	Sportlehrer; Mitinhaber Diavolo-Sport	Autor Kap. 2.5 / 7.3
Lagger Bruno	Golf-Pro; Präsident des Schweiz. Golf-Pro-Verbandes	Autor Kap. 1.3
Lammerer Curd	Marketing + Consoltiing GMBH, TripleGolf	Autor Kap. 2.9
Lang Heinz	Redaktor der «Lehrhilfen für den sportunterricht»	Mitarbeit Kap. 2.4
Repond Rose-Marie	Hochschuldozentin für Sport	Mitarbeit Kap. 4
Schärer Erich	Manager by adidas	Sponsoring
Stadler Roger	Schule für ganzheitliche Ausbildung, va. im Tennis	Co-Autor Kap. 1.6
Stadler Roland	Schule für ganzheitliche Ausbildung, v.a im Tennis	Co-Autor Kap. 1.6
Stauffer Rolf	Ausbilder; Entwickler «Golf in Mind» (Mentales Training im Golf)	Autor Kap. 1.7
Vannini Carlotta	Sportlehrerin / Physiotherapeutin	Mitarbeit Kap. 1 und 4

7.6 Gründe, die *gegen* Golf sprechen

7.7 Glossar

Begriff	Seite
Abschlagen, Übungsformen	116 ff.
Anhang	215 ff.
Annähern, Übungsformen	120 ff., 148 ff.
Aufwärmen, Einspielen	106 ff., 144 ff.
Ausklingen – cooling down	106, 115
Ballgefühl	34 ff.
Beidseitigkeit	30 ff.
Beweg-Gründe	10 ff.
Bewegungslernen	12 ff.
Bewegungsverwandtschaft	30, 135
Bezugsquellen, Kontaktstellen	227
Bunkerspiel	125 ff., 152 ff.
Dabei sein und dazugehören	11
DiscGolf	46 ff.
Driving Netze, do it yourself	220 ff.
Einlochen, Übungsformen	127 ff., 155 ff.
Einzelwettspiele	164 ff.
Erfahren und Entdecken	10
Erwerben – Anwenden – Gestalten	12
Etikette und Regeln	202 ff.
Fähigkeiten	12 ff.
Fähigkeiten, konditionelle	24 ff.
Fähigkeiten, koordinative	21 ff., 110 ff.
Fähigkeiten, mentale	34 ff.
Fehler und Fehlkorrektur	15 ff.
Fehlerursachen	15
Fertigkeiten	12 ff.
Fetter Schlag	19
Freie Golfer	214
Fun-Games … für Erwachsene	185 ff.
Fun-Games … für Kinder	140
Gegensatzerfahrungen	15
Gestalten und darstellen	11
Gleichgewichtsfähigkeit	21
Golf-ABC, kleines	204 ff.
Golf-Parcours	85 ff.
Golf & Country	229

Begriff	Seite
Golfanlagen, alternative	92 ff.
Golfbälle, alternative	54 ff.
Golfplatz	209
Golfplatz, Spiel- und Übungsformen	141 ff.
Golfregel 1.1	5
Golfschläger und Golfball	211
Golfspiele, alternative	43 ff.
Golfunterricht	12 ff.
Griff beim Grundschlag	29
Grundlagen, theoretische	7 ff.
Grundschlag	29 ff.
Grundschlag, Grundtechnik	29
Hallen-Driving-Range	91 ff., 220 ff.
Hallen-Golfball	72 ff.
Hallen-Minigolf	88 ff.
Handeln, fremdbestimmtes	14
Handeln, mitbestimmtes	14
Handeln, selbstbestimmtes	14
Handicapmethode, neue	208
Handlungsformen	14
Handlungsorientiert	13
Handstellungen, mögliche	31
Herausfordern und wetteifern	11
Hockey, Unihockey	51 ff.
Home-Driving-Range	220 ff.
Home-Training, Kondition	25 ff.
Home-Training, Koordination	22 ff.
Hook	18
Individualisieren	15
Innen- und Außensicht	13 ff.
Ist-Soll-Vergleich	12
Kinästhetik	35 ff.
Kinder-Golfspiele	134 ff.
Korrigieren	15
Lehr-Lerndialog	13
Lehrende	13

Begriff	Seite
Lernende	13
Lernhilfen, zwingende	15
Lernleistung	14
Literatur	231
Mentales Training; «Golf in Mind»	34 ff.
Nutzung, kombinierte	92 ff.
Projektteam	227
Public courses	4
Regelkreis	12 f
Regeltest, kleiner	212
Rhythmisierungsfähigkeit	21
Ritual	35
Schießanlagen, kombinierte	93 ff.
Schwung beim Grundschlag	29
Short-Game-Handicap-Test	131 ff
Sich wohl und gesund fühlen	10
Sinne, Sinnessysteme	15, 21, 35
Sinnrichtungen, «Beweg-Gründe»	10 ff.
Slice	16
Stand beim Grundschlag	29
Swin-Golf, Einheitsschläger	77 ff.
Tennis, im Vergleich mit Golf	5
Tennis, bilaterales	30 ff.
Top	17
Training, mentales	34 ff.
Triple Golf	98 ff.
Üben und leisten	11
Übungsanlagen, Spielformen	103 ff.
VIA, Software für Golf	218
Wahrnehmen – Verarbeiten – Ausf.	12 ff.
Wettspiele mit Spezialwertungen	193 ff.
Wettspielformen	159 ff.
Wettspielformen zu dritt	170 ff.
Wettspielformen zu viert	174 ff
Wettspielformen zu zweit	166 ff.
Wissenswertes über Golf	199 ff.

7.8 Verwendete und weiterführende Literatur / Medien

Bücher und Zeitschriften:

ANDERSSEN, J.:	Wie spiele ich besser Golf? Hamburg 1991.
ASG:	Golf Suisse. Offizielle Zeitschrift der Assotiation Suisse de Golf ASG.
ASVZ:	Informations-Broschüre. Zürich 1998.
BLANCHARD, K.:	Der Minuten-Golfer. Hamburg 1997.
BRADLEY, M.:	Richtig Golf. München/Wien/Zürich 1992.
BRECHBÜHL, J.:	Tennis. Lehrunterlage des Schweizerischen Tennislehrerverbandes TVS. Genf 1999.
BUCHER, W. / STADLER, R.:	Erfolg mit beiden Seiten. Dübendorf 1987.
BUWAL:	Bodenschutz- und Entsorgungsmaßnahmen bei 300-m-Schießanlagen. Kurzfassung. Bern 1997.
COHN, P. J.:	The Mental Game of Golf.
DILLIER, U.H. (Hrsg.):	Golf & Country. Unabhängiges Schweizer Golfmagazin. Scherzingen.
ERNST, K. / BUCHER, W.:	Sporterziehung Band 1 (Grundlagen). Bern 1998.
FISCHER, G.:	High Flights. 48 Spiele-Variationen. Freudenstadt 1996.
GALLWAY, W.T.:	The Inner Game of Golf. Random House 1981.
GENSKE, D / STRÜVER, S.:	Golf – richtig putten. München 1996.
GENSKE, D. / STRÜVER, S.:	Golf – das kurze Spiel. München 1994.
GROSSER, M. / KNAUSS, M.:	Hartl. Golf Resort. Bad Griesbach 1999.
HAY, A.:	Golf Handbuch. Hamburg 1992.
KURZ, D.:	Elemente des Schulsports. Schorndorf 1977.
OSTERMANN, H.:	Technik, Tempo, Taktik. Hamburg 1987.
PENICK'S, H.:	Golf-Weisheiten. München 1995.
REIMANN, E. / BUCHER, W.:	Sporterziehung Band 5 (7.–9. Schuljahr). Bern 1998.
ROTELLA, B.:	Golf is Not a Game of Perfect. New York 1995.
ROTELLA, B.:	Golf of your Dreams. New York 1997.
SANDERS, V.:	Das Golf-Handbuch. Hamburg 1989.
SCHWEIZERISCHER GOLFVERBAND ASG	Ich spiele Golf. Epalinges 1998.
SEILER, R. / STOCK, A.:	Handbuch Psychotraining im Sport. 1994.
SYER, J. / CONNOLLY, CH.:	Psychotraining für Sportler. Hamburg 1987.
TERMANN, H.:	Golf ohne Fehler. Hamburg 1981.
TON-THAT, Y.:	Golfregeln und Etikette: Klipp und klar. Gräfelfing 1997.
TOP SPECIAL VERLAG:	Golf Sport. Internationale Golf-Zeitschrift. Hamburg.
UPDIKE, J.:	Golfträume. Rowohlt. Reinbeck bei Hamburg 1999.

Video-Filme:

BODNAR, J.:	Golf-Regeln des Royal an Ancient Golf Club of St. Andrews. Hamburg 1993.
KAISER, U.:	Es ist nicht alles Golf, was glänzt. München 1989.

Jetzt 2x*gratis* zum Kennenlernen lesen

Ja ich bin dabei!

Dieses Angebot möchte ich nutzen. Bitte senden Sie mir die nächsten beiden Ausgaben von Golf & Country zum Kennenlernen - völlig Gratis! Nach der 2. Ausgabe erhalte ich eine Anfrage zum Weiterlesen. Entscheide ich mich dafür, überweise ich im Jahr nur Fr. 114.- (inkl. Porto und MwSt.) und profitiere damit auch vom Bonus-System und von speziellen Leser-Angeboten für Abonnenten.

Gutschein

Name

Vorname

Strasse

PLZ/Ort

Datum/Unterschrift

99

Gutschein einsenden, faxen oder telefonisch bestellen:
vip media verlag, Alte Landstrasse 19, 8596 Scherzingen
Telefon 071/686 50 50, Fax 071/686 50 66

Herausgegeben von Walter Bucher   # Reihe Spiel- und Übungsformen

Lisa Lobsiger-Brugger/Anita Schmid/Walter Bucher (Red.)	**1000 Spiel- und Übungsformen zum Aufwärmen** (8. Auflage) *
Walter Bucher (Red.)	**1001 Spiel- und Übungsformen im Schwimmen** (8. Auflage) *
Walter Bucher (Red.)	**1002 Spiel- und Übungsformen im Tennis** (6. Auflage)
Kurt Murer (Red.)	**1003 Spiel- und Übungsformen in der Leichtathletik** (9. Auflage) *
Edi und Martin Bachmann (Red.)	**1005 Spiel- und Übungsformen im Volleyball** (8. Auflage) *
Peter Vary (Red.)	**1006 Spiel- und Übungsformen im Basketball** (6. Auflage)
Jürg Schafroth (Red.)	**1007 Spiel- und Übungsformen im Eislaufen und Eishockey** (3. Auflage)
Ursula Häberling-Spöhel (Red.)	**1008 Spiel- und Übungsformen im Gerätturnen** (7 Auflage) *
Bernhard Bruggmann (Red.)	**1009 Spiel- und Übungsformen im Fußball** (6. Auflage) *
Ruth Schucan-Kaiser (Red.)	**1010 Spiel- und Übungsformen für Behinderte (und Nichtbehinderte)** (4. Aufl.) *
Martin Knupp (Red.)	**1011 Spiel- und Übungsformen im Badminton** (6. Auflage)
Hans Fluri (Red.)	**1012 Spiele und Übungsformen in der Freizeit** (7. Auflage)
Sabine Stechling/Isabella Schneider-Eberz (Red.)	**1013 Spiel- und Übungsformen für Senioren** (4. Auflage)
Harry Blum (Red.)	**1014 Spiel- und Übungsformen Im Tischtennis** (4. Auflage)
Walter Bucher (Red.)	**1015 Spiel- und Kombinationsformen in vielen Sportarten** (4. Auflage)
Walter Bucher/Gregor Wick (Red.)	**1016 Spiel- und Übungsformen für Sportarten mit Zukunft** (2. Auflage)
Werner Lippuner/Walter Bucher (Red.)	**1017 Spiel- und Übungsformen im Skifahren und Skilanglauf** (3. Auflage)
Walter Bucher (Red.)	**1018 Spiel- und Übungsformen auf Rollen und Rädern**
Ursula Trucco (Red.)	**1019 Spiel- und Übungsformen mit dem Gymball**
Bernhard Bruggmann (Red.)	**1020 Spiel- und Übungsformen im Kinderfussball** *
Peter Vary (Red.)	**137 Basisspiel- und Basisübungsformen** (2. Auflage)
Walter Bucher/Edi und Martin Bachmann (Red.)	**484 Spiel- und Übungsformen im Golf** *
Jürg Baumberger (Red.)	**704 Spiel- und Übungsformen im Handball**
Bernhard Bruggmann (Red.)	**766 Spiel- und Übungsformen für den Fußball-Torhüter** (3. Auflage) *

* Diese Bücher sind auch auf CD-ROM erhältlich